Het woord aan de verbeelding

Toegang tot de website

Aan ieder exemplaar van Het woord aan de verbeelding is een unieke inlogcode toegekend die gratis en onbeperkt toegang geeft tot de bijbehorende website met daarop onder andere de onlineversie van dit boek, opdrachten en extra's.

Surf naar **xtras.bsl.nl/hetwoordaandeverbeelding**, registreer jezelf met je e-mailadres plus onderstaande activeringscode en maak je eigen inlogaccount aan.

Activeringscode: 296-ID1323-28

Technische ondersteuning nodig?

Heb je problemen met inloggen of andere technische problemen met het gebruik van de website? Neem dan contact op met: onlineklantenservice@bsl.nl.

Inhoud

	Woord vooraf	8
	Bij de tweede druk	9
	Inleiding	11
	Indeling	12
1	**Spel**	**14**
1.1	Inleiding	14
1.2	Wat is spel?	14
1.3	Kenmerken van een speelse intentie	16
1.4	Spel herkennen	22
1.5	Verschijningsvormen van spel	23
1.6	Van spontane speelsheid naar games en kunstzinnige activiteiten	30
2	**Het nut van kinderspel**	**32**
2.1	Inleiding	32
2.2	Spel en de adaptatietheorie	33
2.3	Spel en psychoanalyse	41
2.4	Spel en activatietheorie	45
2.5	Integrerend voorbeeld Tjits	51
3	**Spel en kunst als sociaal-culturele vrijplaats**	**54**
3.1	Inleiding	55
3.2	Van spontaan spel naar vaste kaders	55
3.3	Vrijplaats	58
3.4	Van spontaan naar sociaal-cultureel	59
3.5	Sociaal-culturele vrijplaats	61
3.6	Andere dan de alledaagse werkelijkheid	68
3.7	Soorten spel	69
3.8	Spel en de kunsten	70

4	**De optimale vrijplaatservaring: flow**	**73**
4.1	Inleiding	73
4.2	Concentratie en alledaagsheid	73
4.3	Optimale vrijplaatservaring	75
4.4	Spel en flow	78
4.5	Voorwaarden voor flow	78
4.6	Functies van flow	82
4.7	Gevaren van flow	85
5	**Het agogisch uitlokken van vrijplaatservaringen: arrangeren**	**87**
5.1	Inleiding	87
5.2	Arrangeren	89
5.3	Vrijplaatsarrangementen	89
5.4	Appels hanteren	91
5.5	Indeling van appels en appelwaarden	92
5.6	Structuur	99
5.7	Structuren hanteren	103
5.8	Behoeftenbasis	105
5.9	Doelgerichte hantering van appels, structuren en persoonlijke basis	107
5.10	Analyse van het voorbeeld	109
5.11	Onderzoekers over het hanteren van de vrijplaats	109
6	**Vernieuwing van betekenis: creatieve processen en ervaringsleren**	**115**
6.1	Inleiding	115
6.2	Creatief proces: op weg naar iets nieuws	116
6.3	Referentiekader: een sociaalconstructivistische visie	119
6.4	Vernieuwing van betekenisverlening	121
6.5	Creatief proces als vernieuwing van betekenisverlening	122
6.6	Ervaringsleren als ingang voor creatieve processen	126
6.7	Ervaringsleren, een praktisch handelingsmodel	128
7	**Communicatie en kunstzinnige media**	**135**
7.1	Inleiding	136
7.2	Communicatieproces	137
7.3	Linker- en rechtermodus en communicatie	139
7.4	Innerlijke beelden en verbeelding	142
7.5	Verbeelding	143

7.6	Verbale taal	144
7.7	Zintuiglijke communicatie	145
7.8	Beeldtaal	146
7.9	Lichaamstaal	148
7.10	Muziek	154
7.11	Nieuwe registratiemogelijkheden	155
7.12	Esthetische illusie	156
8	**Narratief werken**	**160**
8.1	Inleiding	160
8.2	Narratief werken	160
8.3	Kunst en narratieve reconstructies	164
8.4	Metaforen	168
8.5	Narratieve dialoog	169
9	**Toepassen van non-verbale talen en de vrijplaats in groepswerk**	**174**
9.1	Inleiding	174
9.2	Groepswerk	175
9.3	Alledaagse inrichting	176
9.4	Alledaagse activiteiten	180
9.5	Agogische mogelijkheden van zintuiglijke communicatie	182
9.6	Gearrangeerde vrijplaatsactiviteiten	187
9.7	Functies van gearrangeerde vrijplaatsactiviteiten	189
9.8	Spontane vrijplaatsen	193
9.9	Animatietechnieken	195
9.10	Dramatechnieken	199
	Literatuur	**206**
	Over de auteur	**209**
	Register	**210**

Woord vooraf

Dit boek is tot stand gekomen in antwoord op een vraag van de opleiding Sociaal Pedagogische Hulpverlening te Nijmegen, de oude Kopse Hof. Mij werd gevraagd om een inmiddels rijke traditie van spel en kunstzinnige middelen in werkveld en opleiding, opnieuw te ordenen en van actuele theoretische onderbouwing te voorzien. Ik nam deze taak met veel plezier aan, niet wetende hoeveel bloed, zweet en tranen deze mij zou kosten. De klus is nu in zoverre geklaard dat ik een volgens mij relevant gedeelte van de schier eindeloze toepassingsmogelijkheden in kaart heb gebracht en deze zo goed als binnen mijn mogelijkheden lag, theoretisch heb onderbouwd. Verder onderzoek, ordening en discussie zijn echter nodig om de rijke mogelijkheden van spel en kunstzinnige middelen voor het sociaal agogisch werk verder te kunnen oogsten. Hopelijk worden mijn bevindingen bediscussieerd, genuanceerd, aangevuld en verder uitgewerkt, vooral vanuit het perspectief van praktische toepassingsmogelijkheden in het sociaalagogisch werk.

Ik had dit boek nooit kunnen schrijven zonder de inspirerende bijdrage van een aantal collega's, studenten en vrienden. Ik wil een aantal van hen dan ook op deze plaats bedanken. Op de eerste plaats gaat mijn dank uit naar de leden van ons 'videoclubje'. Alice, Giel, Juul, Gaby, Linde en Trees waren voor mij een rijke inspiratiebron. Daarnaast bleken veel van mijn collega's steeds opnieuw bereid met mij in gesprek te gaan en hun ervaringen en visies met mij te delen. Hoewel de opsomming niet volledig is, wil ik met name de volgende mensen hartelijk danken voor hun inspirerende bijdrage: Frans, Ruud, Mart, Paul, Jan van Kol, Albert, Marianne, Berry, Oda, Ben, Cor, Peter, Mieke, Pieter, Netty, Ineke, William, Theo en Ed. Ook wil ik Jan Dankers bedanken voor het scheppen van een aantal voorwaarden.

In de loop der jaren zijn met name ook een groot aantal studenten voor mij belangrijk geweest. Hun kritische noten en praktijkvoorbeelden waren een belangrijke inspiratiebron voor mij.

Daarnaast wil ik mijn actieve zussen Franca, Lia, Els, Erna en Ineke hartelijk danken voor hun betrokkenheid en inhoudelijke bijdrage. Tot slot gaat mijn speciale dank uit naar Floor de Graaff en Marijke van Bommel voor hun kritische opmerkingen en kanttekeningen.

Jan van Rosmalen
Nijmegen, juli 1999

Bij de tweede druk

De eerste versie van dit boek verscheen in 1999. Het was geschreven in antwoord op de vraag naar onderbouwing van de bijzondere mogelijkheden van spel en kunstzinnige media in het agogisch werk. Anno 2012 voldoet het boek in zijn oude vorm niet meer. Ik realiseer me dat ik destijds vooral heb geschreven vanuit de intentie volledig en onderbouwd te willen zijn. Dit ging soms ten koste van de communicatieve waarde van het boek. In deze rigoureus herziene uitgave leg ik meer het accent op leesbaarheid dan op volledigheid. Er is veel afleidende informatie geschrapt, waardoor de rode draad duidelijker naar voren komt. Ook zijn er tekeningen, foto's en schematische overzichten toegevoegd. Dit doet de titel meer eer aan en zorgt ook voor meer overzicht en overdracht. Waar nodig, is de informatie up-to-date gemaakt en met onderzoek onderbouwd. Zo is er meer te lezen over narratief werken en is het hoofdstuk over beeldtaal ingrijpend aangepast.
Het begrip creativiteit is 'uitgekleed' en verlaten als uitgangspunt voor het boek, dat zich nu meer in de breedte richt op de mogelijkheden van spel en kunst in de agogische beroepen - voor mijzelf een ware bevrijding. Alle geschrapte informatie is wel bewaard gebleven op een website die aan het boek is gekoppeld.
Op deze website staan tevens opdrachten en extra voorbeelden. De website zal tussentijds aangevuld worden met gesorteerd beeldmateriaal, met daarin extra voorbeelden en praktijkcasussen. Kortom, dit boek is meer aangepast aan de eisen van de student van deze tijd: vlot geschreven, toegankelijk en met gebruikmaking van digitale mogelijkheden ter verdieping. *Het woord aan de verbeelding* is qua omvang sterk verminderd, maar juist gegroeid wat impact en inhoud betreft.
Ik vond het bij deze herziening erg fijn om samen te werken met Gabi Rets en ben blij met de speelse en soms grappige tekeningen die zij naar aanleiding van mijn voorbeelden over Tjits en Tjats heeft gemaakt. Harry Haakman was een kritische en betrokken redacteur, die in zijn correcties en opmerkingen voordurend respectvol bleef omgaan met de door mij aangeleverde teksten. Ook met betrokken mensen

van Bohn Stafleu van Loghum heb ik prettig kunnen samenwerken: dankjewel! Dan wil ik Shireen bedanken voor haar vaak nuchtere en wijze opmerkingen als ik er even niet uitkwam.

Mijn kinderen waren erg inspirerend. Niet in het minst omdat zij mij dagelijks laten ervaren waar ik over schrijf. Ik draag deze herziene versie dan ook op aan Reena en Tees. Ik vind het ook bijzonder dat Reena de tekening op de voorkant van het boek heeft gemaakt.

Jan van Rosmalen
Nijmegen, maart 2012

Inleiding

Kinderen ontwikkelen zich in eerste instantie vooral via lichaamsgebonden ervaringen en concrete waarneming. Een belangrijke manier van 'in de wereld zijn en zich ontwikkelen' vinden we in het spontane en authentieke kinderspel. In spel ontmoeten kinderen de werkelijkheid op hun eigen manier en gaan ze met de werkelijkheid om zoals zij dat zelf wensen te doen. Zoals het in hen opkomt; vanuit plezier en betrokkenheid. Het is deze staat van zijn die behalve relatief gelukzalig, ook een soort van natuurlijk en authentiek leren vertegenwoordigt. Dit boek is een poging de wereld van spel, sport en kunst voor kinderen en volwassenen zodanig te beschrijven, dat zij hanteerbaar wordt voor agogische doeleinden. Hierbij wordt aangesloten bij de uitgangspunten van sociaal constructivisme. Deze stroming gaat ervan uit dat mensen, in samenspraak met elkaar, eigen betekenissen construeren. Hierbij speelt het (samen) bewerken van ervaringen een hoofdrol. De huidige referenties van mensen zijn vaak via impliciete leerprocessen tot stand gekomen. Ze zijn geconstrueerd onder invloed van de context waarin mensen zijn opgegroeid en waarin ze, samen met anderen, emotiegebonden ervaringen hebben opgedaan. Voor herziening van diep gewortelde referenties dient dan ook aangesloten te worden bij deze persoonlijke, emotierijke, impliciete, contextgebonden leerprocessen.

Dit boek bespreekt de mogelijkheden daartoe via twee kernen:
1 de vrijplaats van spel, sport en kunst (hoofdstuk 1-6, 8 en 9);
2 De bijzondere communicatieve waarde van met kunst verbonden talen en media. (hoofdstuk 7-9).

De *vrijplaats* van spel, sport en kunst is een bijzondere context waarin mensen met elkaar betekenissen en talenten centraal zetten die normaal gesproken op de achtergrond blijven.
Deze (gedeelde) andere werkelijkheidsbeleving geeft bijzondere mogelijkheden voor het ontwikkelen van nieuwe (gedeelde en indi-

viduele) betekenissen naast het benutten en versterken van (nieuwe) samenlevingsverbanden.
De inhoud van het begrip vrijplaats is rechtstreeks afgeleid van Huizinga's 'ludieke activiteit' (Huizinga, 1938).
Beeldtaal, lichaamstaal, muziek en haar specifieke media zet communicatie centraal op een ander dan rationeel, bewust en cognitief niveau. Deze *non-verbale talen en media* geven bijzondere mogelijkheden om impliciete, emotionele, lichaamsgebonden, persoonlijke betekenissen uit te drukken en te communiceren. Hiermee bieden zij bijzondere belevings- en ontwikkelingsmogelijkheden voor agogen én cliënten.

Indeling

Hoofdstuk 1 en 2 bespreken de kenmerken, functies en voorwaarden van spontaan tot stand gekomen vrijplaatsen: kinderspel. Hierin wordt spel in eerste instantie besproken als een bepaalde houding waarmee de werkelijkheid tegemoet wordt getreden. Deze speelse intentie verenigt twee kwaliteiten in zich: het is leuk en het is nuttig. Spel wordt ook bekeken als het deelnemen aan de bijzondere spelcontext. Kinderen dagen elkaar voortdurend en spontaan uit zich in spelcontexten te begeven: 'Zullen we ... gaan spelen?' De voor het jonge kind zo typerende speelse houding neigt tot verdwijnen bij het ouder worden. Waar jonge kinderen spontaan vrijplaatsen creëren, dienen ze voor de ouder wordende persoon meer en meer te worden afgesproken en gepland.
In hoofdstuk 3 wordt de sociaal-culturele vrijplaats geïntroduceerd, als context waarin volwassenen met elkaar gestalte gegeven aan niet-alledaagse culturele normen, waarden en zingevingsmogelijkheden. In hoofdstuk 4 is er vervolgens aandacht voor kenmerken, voorwaarden en nuttigheden van de volwassen nevenknie van de kinderlijke speelse houding: flow. Hierna wordt, in hoofdstuk 5, aandacht besteed aan het zodanig arrangeren van vrijplaatsen dat doelgerichte intensieve positieve ervaringen worden uitgelokt. Appelwaarden vormen hierbij een centraal aangrijpingspunt.
In hoofdstuk 6 wordt aandacht besteed aan twee modellen op het gebied van veranderingsprocessen. Het model van het creatieve proces geeft een aantal fasen weer die mensen doorlopen om te komen tot vernieuwing van hun referenties. Hierbij vormt het model van het ervaringsleren een belangrijke agogische ingang; in het bijzonder het arrangeren en bewerken van vrijplaatservaringen. Hoofdstuk 7 bespreekt een aantal communicatieve kenmerken van de bijzondere talen en media die van oorsprong centraal staan in de wereld van spel en kunst.

Hoofdstuk 8 en 9 bespreken een aantal agogische mogelijkheden van zintuiglijke communicatie en vrijplaatsen: hoofdstuk 8 richt zich hierbij op de methode(n) van het narratief werken en hoofdstuk 9 benoemt een aantal agogische mogelijkheden van zintuiglijke communicatie, alledaagse inrichting en activiteiten en vrijplaatsactiviteiten in het groepswerk.

Spel

1

Een twee in de maat, anders wordt de juffrouw kwaad.
Maar de juffrouw wordt niet kwaad, want ze is van prikkeldraad.

1.1 Inleiding

Wat is spelen nou eigenlijk? Het beantwoorden van deze vraag kan op minimaal twee verschillende wijzen worden opgepakt. Zo kan spelen opgevat worden als deelname aan een context (game). Deze opvatting staat centraal in hoofdstuk 3. Dit eerste hoofdstuk vat spelen op als de bijzondere wijze waarop een activiteit verricht wordt. In paragraaf 1.3 onderscheid ik zeven kenmerken van speelsheid. Paragraaf 1.4 gaat over de moeilijkheid van het herkennen van spelgedrag ten opzichte van niet-spelgedrag. Paragraaf 1.5 biedt een uitgebreid chronologisch overzicht van verschijningsvormen van spel. Paragraaf 1.6 ten slotte belicht hoe de spontane speelhouding van het kind plaatsmaakt voor deelname aan vastgelegde games en kunstzinnige activiteiten.

1.2 Wat is spel?

Liza

Liza is spelconsulente. Een bezorgde moeder vertelt dat Jochem (4) niet speelt. Zij heeft veel en duur speelgoed voor hem gekocht, maar hij laat het meestal links liggen. Als Jochem tijdens het gesprek tussen moeder en Liza op een stoel voor het aanrecht klimt, wil moeder hem tot de orde roepen. Liza vraagt moeder echter eerst even te kijken. Jochem draait voorzichtig de kraan open. Een straal water komt tevoorschijn en spat op het aanrecht. Hij draait een paar maal de kraan open en dicht en heeft duidelijk lol in het afwisselend stoppen en stromen van het water. Dan laat hij het water even doorlopen, pakt een plastic bekertje en vult dit met water. Vervolgens giet hij het bekertje langzaam en aandachtig leeg in de gootsteen. 'Kijk', zegt Liza, 'uw zoontje is aan het spelen.'

Veel spel vindt plaats buiten de context van spelletjes en de omgang met speelgoed, zeker als we het hebben over kinderen. De speelse mens doet de dingen met een andere houding dan de niet-speelse mens; de intentie is anders.

Afwassen

Damian pakt het vuile servies en zet dit op het aanrecht. Ietwat nors vult hij de afwasbak en gaat doelgericht en efficiënt aan de slag. Na amper vijftien minuten is de afwas klaar. Luka daarentegen laat enkele borden een salto in de lucht maken voor zij ze neerzet. Vervolgens klopt ze met de borstel het sop tot een schuimige massa. Ze geniet van het warme water en de geur van het sop; ook blaast ze een zeepbelletje vanaf een lepeltje.

Damian doet de afwas op *instrumentele* wijze. De handelingen zijn slechts een instrument om het doel te bereiken: schoon serviesgoed. Luka zet in haar manier van afwassen andere dan functionele eigenschappen op de voorgrond: met een bord kun je jongleren; met sop kun je bellen blazen.

Klimboom

Ik ben met Tjits en Tjats op weg naar tante Jans. Onderweg zoek ik een plek om even uit te rusten en broodjes te eten. Tjits roept plotseling uit: 'Hé, wat een mooie klimboom!' Binnen luttele seconden halen Tjits en Tjats capriolen uit in de boom.

Tjits heeft de 'klimboom' op de voorgrond staan. Ik heb de boom niet eens gezien. Maar zelfs als ik hem zou zien, zou ik er niet zo snel opkomen dat de boom ook een 'klimboom' en een 'springboom' kan zijn. Speelsheid is dus op de eerste plaats een houdingsaspect. De speelse waarnemer zet die eigenschappen van de wereld op de voorgrond die hem direct uitdagen. Tjits ziet vooral de uitdaging van 'klimmogelijkheid' in de boom. Zo zien veel kinderen in een lepel eerder balanceermogelijkheden of een slaginstrument, dan een ding om mee te eten. Iemand met een speelse houding is steeds op zoek naar mogelijkheden om zichzelf uit te dagen en plezier te beleven aan de zelfgekozen omgang met 'de wereld'.

1.3 Kenmerken van een speelse intentie

Om de centrale kenmerken van speelsheid te kunnen beschrijven, doe ik alsof ik mij kan verplaatsen in de belevingswereld van de spelende persoon. Hierbij kan de intentie waarmee een en dezelfde activiteit wordt verricht, van moment tot moment veranderen. Geïnspireerd door onder anderen Rubin, Fein en Van den Berg (1983) kom ik tot zeven karakteristieken van een speelse intentie, die ik in deze paragraaf zal bespreken. Speelsheid wordt gekenmerkt door:
1 spontaniteit;
2 intrinsieke motivatie;
3 autotelisch karakter;
4 interne 'locus of control';
5 grote betrokkenheid en concentratie;
6 positief gevoel;
7 besef van een andere werkelijkheid.

Hierbij zijn de eerste drie kenmerken wel van elkaar te onderscheiden, maar moeilijk van elkaar te scheiden.

SPONTANITEIT
Speelsheid is spontaan en vrij van extern opgelegde regels en verwachtingen. Het gebod: 'Ga spelen', is net zo paradoxaal als de zin: 'Wees spontaan.' Spelen doe je omdat jij er op dat moment zin in hebt, omdat jij daartoe de impuls krijgt; niet omdat je daartoe de opdracht krijgt. Het spontane karakter betekent dat het plotseling kan komen en gaan. De ontdekking geen zin meer te hebben, resulteert vaak in het onmiddellijk stoppen van het spel.

INTRINSIEKE MOTIVATIE
Het tweede kenmerk van spontaan spel heeft betrekking op de motivatie waarmee iemand een activiteit verricht. Intrinsieke motivatie is de innerlijke (ofwel interne) wil of drang om bepaalde handelingen te verrichten, al dan niet om tot een zeker doel te komen. Bijvoorbeeld: je wilt graag schilderen. Dit veroorzaakt dat je een schilderij maakt. Bij extrinsieke motivatie is het verkrijgen van een beloning of het vermijden van een straf (extern) de drijfveer om iets te doen. Overigens kan

de aard van de motivatie wel omslaan in de loop van het bezig zijn. Zo kan iemand ontdekken dat hij al doende toch intrinsiek gemotiveerd blijkt te zijn voor een bepaalde activiteit.

AUTOTELISCH KARAKTER

Bij spel staat het middel relatief centraal. Speels bezig zijn wordt ook wel eens 'een eindstation in de strijd om zingeving' genoemd (zie o.a. Maslow, 1972). Volwassenen verrichten veel activiteiten met de intentie een bepaald resultaat te bereiken, zoals bij de manier van afwassen door Damian. Dit gedrag wordt ook wel *instrumenteel gedrag* genoemd. Mensen studeren dan voor een diploma, om genoeg te verdienen, om een auto te kopen, om snel naar het werk te kunnen, om tijd te besparen, om net iets meer geld te verdienen, om een grotere auto te kopen, enzovoort. De activiteit heeft voor hen pas zin als er wat mee bereikt kan worden.

Bij de afwassende Luka is de intentie anders. Het eindresultaat is niet bepalend voor haar gedrag en het doel wordt naar de achtergrond geschoven. Het maken van speelse variaties komt op de voorgrond te staan; de activiteiten zijn een doel in zichzelf geworden. We spreken in dit geval van een *autotelische activiteit*. Daarmee wordt een activiteit bedoeld waarbij het doel ('telos') in zichzelf ('auto') ligt.

> **Naar huis lopen**
> Zich 'recht' naar huis lopend voortbewegen om zo snel mogelijk thuis te komen, is instrumenteel gedrag. Bij een kind dat tijdens het lopen speels van plas tot plas springt, gaat de aandacht uit naar het middel zelf: het voortbewegen.

Het doel wordt mogelijk wel bereikt, maar dit verloopt niet efficiënt, maar via een omweg. Een kernaspect van het ontstaan van spel is het vrijwillig en voor de lol opwerpen van hindernissen.

> **Slee**
> Een kind dat op zijn slee de helling afglijdt, zal steeds weer nieuwe uitdagingen bedenken: achterstevoren, op de buik liggend, enzovoort.

Overigens kan een activiteit die als doelgericht is ingezet, in tweede instantie toch een autotelisch karakter krijgen. Voor de speler verdwijnt dan het doel naar de achtergrond en het bezig zijn zelf komt op de voorgrond te staan.

INTERNE 'LOCUS OF CONTROL'

Een spelend mens bepaalt wat en hoe hij iets doet. Men spreekt in de psychologie van interne 'locus of control', als iemand het idee heeft te bepalen wat er gebeurt. Bij externe 'locus of control' ervaart de persoon dat iets of iemand anders bepaalt wat er gebeurt.

> **Computer**
> Als je voor het eerst achter een computer zit, ervaar je externe 'locus of control': het lijkt alsof het apparaat bepaalt wat er gebeurt, niet jij. Nadat je een en ander geleerd hebt, kun je het apparaat een aantal dingen laten doen die jij wilt. Dan is er sprake van interne 'locus of control'.

Hierin onderscheidt spel zich ook van exploratie. Daarbij staat de vraag centraal: wat voor eigenschappen heeft de ander of het andere? En wat kán dit object? Als iemand exploreert, dan treedt hij de niet-voorspelbare wereld als onderzoeker en niet als speler tegemoet. Soms gaat, zeker bij kinderen, verkenning gepaard met een grote spanning. Onbekend is spannend of soms zelfs angstwekkend. Exploratie gaat via kijken, aanraken, ruiken en andere manieren van zintuiglijk contact maken met de onbekende wereld. Via dit ontdekkend contact kan het (of de) onbekende enigszins vertrouwd en voorspelbaar gemaakt worden. Aldus wordt de weg vrijgemaakt voor spel. Bij spel experimenteert iemand met mogelijkheden vanuit een bekendheid van de eigenschappen van de werkelijkheid. Uit onderzoek blijkt dat spel in het verloop van een spelproces na exploratie komt.

Het kind bepaalt vanuit een steeds toenemende vaardigheid dat en hoe hij op de slee naar beneden glijdt. Wat nog nét beheerst wordt, is hierbij vaak het leukst om te doen, want dan moet het kind een appel doen op het uiterste van zijn kunnen.

GROTE BETROKKENHEID EN CONCENTRATIE

Bij spel is er sprake van spontane concentratie. Al spelend wordt op de voorgrond gezet wat leuk is om op de voorgrond te zetten. Voorgrond en achtergrond worden als vanzelf bepaald. Dit als vanzelf 'erbij' blijven, noemt men ook wel *spontane concentratie*. Deze staat tegenover *wilsgestuurde concentratie*, waarbij men zijn wilskracht moet gebruiken om 'erbij' te blijven. Bedenk maar eens hoeveel wilsinspanning het bijvoorbeeld kost om je aandacht bij een verhaal te houden dat je absoluut niet interessant vindt. Je wilt heel graag je aandacht op iets anders richten.

In spel komt de concentratie op spontane wijze tot stand. Dit hangt nauw samen met het gegeven dat spel tegemoet komt aan de eigen vrije wil en behoefte.

POSITIEF GEVOEL

Speelsheid gaat gepaard met een positief gevoel. Lachen is een duidelijk teken ergens plezier in te hebben. Maar ook de stille speler kan een genieter zijn. Ergens serieus en geconcentreerd mee bezig zijn, kan een positief gevoel opleveren. Spel heeft een vliegwielfunctie: je gaat met de activiteit door, omdat je de activiteit zelf leuk, plezierig, interessant vindt.

Zin

Kinderen zijn vaak oprecht in hun spelintentie. Zolang zij iets leuk vinden, gaan zij met hun spel door. Ergens 'zin' in hebben is iets wat opkomt en wat als bij toverslag kan verdwijnen. Kinderen kunnen oprecht ontdekken dat de 'zin' over is. Met een: 'Ik heb geen zin meer', wordt dan het spel beëindigd.

BESEF VAN EEN ANDERE WERKELIJKHEID

De speler begeeft zich tijdens het spel in een realiteit waar andere regels en wetten gelden dan buiten dit spelkader. De speler schept zijn eigen werkelijkheid. Binnen deze realiteit wordt even betekenis toegekend aan iets wat in het meer alledaagse leven op de achtergrond blijft. Of er wordt zelfs een geheel eigen betekenis aan iets toegekend (zoals in het doen alsof-spel).

Tijdens hinkelen staat de wereld van balanceren en binnen de lijntjes blijven centraal. In het doen alsof-spel worden voorwerpen in een andere dan hun eigenlijke betekenis gebruikt. Een stok wordt een zwaard, een stoel wordt een paard. Speels vechten is doen alsof-vechten. Er wordt een aantal handelingen verricht die op vechten lijken, maar de intentie is niet die van 'echt' vechten. Ook kunnen personen plotseling iemand anders worden: twee kinderen worden plotseling 'vadertje en moedertje' of 'doktertje en patiëntje'. Er wordt een spelwerkelijkheid geschapen die relatief losstaat van de alledaagse 'echte' werkelijkheid.

De speler heeft in dit creëren van een eigen spelwerkelijkheid een beheersing over die wereld, die in de werkelijkheid nooit bereikt kan worden. Deze spelwerkelijkheid kan zo sterk zijn dat de spelers erin opgaan, tot er vanuit de werkelijkheid inbreuk gedaan wordt op de speelwereld.

> ### Operatie
> Tjits en Tjats zijn op zolder doktertje aan het spelen met Elsje, het nieuwe buurmeisje. 'Zo, zo', spreekt hoofdchirurg Tjats ernstig, 'dat ziet er niet best uit. Wat denkt hulpchirurg Tjits van de situatie?' 'Alles moet eruit en worden opgestuurd naar het labratorium, denk ik. Schaadt het niet, dan baat het niet.' 'Goed, dan gaan we aan de slag. Wilt u een verdoving, mevrouw de patiënte?' Elsje knikt: 'Ja graag, hoofdchirurg Tjats.' 'Hulpchirurg Tjits, je hebt het gehoord: de verdoving.' 'De verdoving', herhaalt Tjits ernstig en geeft met een rubber hamer een doffe tik op het hoofd van Elsje. 'Au! Verdomme, dat doet zeer!', schreeuwt Elsje, terwijl ze overeind schiet en met haar hoofd tegen de muur botst. Dikke tranen biggelen over haar bleke wangetjes. 'Nou, ik geloof niet dat de verdoving al werkt', probeert Tjits nog om de situatie wat op te vrolijken, maar deze dapperheid wordt haar niet in dank afgenomen. De patiënte ontsteekt in razernij en bijt Tjits toe: 'Kun je niet een beetje uitkijken? Nu heb ik misschien wel een hersenschunning!' Dan loopt ze schreeuwend van verdriet naar beneden.

In dit voorbeeld is in het begin duidelijk sprake van een speelwereld, die Tjits, Tjats en Elsje hebben gecreëerd. Deze speelwereld is overduidelijk een andere wereld dan de 'alledaagse wereld'. De grenzen van de mogelijkheden van de alledaagse wereld zijn verlegd. In de speelwereld kúnnen dingen die in de alledaagse fysieke wereld onmogelijk zijn (zoals de suggestie dat alle organen verwijderd zullen gaan worden). In dit voorbeeld komt het niet zo duidelijk naar voren, maar in de speelwereld mógen ook vaak dingen die in de alledaagse normatieve wereld verboden zijn. De speelwereld heeft haar eigen mogelijkheden en wetmatigheden. Hierbij is veel meer mogelijk dan in de alledaagse wereld. Er is ruimte voor impulsieve ingevingen, vrijheid en eigenheid. Het creëren van een eigen spelwerkelijkheid is een wezenlijk aspect van het spelen. Iemand die zich niet kan of wil losmaken van de alle-

daagse werkelijkheid, komt niet tot spel. Verder geldt dat waar de doen alsof-werkelijkheid verstoord wordt en men terugkeert naar de 'werkelijke wereld', de speelwereld ophoudt.
De speelwereld laat zich afgrenzen van de 'werkelijke' wereld. Het is hierbij van belang dat de speler besef heeft van dit 'anders zijn'. (Elsje denkt bijvoorbeeld niet echt dat haar ingewanden verwijderd gaan worden.) Op het moment dat dit besef er niet meer is, is er geen sprake meer van spel, maar van een met de werkelijkheid verwarde realiteit. Iemand is dan gevangen in zijn eigen fantasiewereld. Wanneer het onderscheid tussen spel en werkelijkheid niet meer gemaakt kan worden, spreekt men ook wel van *illusionisme*. Met name bij jonge kinderen kan dit optreden wanneer de fantasiebeelden, in welke vorm dan ook (bijvoorbeeld gewelddadige televisiebeelden), overweldigend zijn. Het vermogen tot het onderscheid maken tussen fantasie en werkelijkheid neemt toe naarmate het kind ouder wordt en een meer geconsolideerd beeld heeft van de wereld.

DEFINITIE
Spontaan spel is een zelfgekozen activiteit die gericht is op het eigen plezier. Hierbij is de aandacht gericht op het handelen zelf en is er het besef van een andere werkelijkheid dan de alledaagse.

1.4 Spel herkennen

Het blijkt onmogelijk te zijn om precies te beschrijven hoe je een speelse intentie kunt herkennen. Gedrag dat in eerste instantie spelgedrag lijkt, is het niet altijd. Lachen, variaties maken en doen alsof zijn wel duidelijke indicaties, maar soms bedriegt de schijn.

> **Impulsief**
> Menno (9) heeft ADHD. Hij loopt op zijn knieën de trap op. Hij trekt hierbij gekke gezichten en beweegt druk met zijn armen en hoofd. Theo is beginnend groepsleider. Hij grijpt niet in, omdat hij speelsheid in het gedrag van Menno denkt te herkennen. Een collega oppert dat Menno zichzelf misschien aan het verliezen is in impulsiviteit. Iets wat bij Menno gemakkelijk kan ontaarden in verlies van elke controle over zijn gedrag. Als de collega het kind sommeert om gewoon de trap op te lopen, wordt het kind weer rustig. Ook Theo ziet dat; het lijkt dat Menno weer meer bij zichzelf is.

Voor Theo was het moeilijk spel te onderscheiden van *impulsief* gedrag. Bij een ander kind is het denkbaar dat hij ogenschijnlijk speelt, maar in wezen bijvoorbeeld erg bezig is te *presteren*. Ook zal slechts een geoefende observator een speelse intentie kunnen onderscheiden van *exploratie*. Exploratie is het verkennen van iets onbekends. Bij de omgang met een onbekend voorwerp staat de vraag centraal: wat kan dit voorwerp eigenlijk? Het resultaat hiervan is: het leren kennen van tot dusver onbekende eigenschappen van de werkelijkheid.
Bij spel experimenteert iemand met mogelijkheden vanuit een bekendheid van de eigenschappen van de werkelijkheid. Het lijkt alsof de vraag centraal staat: wat kan *ík* met dit ding? Dit onderscheid in intentie is in principe te zien via een meer ontspannen blik en lichaamshouding en een wat 'lossere' omgang. Om dit te herkennen, is vaak wel wat oefening nodig. Bovendien is veelal kennis van het kind en zijn achtergrond nodig om tot een juiste inschatting te komen van de kwestie: spel of geen spel?

1.5 Verschijningsvormen van spel

Spel kan wat de verschijningsvormen betreft op veel manieren worden ingedeeld. Ik kies voor de volgende indeling, waarbij ik de chronologische volgorde van opkomst gedurende een mensenleven aanhoud:
1 sensopathisch spel;
2 receptief spel;
3 oefenspel;
4 symbolisch spel;
5 constructiespel;
6 regelspel.

SENSOPATHISCH SPEL

> **Klei**
> Tjits en Tjats zijn op bezoek bij tante Jans om te kleien. In de kamer ligt een grote homp klei op een stuk plastic op de vloer. Tjits stopt voorzichtig een vinger in de natte klei en roept: 'Het lijkt wel poep!' Als zij opkijkt, ziet zij dat de handen van Tjats helemaal verdwenen zijn in de klei. Dan stopt ook Tjits haar handen erin. Al woelend in het materiaal ontmoeten de handen van het tweetal elkaar. Lachend kijken ze elkaar aan. 'Wat voelen jouw handen raar aan', zegt Tjits. 'Die van jou ook', zegt Tjats.

Het begrip sensopathisch spel is ontstaan uit de woorden 'senso' en 'pathisch'. Het eerste verwijst naar sensorisch: het opdoen van zintuiglijke indrukken. De term pathisch betekent 'aangedaan zijn'. Sensopathisch spel is dus het aangedaan zijn door middel van zintuiglijke indrukken. Vaak wordt met sensopathisch spel vooral 'genieten van voelen' bedoeld. Toch kunnen ook andere zintuigen centraal staan bij het genieten, zoals horen, ruiken, proeven en zien. Het genieten van zintuiglijke indrukken begint al enkele weken na de geboorte. Zo is een baby geneigd om alles wat voorhanden is, in de mond te stoppen: de mond is een gevoelig tast- en proeforgaan. Een gezond mens blijft een leven lang genieten van zintuiglijke indrukken.
Voor deze vorm van genieten staat begrijpen op de achtergrond. Het maakt sensopathisch spel dan ook geschikt voor cognitief zwakke groepen, zoals baby's, mensen met een ernstige verstandelijke beperking en dementerenden. Bij snoezelactiviteiten staat het pathische aspect centraal.

RECEPTIEF SPEL

Het Latijnse woord 'receptum' betekent opnemen of ontvangen. Voorbeelden van receptief spel zijn: de peuter die naar een spannend verhaaltje luistert, het kind dat gebiologeerd naar een poppenkastvoorstelling kijkt en de volwassene die van een film geniet. Receptief spel is op alle leeftijden aanwezig. Wel zijn er verschillende periodes waarin dan weer het actieve spel, dan weer het receptieve spel op de voorgrond treedt.

Receptief spel kan een beroep doen op verwondering en verbeelding. Zo kan iemand die leest, zich in zijn verbeeldingsvermogen een hele voorstelling maken van de beschreven situatie en gebeurtenissen. Bij receptief spel is er over het algemeen sprake van overgave aan een doen alsof-situatie. De gebeurtenissen in een film, poppenkast of boek zijn niet echt. De toeschouwer weet dit ook. Desalniettemin kunnen dergelijke illusoire gebeurtenissen echte emoties oproepen.

OEFENSPEL

> **Op zolder**
> Tjits is op bezoek bij tante Jans en mag op zolder spelen. De grote, lichte zolder staat vol met dozen en kisten. Een grote dekenkist springt het meest in het oog. Tjits opent deze en zegt: 'Wauw, wat een spullen ...' Ze haalt een bal tevoorschijn en stuitert daarmee een paar maal op de grond. Dan wordt haar blik gevangen door een touw. Ze pakt het touw in haar hand en draait het boven haar hoofd. Leuk zoevend geluid geeft dat!

Het spel dat typerend is voor de eerste twee levensjaren van een kind, wordt oefenspel of functiespel genoemd. De beginperiode van deze spelvorm ligt bij drie tot vier maanden. Als het kind iets ouder is dan een jaar, bedrijft het vaak meer dan de helft van de tijd deze spelvorm. Oefenspel neemt vanaf het tweede tot derde levensjaar in frequentie af, maar verdwijnt nooit helemaal. Oefenspel is in essentie niets anders dan experimenteren met de eigen mogelijkheden, om een effect teweeg te brengen dat tot op grote hoogte voorspelbaar is. In oefenspel worden handelingen verricht vanwege het plezier in dit handelen zelf. Voorbeelden zijn slaan tegen een rammelaar, (later) het kiekeboespel, een rijmspelletje en het laten ronddraaien van bijvoorbeeld een slinger. In de handeling staat de lol van een met succes bereikt effect centraal. Verder wordt geen enkel doel nagestreefd.

Bij de experimenterende omgang kiest het kind vaak uitdagingen waarbij zojuist ontdekte en nog nét beheerste vaardigheden kunnen worden gebruikt en op de proef worden gesteld. De lol zit hem dan voor een groot deel in de 'verrassing' dat het gewenste effect inderdaad optreedt. Nieuwe variaties en combinaties worden bedacht en het effect wordt uitgeprobeerd. De speler werpt zijn eigen 'hindernissen' op en creëert op deze manier de voor hem optimale uitdaging. Een lichte onzekerheid dat het gewenste effect uitblijft, is hierbij bevorderend voor het spel.

De speelse mens speelt het liefst met dingen die hij net heeft geleerd en nog nét aankan. Als het succes volkomen voorspelbaar is geworden, gaat de aandacht uit naar iets anders. Of de persoon creëert voor zichzelf gewoonweg een nieuwe uitdaging.

SYMBOLISCH SPEL

> **Schipbreuk**
> Tjits zit op het tapijt midden in de kamer. Ze is daar als schipbreukeling gearriveerd. Ze staat op en kijkt vanonder haar vlakke hand, die ze met de zijkant tegen haar voorhoofd drukt, uit over een eindeloze zee. De grenzen van het eiland worden aangegeven door de randen van het tapijt. Op het tapijt bevindt zich een grote plant, die dienst doet als de traditionele kokosboom. De stok in de hand van Tjits doet dienst als geweer.

Symbolisch spel verschijnt in zijn meest primitieve vorm vaak al voor het tweede levensjaar. Na een hoogtepunt tussen vier en zeven jaar neemt het in frequentie af, maar het blijft vaak tot en met de volwassenheid voorkomen. Bij symbolisch spel wordt een doen alsof-werkelijkheid gecreëerd. Hierbij worden voorwerpen of handelingen gebruikt als representatie van een niet werkelijk in het hier en nu aanwezig iets of iemand. In de doen alsof-werkelijkheid staat een voorwerp of handeling symbool voor iets anders. Niet toevallig komen bepaalde karakteristieken van de voorwerpen overeen met hoe het kind ze in zijn spel benut. Zo representeren de plant en het tapijt in het voorgaande voorbeeld een kokosboom en een eiland; een stok doet dienst als geweer. Via een karakteristiek gebaar, het kijken van onder haar hand vandaan, beeldt Tjits een schipbreukeling uit.

Symbolisch spel wordt over het algemeen opgevat als de meest ontplooide spelcategorie. Het kind ontwikkelt in deze fase zijn symbo-

liseringsvermogen. Hij kan in toenemende mate tekens die naar iets anders verwijzen, herkennen en gebruiken. Zo wordt een afbeelding op een plaatje herkend als representant voor iets uit de werkelijkheid: 'Kijk, een paard.' De opkomst van symbolisch spel loopt parallel met de ontwikkeling van het meest algemene tekensysteem: de taal.
In aanvang is het symbolisch spel heel primitief. Geleidelijk ontwikkelt het zich tot psychodramatisch spel, waarin de eigen belevingen, wensen en herinneringen worden uitgebeeld. Op latere leeftijd is het kind in staat tot sociodramatisch spel. In dit samenspel met anderen worden afspraken over het algemeen aangegeven door een signaal, bijvoorbeeld met een knipoog of door iets overdreven te doen. Sociodramatisch spel wordt vaak voorafgegaan en onderbroken door afspraken tussen de spelers over de regels en rolverdeling.

Vadertje en moedertje
Tjits: 'Zullen we vadertje en moedertje gaan spelen?' Tjats: 'Oké!' 'Nou, dan was jij vader en ik moeder en jij kwam die avond veel te laat terug voor het eten.' 'Oké.' 'Dag vader.' 'Dag moeder.' 'Wat ben je laat thuis, vader.' 'Ja, ik moest overwerken. Het was een heksenkeet op het werk.' 'Ja, maar nou is het eten koud en ik heb geen zin om het op te warmen.' 'Nou, ik houd toch niet van warm

eten, dus dat komt mooi uit.' 'Nee, jij hield juist erg van warm eten en je vond het vervelend dat moeder geen zin had om even het eten op te warmen, terwijl jij zo hard had gewerkt.' 'Oké ...' 'Ja, maar het eten is koud en ik heb helemaal geen zin om het op te warmen.' 'Ja maar, ik houd juist zo van warm eten en ik heb heel hard gewerkt.'

Dit voorbeeld laat tevens zien hoe organisatorische opmerkingen vaak in de verleden tijd worden uitgesproken, terwijl uitspraken binnen het spel in de tegenwoordige tijd worden gedaan.

CONSTRUCTIESPEL

Speelblokken

Tjits is als tweejarige bezig met haar houten blokken. Ze zet een klein vierkant blok op een ander blok en bekijkt het resultaat even. Dan pakt ze een volgend blok en zet dat op de twee andere. Opnieuw bekijkt ze kort het resultaat.
Als Tjits een jaar ouder is, speelt zij anders met de blokken. Ze stapelt er vloeiend een aantal op elkaar en bekijkt het resultaat pas als er een volledige toren is verrezen.

Uit een aantal onderzoeken blijkt dat kinderen van drieëneenhalf jaar zo'n 40 procent van hun tijd besteden aan bouwen, tekenen en knutselen. Dit komt mogelijk doordat deze bezigheid juist op scholen en crèches een centrale positie inneemt. Met het toenemen van de leeftijd neemt constructiespel eerder toe dan af. Bekende voorbeelden van constructiespel zijn het bouwen van een toren met behulp van blokken, het bouwen van gebouwen en apparaten met Lego-blokken of Playmobil en het bouwen van hutten.
De jongere Tjits heeft nog geen plan; ze experimenteert steeds met een enkel blok. Bij constructiespel komt de ontwikkeling van de vaardigheid om iets doelgericht en planmatig tot stand te brengen, tot uitdrukking. Dit wordt *producerende vormgeving* genoemd. In het voorbeeld van de ouder wordende Tjits is de ontwikkeling van deze vaardigheid herkenbaar. Tjits heeft dan reeds het plan om een toren te bouwen en dit bouwen bestaat uit een langere reeks opeenvolgende stapelactiviteiten. Op deze momenten staat niet het bezig zijn zelf cen-

traal, maar het streven om vorm te geven aan een idee: resultaatgericht gedrag. Dit kenmerk maakt dat Piaget constructiespel niet beschouwt als een vorm van spelen.

Toch zijn veel elementen van oefen- en symbolisch spel ook herkenbaar in activiteiten die worden aangeduid als constructiespel. Zo worden geplande handelingen vaak onderbroken door ontdekkingen en materiaalexperimenten. Het Lego-huis is geen echt huis, maar staat symbool voor het 'werkelijke' huis. Constructiespel kan tevens worden betrokken op niet-materiële vormen van omgang. Ook in het toneelstuk, de circusvoorstelling en de muzikale compositie wordt iets vormgegeven. Constructiespel kan beschouwd worden als de vroegste vorm van kunstbeoefening. De mogelijkheid van de mens om doelgericht iets nieuws te scheppen, komt erin tot uitdrukking.

REGELSPEL

Vanaf het moment dat een kind zijn eerste gedachten heeft, vervangt symbolisch spel langzamerhand oefenspel. Via de vervanging van een symbool door een regel, verdringt het regelspel langzamerhand het symbolisch spel. Vanaf ongeveer vierjarige leeftijd is een kind in staat tot eenvoudig regelspel, vanaf zeven jaar breekt het regelspel in volle glorie door. Met de opkomst van het regelspel wordt het spontane kinderspel meer en meer verdrongen. Oefenspel en symbolisch spel worden opgenomen in de wereld van de geregelde games. Hierin is het niet de spontane impuls waarlangs de speelwereld tot stand komt, maar een overeenstemming tussen de deelnemers die vooraf is bereikt. Spelen wordt deelname aan een bijzondere activiteit, een game.

> **Verstoppen**
>
> Tjits: 'Zullen we verstoppertje doen?' Tjats: 'Ja, dan ben ik hem. Je mag verstoppen tot aan het bosje, oké?' Tjits: 'Ja, oké!' Tjits en Elske rennen weg om zich te verstoppen. 'Tot honderd tellen voor je gaat zoeken, oké?' Tjats gaat met zijn hoofd tegen de boom staan, die fungeert als buutplaats. 'Een, twee, drie ... honderd. Ik kom! Wie niet weg is, is gezien! Ik kom!' Tjats gaat zoeken.

In een regelspel, zoals verstoppertje, wordt de spelwerkelijkheid aangegeven via onder andere een afgesproken tijdsverloop (tot honderd tellen), markering van ruimte (tot aan het bosje, de buutplaats), speldoel (de verstopte vinden) en de expliciete verwachtingen ten aanzien van gedrag (verstoppen en zoeken). Ook worden aan de deelnemers vaak los van de persoon staande functionele rollen toebedeeld (zoals die van zoeker en verstopper). Het centrale element in regelspel is de regel. Hoewel regelspel ook individueel wordt gespeeld, leent deze vorm van spelen zich bij uitstek voor samenspel. Via duidelijke afspraken wordt het gedrag van de deelnemers geregeld. In het regelspel komt het vermogen van het kind tot meer complex spel tot uiting. Regelspel doet een appel op het vermogen om te redeneren. Door de toegenomen intelligentie is het kind in staat om de abstracte regels te herkennen en zich ernaar te gedragen. Via bindende regels wordt bepaald gedrag op de voorgrond geplaatst. In regelspel wordt ook de vaardigheid van het kind om tot samenspel te komen, tot uitdrukking gebracht. Het is in staat zich te begeven in sociale relaties die door regels zijn geordend.

Piaget noemt regelspelen de ludieke activiteiten van het sociale wezen. Door de regelgeving wordt het mogelijk om ook in grotere groepen samen te spelen, zonder dat dit uitmondt in chaos of ongerichtheid. De individuele egocentrische vrijheid van speelmogelijkheden staat niet langer voorop. In regelspel komt de eis tot sociale wederkerigheid van het menselijk handelen tot uitdrukking. Bepaalde vormen van omgang met elkaar komen op de voorgrond te staan. Tegelijkertijd blijft de mogelijkheid tot sensomotorische en intellectuele bevrediging behouden. Soms wordt zij zelfs nog versterkt, doordat bepaalde vormen van omgang (zoals elkaar openlijk bevechten) binnen de spelwerkelijkheid zijn gelegitimeerd. De uitdaging krijgt het sociale karakter van samen met elkaar of tegen elkaar.

In oefenspel worden de verworven capaciteiten op spontane wijze uitgedaagd door middel van zelf opgeworpen hindernissen. In regelspel zijn deze uitdagingen voorgeprogrammeerd. De speler is over het algemeen vrij in zijn beslissing om aan de activiteit deel te nemen. Maar eenmaal tot deelname besloten, worden de mogelijkheden tot spontaan gedrag beperkt tot de speelruimte die de regels toelaten. Binnen de context van de game staan de handelingen van de spelers onder overheersende controle van een nagestreefd doel. Doelgericht gedrag vervangt de autotelische intentie van het spontane spel. Tegelijkertijd blijft het spelkarakter herkenbaar, door de niet-alledaagse functionaliteit van het te bereiken doel. Aldus wordt het voor spontaan spel zo karakteristieke vrije experiment vervangen door het gebonden experiment. Het doel staat vast. De individuele mogelijkheden voor experiment en initiatief zijn begrensd door de afgesproken richtlijnen voor de wijze waarop dit doel bereikt dient te worden.

Regelspelen verschillen onderling in de mate waarin zij een appel doen op de speelsheid van de deelnemer. Het ene spel structureert het gedrag van de deelnemers zodanig dat er weinig ruimte is voor persoonlijke variatie, zoals het eenvoudige 'boter, kaas en eieren'. Een ander spel biedt juist veel mogelijkheden voor persoonlijke invulling, zoals Party & Co of voetbal.

1.6 Van spontane speelsheid naar games en kunstzinnige activiteiten

Naarmate kinderen ouder worden, krijgt spelen meer en meer de betekenis van deelname aan een spelletje of game. Een game is een werkelijkheidskader dat wordt afgebakend in tijd, ruimte en regels. Vaak is er ook sprake van een speldoel en bepaalde verwachtingspatronen over hoe zich te gedragen. 'Zullen we verstoppertje spelen?', is dan een uitnodiging om met elkaar in die bijzondere werkelijkheid te stappen.
In de beschrijving van het constructie- en regelspel is de overgang zichtbaar van de spontane speelse houding naar meer volwassen vormen van spel en kunstzinnige activiteiten. De volwassen vormen van sporten en spelen kennen hun historische basis in oefenspel en de latere regelspelen. De latere vormen van kunstzinnige activiteiten kennen hun basis in het symbolische en (later) het constructiespel. Het streven naar een eindresultaat doet hierbij op verschillende wijzen zijn intrede. Bij de volwassen vormen van spelen staat het overwinnen van hindernissen centraal. Bij de latere kunstzinnige activiteiten staat het uitbeeldings- of vormgevingsaspect centraal. Ook doet het sociale aspect steeds meer zijn intrede. Hierdoor gaat een deel van de individuele speelvrijheid verloren. Het vrije experiment maakt meer en meer plaats voor het gebonden experiment. Dit is enerzijds een verarming; er gaat immers een stuk verwondering verloren. Anderzijds is het een verrijking, want de mens is in staat tot resultaatgerichte creativiteit en sociaal afgestemd gedrag. Toch gaat speelsheid nooit helemaal verloren. De gezonde volwassene koestert nog altijd het verwonderde, nieuwsgierige, speelse en belangeloze kind in zichzelf.

Op de website vind je aanvullend materiaal over de in dit hoofdstuk behandelde onderwerpen.

Samenvatting
» Spel in de zin van speelsheid is een bijzondere houding waarmee de wereld tegemoet wordt getreden. Speelsheid verwijst naar een

bepaalde manier van doen (spontaan spel) en dient te worden onderscheiden van 'spel als een bijzonder soort activiteit' (game).
» Spontaan spel laat zich definiëren aan de hand van de volgende kenmerken.
- Spel is spontaan gedrag: het is relatief vrij van extern opgelegde regels en verwachtingen.
- Iemand die speelt, is intrinsiek gemotiveerd.
- Bij spel staat het middel relatief centraal (niet het doel): spel is een autotelische activiteit.
- Bij spel is er sprake van een interne 'locus of control'.
- Bij spel is er sprake van een eigen andere werkelijkheid en een besef van dit anders zijn.
- Bij spel is de persoon met grote aandacht betrokken bij de activiteit (grote betrokkenheid).
- Spel gaat samen met een positief gevoel (affect).
» Spel dient duidelijk te worden onderscheiden van exploratie. Bij exploratie staat het verwerven van kennis van eigenschappen van de wereld centraal. Bij spel staan de eigen invloedsmogelijkheden, vanuit dat wat bekend is, centraal. Spel is het vrijwillig en voor het eigen plezier experimenteren met mogelijkheden. Dit experimenteren met mogelijkheden komt tot uiting in het herhalen van, het combineren met of het variëren op een standaardactiviteit vanuit een zekere mate van beheersing.
» Als relevante verschijningsvormen van spel worden onderscheiden:
- sensopathisch spel;
- receptief spel;
- oefenspel;
- symbolisch spel;
- constructiespel;
- regelspel.
» In de verschijningsvormen van spel zijn reeds de contouren zichtbaar van de latere bijzondere verschijningsvormen van spel en kunstzinnige activiteiten. In het oefenspel en regelspel zijn reeds de eerste vormen van de latere volwassen spel- en sportactiviteiten zichtbaar. In het symbolisch spel en het latere constructiespel vinden we de grondslagen voor de latere kunstzinnige uitingen van een persoon.

Het nut van kinderspel

'Mijn spelen is leren, mijn leren is spelen'
(Hiëronymus van Alphen)

2.1 Inleiding

Dokter
Moeder vertelt 'Zo meteen komt de dokter. Hij heet Piet, heeft een grote snor en hij komt je onderzoeken. Dat doet hij met een apparaatje met een moeilijke naam: een stethoscoop. Kijk, zo ziet zo'n apparaatje eruit.' Moeder haalt een oude stethoscoop uit haar koffer en geeft deze aan Tjits. Tjits kijkt wat naar het ding, maar pakt het al snel beet. 'Goh, dat stukje van ijzer is een beetje koud.' 'Ja', zegt moeder, 'en dat stukje gaat de dokter straks op jouw buik leggen. Dat doet hij op deze manier ...' Moeder neemt het apparaatje over van Tjits, stopt de uiteinden in haar oor en begint Tjits te 'onderzoeken'. 'Hé, dat kriebelt!', lacht Tjits.
De dokter komt, onderzoekt Tjits en vertelt dat bang zijn voor de operatie niet nodig is. Het zal geen pijn doen, want dokters kennen een trucje waardoor Tjits in slaap zal vallen. Tjits reageert verschrikt: 'Als ik slaap, voel ik wél wat!' Dan vertelt de dokter dat het een bijzondere slaap is, die narcose heet. Dit stelt Tjits gerust. Vervolgens vertelt de dokter dat na de operatie het been in het verband zal zitten.
Na het bezoekje van de dokter gaat Tjits met moeder naar de speelhoek. Na de ontdekking van een speelgoedstethoscoop wordt de eerste de beste pop 'onderzocht'. 'Dat kriebelt, hè? Zo en dan ga je nu slapen. Als ik in mijn handen klap, dan slaap je. En dan voel je niks meer, want het is narkosie. Zo ... en dan ga ik nu je been in het verband doen.' Tjits pakt een rolletje verband dat daar ligt en probeert het om het been van de pop te draaien. Het glijdt er steeds vanaf. Dan zegt moeder: 'Kijk, als je het verband

> zo met je vinger vasthoudt, dan lukt het wel.' Tjits doet moeder geconcentreerd na en na een paar keer proberen, lukt het best. 'Zo, en dan mag je nu wakker worden.'

In dit hoofdstuk hoop ik de lezer inzicht te geven in een aantal functionele eigenschappen van spel. Ik doe dit vanuit drie theoretische kaders:
1 de adaptatietheorie;
2 de psychoanalyse;
3 de activatietheorie.

Elke paragraaf beschrijft de essentie van de theorie en de hieraan gekoppelde spelfuncties.

2.2 Spel en de adaptatietheorie

Piaget (1896-1980) was van oorsprong bioloog en raakte als ontwikkelingspsycholoog gefascineerd door het fenomeen 'denken'. Vooral via de observatie van zijn eigen kinderen kwam Piaget tot een aantal inzichten op het terrein van kennisverwerving: hoe mensen tot kennis komen. Piaget richtte zich vooral op de cognitieve en de daarmee nauw verwante motorische ontwikkeling.

VAN EENVOUDIG CONCREET SCHEMA NAAR MEER COMPLEXE EN ABSTRACTE STRUCTUREN

Darwin wees in zijn evolutietheorie op het principe van 'the survival of the fittest': het organisme dat zich het best aanpast aan de mogelijkheden en gevaren van zijn omgeving, zal uiteindelijk overleven. De best aangepaste organismen zullen overleven, zich voortplanten en via hun genen hun specifieke kwaliteiten doorgeven aan het nageslacht. Het kernbegrip van Piaget wanneer hij spreekt over ontwikkeling, is *adaptatie*. De mens heeft behalve een groot vermogen zich aan te passen aan de omgeving, ook het vermogen de omgeving aan te passen aan zichzelf. Adaptatie omvat beide betekenissen van aanpassing. Anders dan dieren kan een mens denken, wat een unieke verhouding tot de wereld mogelijk maakt. Denken vergroot de mogelijkheden tot aanpassing, zowel in passieve als in actieve zin.

Elk mens wordt geboren met een aantal voor de overleving essentiële reflexen, zoals de grijp- en zuigreflex. Dit zijn in feite de meest primitieve vormen van wat Piaget *schema's* noemt. Via deze eerste (aangeboren) schema's treedt de baby in contact met zijn omgeving en doet hij allerlei ervaringen op. Deze ervaringen worden opgeslagen in het geheugen van het kind en leiden tot uitbreidingen van de beschikbare schema's. Schema's zijn de in een mens opgeslagen mogelijkheden voor handelen, waarderen en - later - denken. Een eenvoudig handelingsschema is bijvoorbeeld het bewust slaan naar een bal. Dit vereist onder meer oog-handcoördinatie, wat al doende wordt geleerd en in het geheugen wordt opgeslagen.

Met het ontwikkelingsproces worden de schema's meer abstract en complex en is organisatie noodzakelijk. Aanvankelijk zijn schema's vooral gekoppeld aan het behandelen van *concreet* aanwezig materiaal. Op wat latere leeftijd is een kind in staat om ook mentale handelingen te verrichten: denken. Het kan zich voorwerpen voorstellen die niet in het hier en nu aanwezig zijn. Ook is het kind meer en meer in staat tot mentale bewerkingen van de werkelijkheid. In eerste instantie is daar nog het voorstellingsvermogen bij betrokken: zo worden in eerste instantie nog vingers gevisualiseerd om te bepalen hoeveel drie plus vier is. Later kunnen geïnternaliseerde wetmatigheden en redeneringen los van de concrete werkelijkheid worden toegepast en ontstaat *abstract* denken.

Schema's zijn dus de neerslag van verworven mogelijkheden. Door middel van nauw met elkaar verbonden rijpings- en leerprocessen worden ze steeds verder uitgebreid en op elkaar afgestemd: georganiseerd. Het geheel van deze georganiseerde schema's noemt Piaget de *psychologische structuren* van een mens. Naarmate de psychologische structuren complexer worden, is men in staat tot steeds complexere bewerkingen van de werkelijkheid, zoals bij wiskunde. Dit kan uitmonden in inzichten als $E = MC^2$.

Het adaptatieproces tussen mens en omgeving resulteert aldus in het tot stand komen van een steeds complexere psychologische structuur. Deze stelt de mens in staat zich aan te passen aan de wereld en de wereld aan zichzelf aan te passen. Anders gezegd: de psychologische structuur van een mens bepaalt zijn mogelijkheden zich te verhouden tot de werkelijkheid. Adaptatie is dan het proces waarlangs vernieuwing van deze verhouding plaatsvindt.

ACCOMMODATIE, ASSIMILATIE EN EQUILIBRATIE

De kern van het adaptatieproces is de vorming en integratie van steeds complexere structuren. Dit adaptatieproces bestaat uit twee componenten: *accommodatie* en *assimilatie*. In het proces van accommodatie overheerst de aanpassing van het individu aan de omgeving. Op cognitief gebied betekent dit: de persoon past zijn denken aan. Accommodatie is dan het ontwikkelen van nieuwe schema's. Op het moment dat een persoon een beschikbaar schema toepast, kan gesproken worden van assimilatie. In het proces van assimilatie overheerst de aanpassing van de omgeving aan het individu: de persoon past de omgeving in zijn denken.

Bij dit adaptatieproces speelt het principe van *equilibratie* een belangrijke rol. Dit woord is afgeleid van equilibrium, dat evenwicht betekent. We spreken van een equilibrium wanneer de persoon ervaart dat zijn beschikbare schema's afdoende zijn om de omgeving die hij ontmoet, te bevatten. Hij heeft dan genoeg geaccommodeerd om adequaat te kunnen assimileren. Op het moment echter dat een persoon iets onbekends of onverklaarbaars tegenkomt, is dit evenwicht verstoord. Er is dan sprake van een disequilibrium. Vervolgens dient de persoon te accommoderen door het aanleren van nieuwe schema's. Als deze accommodatie op adequate wijze heeft plaatsgevonden, kan weer met succes worden geassimileerd. Assimilatie is dus het toepassen van beschikbare schema's. Equilibratie is dan het hele proces van het komen tot een nieuw (en hoger) evenwicht (zie figuur 2.1).

disequilibrium (spanning, onevenwichtigheid) → accommodatie → uitbreiding schema's → toepassing van schema's = assimilatie → equilibrium (nieuw evenwicht) → verstoring evenwicht → disequilibrium

Figuur 2.1 Equilibratie.

Koffertje
Tjits heeft een nieuw koffertje gekregen. Dit koffertje heeft een bijzondere sluiting: je moet aan het knopje draaien om de sluiting te laten openspringen.

Disequilibrium
Tjits probeert het knopje te schuiven en te drukken, maar de sluiting blijft dicht. Ze probeert van alles: hard, zacht drukken, plotseling schuiven ... Af en toe stopt Tjits en legt haar vinger op het voorhoofd. Ze is duidelijk aan het nadenken over wat er nog meer mogelijk is. Ze draait het koffertje op zijn kop, maar ... Dan komt Tjats binnen: 'Hé, wat een mooi koffertje! O ja, dat is er een met zo'n draaiknop.'

Accommodatie
Tjits kijkt verbaasd naar Tjats als deze aan het knopje draait, waarna de sluiting van het koffertje openspringt. Tjits pakt het koffertje vast, doet de deksel weer dicht en draait geconcentreerd op dezelfde wijze als Tjats aan de knop. Het lukt niet! Dan zegt Tjats: 'Je moet hem een klein beetje naar boven trekken.' Tjits denkt even na en trekt dan lichtjes aan de knop, terwijl ze hem naar links draait. Nu lukt het wel!

Assimilatie: nieuw evenwicht
Tjits is zichtbaar opgelucht als de koffer inderdaad openspringt. Dan komt mama binnen en Tjits roept trots: 'Kijk mama, ik kan het koffertje openmaken!'

Ludische assimilatie
Tjits doet het koffertje enthousiast vier keer open en dicht en kijkt trots naar de bewonderende blik van haar moeder.

Op het moment dat het vermogen van Tjits tekortschiet om met succes te kunnen assimileren (het koffertje open te krijgen), is er sprake van een disequilibrium. Via accommodatie leer Tjits een nieuw schema kennen en wordt het evenwicht weer hersteld (equilibrium). Vanaf nu is succesvolle assimilatie weer mogelijk.

SOORTEN ACCOMMODATIE

Piaget onderscheidt een aantal manieren om te accommoderen. Ik noem er hier vier: exploratie, nadenken, imitatie en overdracht van informatie.

> *Exploratie. Dit is het handelend verkennen van de nog onbekende mogelijkheden van de werkelijkheid (in dit geval het knopje van het koffertje). Bij de omgang met een onbekend voorwerp staat de vraag centraal: wat kan dit voorwerp eigenlijk? Wat heeft het voor eigenschappen? Exploratie vindt plaats via zintuiglijke verkenning en reflectie op de ontdekte eigenschappen. In het voorbeeld lukt het Tjits niet om te accommoderen via exploratie.*
>
> *Denken. Soms lukt het te accommoderen via denken. Tjits probeert dat en stelt daarbij vragen als: wat is er nog meer mogelijk? Hoe gaan andere dingen ook alweer open? Nadenken is als het ware het intern nalopen van beschikbare schema's, in de hoop er een te vinden die in deze situatie toepasbaar is.*

Imitatie. In het voorbeeld probeert Tjits te accommoderen door Tjats te imiteren. Imitatie is het nadoen van waargenomen handelingen, zonder dat deze handelingen nog zijn eigen gemaakt of de zin van de handeling duidelijk is. Kinderen imiteren vaak vanzelf handelingen die ze waarnemen. Ze lijken soms wel kopieermachines. Via imitatie kunnen handelingen verricht worden die nog niet zijn opgenomen in de beschikbare schema's. In het voorbeeld lukt het nog niet te accommoderen puur op grond van imitatie.

Overdracht van informatie. Tjits heeft in het voorbeeld nog enkele aanwijzingen nodig om daadwerkelijk tot accommodatie te komen. Ze heeft extra instructies van Tjats nodig om het koffertje daadwerkelijk open te krijgen. Door het uitvoeren van de handeling en reflectie daarop, kan internalisatie van de handelingsmogelijkheid plaatsvinden en daarmee uitbreiding van schema's.

LUDISCHE ASSIMILATIE

Aan het einde van het voorbeeld herhaalt Tjits de zojuist geleerde eigenschappen en heeft daar duidelijk plezier in. Dit voor de lol herhalen van handelingen is de meest eenvoudige vorm van spel: het vanuit plezier en beheersing herhalen van een autotelische handeling. In spel daagt het kind de eigen mogelijkheden uit en stelt het uitdagingen centraal die het nog net aankan. In dit spel kan het kind zich competent voelen ('Kijk eens wat ik al kan?'). Anders gezegd: het kind concentreert zich in zijn spel op die aspecten van de werkelijkheid die zijn mogelijkheden tot assimilatie op de proef stellen. Piaget spreekt in dit verband van ludische assimilatie: een manier van invloed uitoefenen, waarbij het genieten van de eigen competentie vooropstaat.

FUNCTIES VAN SPEL

In *oefenspel* staat het overwinnen van spontaan zelfopgelegde hindernissen centraal. Het kind daagt zijn assimilatief vermogen uit, door te experimenteren met geaccommodeerde eigenschappen van de werkelijkheid. In een afwisseling tussen imitatie en exploratie (accommodatie) en experimentatie (ludische assimilatie) worden steeds nieuwe eigenschappen van de wereld ontdekt en op de voorgrond gezet. Zo is balanceren met een stok een prachtig spel met veel accommodatiemogelijkheden. Maar ook kunnen andere eigenschappen op de voorgrond worden gezet: hoe sterk en buigzaam is de stok? Een stok kan ook rollen en je kunt ermee slaan.

Er kunnen drie functies van oefenspel worden onderscheiden. Ten eerste behoud, verfijning en internalisering van geaccommodeerde schema's. Door herhaling, combinatie en variatie worden de nog prille schema's steeds weer toegepast en op die manier doorleefd, eigen gemaakt en uiteindelijk geautomatiseerd. Na automatisering hoeft iemand niet meer met zijn aandacht bij de activiteit te zijn om deze goed te kunnen verrichten. Het lichaam handelt onafhankelijk van het bewustzijn. Daarnaast wordt in het oefenspel een basis gelegd die belangrijk is voor het later kunnen verrichten van een mentale activiteit als denken. Ten slotte staat bij oefenspel experimentatie centraal. Hierdoor kunnen bepaalde mogelijkheden van omgang met de werkelijkheid (ook de latere niet-functionele) worden ontdekt. Aldus wordt een basis gelegd voor een creatieve omgang met de werkelijkheid.

In *symbolisch spel* worden de eigen belevingen, wensen en herinneringen uitgebeeld en aldus tot expressie gebracht. De innerlijke ervaringswereld wordt tot uitdrukking gebracht in uiterlijk waarneembare woorden en handelingen. Ook in constructiespel kunnen overigens symbolische spelelementen worden onderscheiden, zoals bij het maken van een tekening. In het symbolisch spel worden gebeurtenissen die indruk op het kind hebben gemaakt, op eigen wijze nagebootst. Volgens Piaget staat in veel symbolisch spel het naspelen van gebeurtenissen centraal, die op een of andere manier nog niet volledig verwerkt zijn. Een belangrijke functie is: behoud en verwerking (eigen maken) van herinneringen. Herhaling bevordert de opslag in het geheugen van betekenisvolle herinneringsbeelden. Er komt een interne afbeelding tot stand van dat wat beleefd is. Via deze verwerking ontstaat ruimte voor nieuwe betekenisvolle ervaringen. Waar de volwassene gebeurtenissen kan verwerken door interne herhaling en bewerking, laat het spelend kind dit proces openlijk zien. In spel worden ook positieve ervaringen opnieuw beleefd. Een centrale functie van symbolisch spel is verwerking van zowel positieve als negatieve ervaringen. Deze verwerking vindt plaats door in een beheersbare situatie actief te herhalen wat passief is ervaren.

Pony

Tjits en Tjats zijn op bezoek geweest bij tante Tineke en mochten daar een oude pony verzorgen. Thuisgekomen pakt Tjats een speelgoedpaardje op en borstelt het diertje met een speelgoedborsteltje. Intussen zegt hij steeds: 'Braaf, pony, braaf.'

Gepest worden, een operatie, het overlijden van een dierbare persoon of een huisdier: het zijn gebeurtenissen die grote impact op een kind kunnen hebben. Het kan erdoor overweldigd worden. Door het gebeurde na te spelen, kan het kind geleidelijk grip op de gebeurtenis krijgen. In zijn spel brengt het kind op zijn eigen wijze zijn beleving en interpretatie van gebeurtenissen tot uitdrukking. Soms wordt vrij letterlijk herhaald wat er ervaren is, een andere keer is de betekenis meer 'verborgen' aanwezig. De beleving wordt dan uitgespeeld, niet zozeer de letterlijke gebeurtenis. Door de herhaling vermindert mogelijk de impact van de gebeurtenis. In de simulatie kan het kind meester zijn in een situatie, waarbij het in het echt geen macht had.

Gabber

Tjats is getuige van het overlijden van zijn grote vriend Gabber, de herdershond. Gabber krijgt een hersenbloeding en ligt schuimbekkend te spartelen op het grasveld. De volgende dag wordt de hond op een wit laken in de tuin begraven. Tjats spreekt geregeld over Gabber en speelt zo nu en dan de gebeurtenis na, met behulp van een speelgoedpony. Hierbij wordt zijn toekijkende knuffel uitgebreid getroost: 'Ach Po, ben je geschrokken? Kom maar hier.' Regelmatig ook verschijnt Gabber op tekeningen. Pas na een half jaar komt Gabber niet elke week terug in het spel van Tjats.

Overigens is spel op deze wijze ook een belangrijk observatiemiddel voor de opvoeder. Over het algemeen spelen kinderen op spontane wijze hun gevoelens uit. De opvoeder of hulpverlener hoeft het kind dan slechts de gelegenheid te laten. Het kan een functie van de sociaalagogisch werker zijn om ouders op het belang van deze spelfunctie te wijzen.

Het komt ook voor dat kinderen over een eerste drempel heen getild dienen te worden. Als de ervaren onmacht te groot is, kan herhaling in het spel te bedreigend zijn voor het kind. Kinderen dragen vaak geheimen met zich mee, die niet altijd even prettig zijn. Soms zijn kinderen innerlijk kwaad op hun ouders, maar durven ze dit niet te uiten, bijvoorbeeld uit angst voor represailles ('Dan laten mijn ouders me helemaal in de steek'). Met hulp van een speltherapeut kan de motor van spontane expressie dan mogelijk weer op gang komen.

Verder kan een kind via symbolisch spel sociale rollen assimileren, vaak na aanvankelijke accommodatie in de vorm van imitatie. In sociodramatisch spel (zoals een rollenspel) kunnen kinderen leren zich in te leven in de ervaringswereld van de ander.

2.3 Spel en psychoanalyse

Vertegenwoordigers van de psychoanalyse gaan ervan uit dat elke mens bij zijn geboorte geleid wordt door het *lustprincipe*: men probeert lustgevoelens te bevredigen en onlustgevoelens te vermijden. Een kind dat bijvoorbeeld de impuls 'honger' krijgt, wordt op dat moment volledig geleid door zijn streven naar bevrediging hiervan (eten). Angst roept onlustgevoelens op en het kind zal deze gevoelens willen vermijden. Naarmate het kind opgroeit, zal het ontdekken dat zijn individuele driftmatige behoeften niet altijd vervuld kunnen worden en niet alle onlustgevoelens te vermijden zijn. Het krijgt niet altijd dat ijsje waar het zin in heeft. Een aanraking met een hete kachel leidt tot pijn. Het kind wordt geconfronteerd met geboden en verboden die niet altijd stroken met wat het wil.

In confrontatie met de opvoeders ontwikkelen de kinderen een systeem van waarden en normen: het *superego*. Hierin wordt opgeslagen wat wel of niet mag en wat belangrijk is: het geweten. Met de komst van het superego wordt het uiterlijk gevoerde conflict tussen kind en buitenwereld verinnerlijkt. Om een weg te vinden in dit conflict tussen lust en geweten, wordt een bemiddelende instantie ontwikkeld: het *ego*. Naarmate het ego zich ontwikkelt, leert het kind op sociaal aanvaarde wijze omgaan met zijn driften. Ook leert het kind om te gaan met situaties die angst oproepen. Door deze ontwikkeling van het ego

wordt het kind minder eenzijdig geleid door het lustprincipe. Het *realiteitsprincipe* doet zijn intrede, in de vorm van een compromis tussen enerzijds het streven naar lustbevrediging en vermijding van onlustgevoelens en anderzijds de beperkingen en eisen van de buitenwereld.
In de loop van zijn leven wordt elk kind in zijn driftmatige behoeftebevrediging gefrustreerd en geconfronteerd met onvermijdelijke onlustgevoelens (bijvoorbeeld bij het zindelijk moeten worden). Een dergelijke frustratie-ervaring wordt door Freud een *trauma* genoemd. Om deze traumatische conflicten de baas te worden, ontwikkelt het kind een aantal *afweermechanismen*. Deze zorgen ervoor dat niet alle verlangens en angsten tot het bewustzijn doordringen. Een aantal van de voor het superego ongewenste impulsen wordt aldus onbewust gemaakt. Zij worden door de persoon niet meer of sterk vervormd waargenomen en maken aldus geen bewust onderdeel meer uit van het ego. Ook de trauma's die het vormen van afweer noodzakelijk maakten, zullen vaak naar het onderbewuste worden overgebracht en dus niet of zeer moeilijk herinnerd kunnen worden.
Elk mens maakt een dergelijke ego-ontwikkeling door. Bij onvoldoende verwerking van traumatische ervaringen, zullen deze later te herkennen zijn in moeilijkheden in de soepele omgang met bepaalde situaties; moeilijkheden waar geen mens aan kan ontsnappen. Bij sterke traumatische ervaringen kunnen zich afwijkingen voordoen in de vorm van psychiatrische ziektebeelden. Bijvoorbeeld: als het superego erg sterk ontwikkeld wordt, zal het kind het contact met zijn oorspronkelijke lusten en verlangens in grote mate verliezen en zal hij zich in zijn ego vooral identificeren met dat wat van hem verwacht wordt: een neurotische persoonlijkheid.

FUNCTIES VAN SPEL

Daar kinderen nog niet de beschikking hebben over een volledig ontwikkeld ego, kunnen angsten en gefrustreerde behoeftebevrediging niet gerelativeerd worden. Spel is dan een alternatief om toch enigszins met deze trauma's te kunnen omgaan. Via spel kan het kind de echte werkelijkheid (tijdelijk) ontvluchten en een werkelijkheid scheppen die bevredigend is. Er zijn twee principes die het kind aanzetten tot spel:

> *streven naar wensvervulling (lustbevrediging)*
>
> *beheersen van traumatische ervaringen (overwinnen onlustgevoelens)*

Hoewel de twee principes niet altijd van elkaar te scheiden zijn, zal ik ze zo veel mogelijk afzonderlijk bespreken.

STREVEN NAAR WENSVERVULLING

In spel kan iemand een werkelijkheid scheppen, waarin wensen vervuld worden die in de realiteit niet vervuld kunnen worden. Het kind kan zo ontsnappen aan de beperkingen van de reële buitenwereld. Juist in spel kan een kind zich uiten en zichzelf zijn of juist iemand zijn die het graag wil zijn. Een belangrijk onderdeel van deze wensvervulling vindt plaats door middel van imitatie. Kinderen zijn selectief in wat zij imiteren. Zo worden vaak volwassenen geïmiteerd die een gevoel van liefde of bewondering oproepen (zoals vader, moeder, politieagent, voetballer of popster). Ook kan het kind in het spel een geaccepteerde plaats vinden waarin niet-geaccepteerde impulsen geuit kunnen worden. In de realiteit volgen op dergelijke uitingen vaak sancties, in de spelwereld is het toegestaan. Gevoelens van ongenoegen worden veilig geprojecteerd op denkbeeldige personen. Wat het kind heeft ondergaan, kan het actief uitspelen.

Kerstman

Willem (8) verblijft in een instelling voor jeugdpsychiatrie (Veghel, 1997). Willem vindt het erg moeilijk om aan te geven dat hij iets niet begrijpt. Hij doet vaak alsof dingen hem duidelijk zijn, waardoor te hoge eisen aan hem worden gesteld. Deze middag zijn alle kinderen verkleed als kerstman of -vrouw, compleet met muts en baard. Op het programma staat een cadeau-uitwisseling met de 'kerstmannen' van de naburige afdeling. Daarvoor dient eerst het cadeau te worden ingepakt. Willem mag een bal inpakken. Na enkele pogingen loopt hij naar de begeleidster, met de mededeling dat 'de kerstman' het wel erg moeilijk vindt om een bal in te pakken.

Een bijzondere plek in het kader van wensvervulling door middel van spel is het uiten van agressieve gevoelens. Oorlogje spelen zou aldus de functie hebben van uitlaatklep voor agressieve impulsen. Menninger veronderstelt in zijn catharsishypothese dat agressie die geuit wordt in fantasiespel, leidt tot verminderde agressie in andere situaties. Deze hypothese is overigens nooit onomstotelijk bewezen (Bandura, 1969).

> **Kwaad**
> Tjits en Tjats hebben zojuist nee te horen gekregen van papa en zijn beiden kwaad. Tjits pakt haar speelgoedzwaard en schreeuwt tegen een Playmobil-poppetje: 'Ik maak je dood!' Tjats pakt ondertussen een grote knuffelbeer en zegt vermanend: 'Jij mag dat niet, stoute beer!'

De psychoanalyse beschouwt spel als een geaccepteerde manier om wensen te uiten en te vervullen. Door het ontwikkelde ego zijn er ook andere mogelijkheden van omgang met frustratie. Toch vindt de wensvervulling door middel van spel een vervolg in ook voor grotere mensen geaccepteerde activiteiten, zoals hobby's, grappen maken en het bedrijven van wetenschap en kunst.

BEHEERSEN VAN TRAUMATISCHE ERVARINGEN

Elk kind ontmoet in de loop van zijn leven situaties die onlustgevoelens opwekken. Elk van deze ervaringen is in meer of mindere mate traumatisch te noemen. Een van de manieren waarop het kind - veelal spontaan - indrukwekkende ervaringen tracht te verwerken, is via spel. Spel geeft kinderen de mogelijkheid om (elementen van) traumatische gebeurtenissen te herhalen. In dit spel hebben zij bovendien de gelegenheid om de situatie waarin ze ooit passieve slachtoffers waren, te beheersen. In hun spel kunnen ze bijvoorbeeld de boosaardige vijand verslaan of kunnen de rollen omgekeerd worden. Juist doordat in spel de werkelijkheid beheersbaar is, kan het leiden tot verwerking ofwel beheersing van de situatie door simulatie. Tegelijkertijd leidt ook de herhaling op zichzelf tot verwerking. Herhaling vermindert de door de traumatische gebeurtenis opgeroepen prikkeling.

> **Verdronken**
> Ismail (5) is bezoeker van een Boddaertcentrum. Hij is erbij als zijn grotere broertje verdrinkt in het zwembad. Ismail reageert in eerste instantie onverschillig. Het is moeilijk om contact met hem te maken; niemand weet wat er in hem omgaat. Na enkele weken begint hij spontaan een zwembad te bouwen. Het poppetje dat in het zwembad zwemt, wordt na enige tijd onthoofd. Deze manier van verwerken keert regelmatig terug.

Het is opvallend dat deze manier van spelend verwerken over het algemeen spontaan verloopt. Deze manier van verwerken heeft overigens niet alleen betrekking op gebeurtenissen uit het verleden, maar kan ook gaan over een bedreigende situatie die nog staat te gebeuren. Zoals Tjits die geopereerd gaat worden, met moeder naar de speelhoek gaat en na de ontdekking van een speelgoedstethoscoop de eerste de beste pop 'onderzoekt'. Het blijkt dat kinderen die leven met dezelfde vooruitzichten als Tjits, spontaan vaker spelen met speelgoed dat op een of andere manier gerelateerd is aan het ziekenhuis of een operatie. Volgens de psychoanalyse helpt dit bij het zich voorbereiden op een bedreigende situatie, waardoor de impact ervan achteraf minder is. Vreemd genoeg is er in ziekenhuizen relatief weinig aandacht voor het verwerken van operaties.

2.4 Spel en activatietheorie

Een bijzondere positie ten aanzien van de functie van spel voor het welzijn van mensen wordt ingenomen door de activatietheoretici. Omdat deze theorie vrijwel nergens in Nederlandse literatuur is beschreven, ga ik er hier wat uitgebreider op in.

OPTIMAAL AROUSAL-NIVEAU
Het centrale uitgangspunt voor de activatietheoretici is de stelling dat elk mens streeft naar het juiste midden tussen onderspanning en overspanning. Wie in een situatie van onderspanning is, voelt zich niet prettig doordat er een gebrek aan uitdaging is. Iemand in een

toestand van overspanning is juist mentaal overbelast door stress. De technische termen die de activatietheoretici gebruiken voor spanning zijn *arousal* en *activatie*. Beide betekenen ongeveer hetzelfde: de mate van spanning of opwinding die een persoon op een bepaald moment ervaart. Een optimaal arousal-niveau levert een gevoel van welzijn op. Dit arousal-niveau is meetbaar in de vorm van hersenactiviteit. De hersenen produceren hersengolven - vergelijkbaar met elektriciteitsgolven - die kunnen variëren van 0 tot 25 Hz per seconde. Bij een frequentie van 12 tot 25 spreken we van bètagolven. Deze frequentie kan worden gemeten als mensen werken of nadenken om problemen op te lossen, maar ook als zij geëmotioneerd zijn (vooral angst, bezorgdheid en kwaadheid). Bij een frequentie van 8 tot 12 spreekt men van alfagolven. Deze komen overeen met een toestand van ontspannen wakker zijn, zoals bij het voeren van een ontspannen gesprek of het relaxed luisteren naar muziek. Een hoge frequentie hersengolven komt overeen met een grote mate van arousal. Arousal kan echter ook op andere manieren gemeten worden. Zo komt hoge arousal onder meer tot uitdrukking in spier- en huidspanning. Ook kunnen verbanden worden gelegd met de regelmatigheid van de hartslag.

Dat wat mensen ervaren als een *optimale arousal* kan verschillen per moment van de dag, van dag tot dag en is verschillend van persoon tot persoon. Zo zal een ochtendmens 's morgens een hoger arousal-niveau prettiger vinden dan 's avonds. Voor een avondmens zal die verhouding andersom liggen. Mensen die fysiek fit zijn, zullen over het algemeen een hoger arousal-niveau prettiger vinden dan mensen die zich niet goed voelen. Bovendien verschillen mensen in het spanningsniveau dat zij als optimaal ervaren. De avonturier is steeds op zoek naar spanning, terwijl de meer bezadigde mens veel meer op zoek is naar innerlijke rust. Er kan dus nooit een absoluut niveau van optimale arousal bepaald worden.

Ook de bronnen van arousal zijn voor verschillende mensen anders. Een *prikkel* die bij de een veel arousal veroorzaakt, veroorzaakt bij een ander juist weinig arousal. Dit wordt bepaald door de door deze persoon beleefde kwaliteit van prikkeling wat betreft intensiteit, betekenis en variatie. Met de *intensiteit* van stimulatie worden de waargenomen hoeveelheid en kracht van de prikkels bedoeld. De intensiteit staat voor een deel in rechtstreeks verband met een objectief meetbare sterkte of frequentie. Een harde knal zal over het algemeen een grotere impact veroorzaken dan een speld die op de grond valt. Tegelijkertijd verschillen mensen echter enorm in hoe prikkels bij hen binnenkomen. Zo dringen bij ADHD'ers prikkels steeds met grote kracht tot het bewustzijn door en veroorzaken zodoende een continu hoog arousal-niveau.

> **Cocktaileffect**
> Stel, je bent met iemand in gesprek en verderop zijn ook twee mensen aan het praten. Je hoort niks van wat de anderen aan elkaar vertellen, omdat je geconcentreerd bent op je eigen gesprek. Totdat een van de twee anderen jouw naam noemt. Hoe je hersenen het voor elkaar krijgen is een wonder, maar in ieder geval hebben ze een voor jou belangrijke prikkel opgepikt uit de achtergrond en op de voorgrond geplaatst.

Wat voor de een *betekenis* heeft, heeft het voor de ander absoluut niet. Een groot deel van wat wij betekenisvol vinden, is opgeslagen in ons referentiekader. Bij de een veroorzaakt het kijken naar een voetbalwedstrijd een hoge arousal, terwijl de ander zich bij dezelfde wedstrijd verveelt. De een geniet volop van de muziek bij een film, terwijl een ander die niet eens bewust waarneemt. Voor een en dezelfde persoon verschilt de betekenis van moment tot moment en van situatie tot situatie. Als je honger hebt, zal je aandacht uitgaan naar eetbare zaken. Als iemand bij de kinderen thuis is, zal een kinderschreeuw al snel de aandacht vragen, maar als diezelfde persoon aan het werk is, zal een kinderschreeuw mogelijk aan de aandacht ontsnappen. Deze betekenisverlening is zeer bepalend voor wat wij waarnemen en welke impact deze waarneming heeft.

Wanneer een prikkel niet verandert, neemt de impact ervan over het algemeen af. Je kunt er je aandacht dan niet meer bijhouden en gaat op zoek naar andere prikkels: *variatie*. Een variatie van prikkeling heeft steeds betrekking op eerdergenoemde intensiteit en betekenis. Iemand die variatie in tempo, ritme, toonhoogte en kracht aanbrengt als hij spreekt, zal waarschijnlijk meer de aandacht vasthouden dan een monotoon sprekend persoon. Als je de hele avond al naar voetbal hebt gekeken, zal je aandacht hiervoor afnemen.

Variatie heeft steeds betrekking op een of meer van de volgende kwaliteiten: is iets bekend of nieuw? Is iets voorspelbaar dan wel verrassend of onverwacht? Is iets eenvoudig dan wel ingewikkeld of moeilijk? Zowel bij te veel als bij te weinig bekendheid, voorspelbaarheid en/of eenvoud is er sprake van verminderde aandacht. In de *discrepantiehypothese* wordt de samenhang tussen optimale aandacht (spanning, arousal) en optimale discrepantie benoemd (zie figuur 2.2).

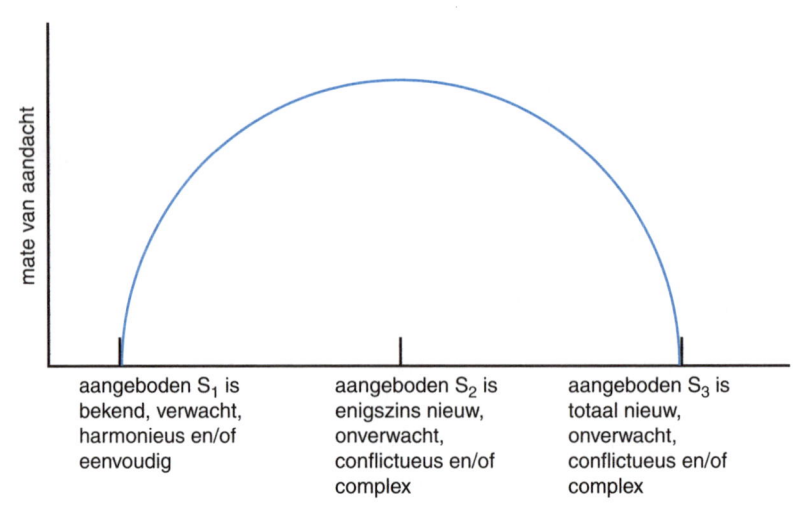

```
                                    |
mate van aandacht                   |
                        _____
                      /             \
                    /                 \
                  /                     \
                /                         \
              /                             \
            /                                 \
          |_____|_____|_____|_____
          aangeboden S₁ is    aangeboden S₂ is   aangeboden S₃ is
          bekend, verwacht,   enigszins nieuw,   totaal nieuw,
          harmonieus en/of    onverwacht,        onverwacht,
          eenvoudig           conflictueus en/of conflictueus en/of
                              complex            complex
```

Figuur 2.2 Diagram van de discrepantiehypothese.

> ### Mens-erger-je-niet
> Tante Jans geeft Tjits het spel *mens-erger-je-niet* cadeau voor haar vierde verjaardag. Na een eerste blik wordt de doos in de kast gelegd: te moeilijk en onbekend. Twee jaar en menig spelletje later wordt het spel opnieuw ontdekt. 'Wauw', zegt Tjits, 'dat heb ik laatst bij Keesje gezien.' De doos wordt uit de kast gehaald en, na een korte uitleg van papa, met verve gespeeld. De 'bolletjes' op de dobbelsteen worden nu wel herkend als betekenisvol.

FUNCTIE VAN EXPLORATIE

Spel en exploratie zijn in de ogen van de activatietheoretici vooral van belang vanwege de arousal-regulerende functie. De belangrijkste functie van exploratie is spanningsvermindering. Door middel van verkenning kan het onbekende bekend en het onverwachte voorspelbaar worden gemaakt en wordt het ingewikkelde van zijn te grote moeilijkheidsgraad ontdaan. Via verkenning met behulp van de zintuigen maakt iemand een interne afbeelding van het tot voor kort nieuwe en onbekende.

Het blijkt dat mensen die intensief aan het exploreren zijn, moeilijker af te leiden zijn dan mensen die aan het spelen zijn. De gerichte blik, de bekende tongpunt uit de mond, het niet reageren op afleidingen, enzovoort: zij horen bij de uiterlijke kenmerken van de concentratie die bij exploratie hoort. Bij explorerende mensen wordt over het algemeen zowel een hoge huidspanning als een hoge hersenspanning gemeten, terwijl hun hartslag zeer constant is. Een explorerend kind is hard aan het werk. Het resultaat van exploratie is spanningsvermindering. Vanaf een bepaald spanningsniveau heeft de persoon weer ruimte om zijn aandacht te verleggen naar iets anders dan spanningsreductie.

> **Verkenning**
> Exploratie is hooggemotiveerd gedrag. Zo bleek uit proeven met uitgehongerde ratten dat, wanneer hun in een onbekende ruimte eten werd aangeboden, zij eerst de ruimte gingen verkennen. Pas nadat deze exploratie had plaatsgevonden, gingen zij eten.

THERMOSTAATFUNCTIE VAN SPEL

Spel heeft een *thermostaatfunctie*: ze kan zowel de functie hebben van *spanningsverlaging* als die van *spanningsverhoging*. Een mens verricht elke dag een grote hoeveelheid autotelische activiteiten, zoals het maken van een ommetje, dagdromen, televisiekijken en een liedje zingen. In een onderzoek van Csikszentmihalyi bleek de waarde van deze activiteiten. Csikszentmihalyi vroeg aan een groep proefpersonen om gedurende 48 uur af te zien van autotelische activiteiten. Zij dienden zich te beperken tot instrumentele activiteiten, zoals werken en studeren. Het effect hiervan was groot: de meeste proefpersonen rapporteerden een afgenomen concentratie, apathie, gespannenheid, hoofdpijn en vermoeidheid (Csikszentmihalyi, 2007).

Hiermee werd een belangrijke functie van spel in verband met spanningsregulatie bevestigd. Mensen zijn niet in staat de aandacht onafgebroken te richten op functionele activiteiten. Na verloop van tijd ontstaat er behoefte aan afleiding. In autotelische activiteiten zoals spontaan spel, kunnen die delen in ons die gedurende een instrumentele activiteit continu belast zijn, even ontspannen. Zonder deze spontane pauzes in de concentratie, neemt zowel de effectiviteit van onze instrumentele handelingen als ons gevoel van welzijn na verloop van tijd dramatisch af.

Prikkels waaraan wij gewend zijn, hebben de neiging om automatisch op de achtergrond te raken. Dit verschijnsel wordt ook wel *habituatie* genoemd. Zo zullen mensen die langs een spoorlijn wonen, op een bepaald moment de langsdenderende treinen niet meer waarnemen. Habituatie kan leiden tot geringe arousal: verveling. Iemand die zich verveelt, kan zelf voor prikkeling zorgen door een uitdaging op te zoeken. De saaie afwas kan leuker worden door met de spullen te gaan spelen of door er een liedje bij te zingen. Dit spelend bezig zijn is een manier om zelf voor de juiste arousal te zorgen.

GRENSVERLEGGENDE FUNCTIE VAN SPEL

In hun spel creëren kinderen voor zichzelf een onzekerheid die met gebruikmaking van het uiterste van hun kunnen, nét kan worden beheerst. Er is sprake van een optimale uitdaging, waarbij er steeds sprake is van een gelijktijdige aantrekking en afstoting. De aantrekking wordt veroorzaakt door de fantasie over het tot stand kunnen brengen van nieuwe mogelijkheden en de hierbij behorende lichamelijke toestand van opwinding. De afstoting wordt gegeven door de angst dat het niet lukt of door eerdere negatieve ervaring met een bepaalde gebeurtenis (Buytendijk, 1932). Het kind plaatst dát op de voorgrond, wat op het grensvlak ligt van net-wel en net-niet kunnen of durven. Aldus stelt het kind zijn vermogens via een situatie van optimale uitdaging op de proef. Het zoekt actief de grenzen van zijn kunnen op en streeft vrijwillig en vanuit plezier naar een verlegging van deze grenzen.

Hindernissen

Een kind dat net geleerd heeft om op een sleetje naar beneden te glijden, zal zijn eigen uitdagingen creëren door zelf hindernissen op te werpen. Het zal bijvoorbeeld kunnen besluiten een lastige route te nemen of met het hoofd naar voren af te dalen. Vergelijkbaar hiermee is het kiezen van een uitdaging binnen symbolisch spel. Het kind zal geneigd zijn om onderwerpen te kiezen die spannend zijn. In het dagelijks leven worden ze vermeden, maar binnen het kader van het spel is er de veiligheid van het 'niet echte'. Hierdoor kan het kind eraan toekomen om dat waar het in het dagelijks leven van overstuur zou raken, in zijn spel actief als uitdaging op te zoeken.

In spel richten kinderen hun aandacht op mogelijkheden van omgang met de werkelijkheid die optimale stimulatie of uitdaging uitlokken. Uit het grote veld van omgangsmogelijkheden met de werkelijkheid, worden prikkels geselecteerd die een appel doen op het uiterste van de eigen mogelijkheden. Volledige aandacht is een voorwaarde om de uitdaging te kunnen overwinnen. Op spontane wijze wordt aldus de volle aandacht gericht op een beperkt stimulusveld. Dit stimulusveld wordt gereduceerd tot precies datgene wat voor het uitvoeren van de activiteit

van belang is. De voor de uitvoering van de activiteit irrelevante prikkels worden hiermee volledig naar de achtergrond geschoven.
Aldus wordt er een tijdelijke aparte speelwereld gecreëerd, waarin er een optimale uitdaging is om te experimenteren met nieuwe gedragsmogelijkheden. Al doende komt het kind op spontane wijze tot uitbreiding van de kennis en vaardigheden en het verwerken van de emotionele gebeurtenissen waar het nét aan toe is. Hierbij geldt het kenmerk van spel dat er sprake is van 'niet echt'-zijn, als belangrijke veiligheidspal waardoor men meer durft dan in het 'echte' leven. Het 'net echt'-zijn fungeert als belangrijke uitlokker voor werkelijk ervaren sensaties en gevoelens (zie ook paragraaf 7.12).

2.5 Integrerend voorbeeld Tjits

Vanuit de adaptatietheorie is in het voorbeeld van de 'operatievoorbereiding' van Tjits sprake van ondersteuning bij het adaptatieproces. Tjits leert de stethoscoop kennen en wordt voorbereid op de komst van de dokter. Volgens de adaptatietheorie wordt hier een disequilibrium opgeroepen door moeder (introductie van een vreemd apparaat). Tjits accommodeert hier, ondersteund door moeder. Door er vervolgens even mee te spelen (assimileren), wordt het apparaat al wat geïntegreerd in de cognitieve structuur van Tjits. Hierdoor wordt het disequilibrium als gevolg van de werkelijke confrontatie met de stethoscoop minder groot.
In de activatietheorie zal dezelfde gebeurtenis benoemd worden als spanningsvermindering door exploratie. Hierdoor wordt de discrepantie wat betreft onbekendheid en onverwachtheid verminderd, en aldus wordt de latere feitelijke situatie beter hanteerbaar. In het spel met de pop, aan het einde van het voorbeeld, staat expressieve verwerking centraal. Het gesprek met de dokter wordt hier via spel verwerkt, door expressie te geven aan de binnengekomen boodschap. Deze belangrijke spelfunctie van verwerking door expressie wordt zowel door Piaget als door de psychoanalyse genoemd.

Op de website vind je aanvullend materiaal over de in dit hoofdstuk behandelde onderwerpen.

Samenvatting
» In dit hoofdstuk worden drie theorieën uiteengezet waarbij expliciet aandacht is voor spel: adaptatietheorie, psychoanalyse en activatie-

theorie. Volgens de adaptatietheorie overheerst assimilatie in spel boven accommodatie. In spel wordt spontaan en vanuit interesse een tijdelijk werkelijkheidskader geschapen. In deze speelwereld worden bepaalde eigenschappen en bijzondere betekenissen van de wereld op de voorgrond gezet. In deze speelwereld stelt het kind zijn eigen mogelijkheden tot invloed en betekenisverlening centraal. Een belangrijke drijfveer voor spel is het hierin ervaren gevoel van competentie.

» In oefenspel staat het overwinnen van spontaan zelfopgelegde hindernissen centraal. De centrale functie van spel is: behoud, verfijning en het zich eigen maken van in aanleg aanwezige schema's. Via spel worden de affectieve, motorische en cognitieve mogelijkheden van een kind uitgebreid, verfijnd en eigen gemaakt. Via het experimenterend karakter van het oefenspel kan een kind allerlei mogelijkheden van omgang met de werkelijkheid ontdekken: een oefening in de vaardigheid van vrij experimenteren. In symbolisch spel kan dat wat het kind passief heeft ondergaan, actief worden herbeleefd door er expressie aan te geven. Dit heeft nut voor de cognitieve ontwikkeling: spel kan leiden tot behoud en verwerking (eigen maken) van herinneringen.

» De emotionele functie van symbolisch spel houdt in dat gevoelens van incompetentie in het spel kunnen worden omgezet in beheersbare gebeurtenissen: beheersing van de situatie door simulatie. Feitelijke gebeurtenissen kunnen worden omgezet in gewenste gebeurtenissen.

» Psychoanalyse: spel komt onder meer voort uit het feit dat een kind nog geen volledig ontwikkeld ego heeft. Bij volwassenen is er sprake van een innerlijk proces van bemiddeling in het conflict tussen driften en de eisen van de buitenwereld. Bij het kind vindt dit proces in een veruiterlijkte vorm plaats door middel van zelfexpressie. Dit heeft twee functies: wensvervulling en beheersing van onlustgevoelens. Binnen de functie van wensvervulling kan het kind onder meer komen tot ontlading van opgebouwde spanning ofwel catharsis.

» De activatietheorie stelt de actieve zoektocht van de mens naar optimale spanning centraal. De centrale functie van spel en exploratie is spanningsregulatie (ofwel arousal-modulatie). Hierbij maken de activatietheoretici een helder onderscheid tussen de functies van exploratie en spel. Exploratie heeft de functie van spanningsvermindering. Spel heeft een meervoudige spanningsregulerende functie (thermostaatfunctie). Spel kan ontspannen door afleiding. Spel kan leiden tot inspanning, om zo een einde te maken aan verveling. Ook kan spel leiden tot grensverlegging. Bij de laatste functie staat vooral de constatering centraal dat een mens in zijn spel uit zichzelf de optimale uitdaging opzoekt. In de discrepantiehypothese wordt de samenhang tussen optimale aandacht (spanning, arousal) en optimale discrepantie benoemd.

Spel en kunst als sociaal-culturele vrijplaats 3

Vrijplaats

Een plek waar de wind door je hoofd waait,
waar je doet waar je buik van gaat zingen,
waar je droomt, zoveel je kan
waar je bent wie je bent
een plek van zand, van zee, van lucht, van aarde, van vuur
een plek waar je nooit verdwalen kunt
een plek waar de vrijheid woont:
Daar wil ik zijn.
En als ik daarvan vertrek,
neem ik die plek mee.
Overal waar ik nog komen ga.

WENDE, zingen/dansen/spelen/maken

Thuis op Terschelling

Foto Wende Snijders: Oscar Seykens.
Bron: Stichting Marketing en Promotie Terschelling.

3.1 Inleiding

Dit hoofdstuk bespreekt een kernbegrip van dit boek: de vrijplaats. Een vrijplaats is hetzelfde als wat Huizinga (1938) de ludieke activiteit noemde: een bijzondere context waarin een spelgemeenschap (communitas) betekenis geeft aan iets wat in het alledaagse op de achtergrond staat. Hoofdstuk 1 en 2 behandelden de spontane vrijplaats van spel: juist bij kinderen ontstaat de spelcontext spontaan ('Zullen we ...?'). Bij volwassenen zijn vrijplaatsen meer bijzondere contexten die door een cultuur aangewezen zijn als toevluchtsoord om bepaalde betekenissen centraal te zetten. Dit zijn vaak betekenissen die in de alledaagse cultuur op de achtergrond worden gesteld. Dit hoofdstuk gaat in op de kenmerken van sociaal-culturele vrijplaatsen, in het bijzonder die van spel, sport en kunst. Zij vormt de basis van de in de volgende hoofdstukken uitgewerkte agogische mogelijkheden ervan.

3.2 Van spontaan spel naar vaste kaders

Een van de karakteristieke eigenschappen die we aan kinderen toeschrijven, is hun nog onbevangen instelling. Ze hebben een groot vermogen tot verwondering en zin om uitdagingen te creëren. Dit kinderlijk vermogen lijkt het ouder wordende kind te verliezen: de spontane autotelische omgang met de werkelijkheid komt dan op de achtergrond te staan. In het constructiespel van het ouder wordende kind komt het resultaat centraler te staan. Ook verliest het spel meer en meer het solitaire karakter en wordt socialer van aard. Op zevenjarige leeftijd breekt dit sociale en vaak doelgerichte regelspel voor de meeste kinderen definitief door.

Spelen wordt steeds meer het deelnemen aan een vastliggend kader waarin geen individueel bepaalde, maar een sociaal bepaalde werkelijkheidsbetekenis centraal staat. Spontaan spel krijgt een plek binnen de daarvoor afgesproken en door volwassenen geaccepteerde bijzondere spel-, sport- en kunstzinnige activiteiten. Vanaf ongeveer elf- tot twaalfjarige leeftijd wordt de spontane speelse houding ten slotte op dramatische wijze uit het alledaagse leven verdrongen.

Volwassenen spelen minder vaak dan kinderen. Bovendien komen de meesten in hun spel veel moeilijker tot de volledige overgave waarmee een kind speelt. Daarvoor zijn psychologische en sociaal-culturele verklaringen.

PSYCHOLOGISCHE VERKLARING

Veel spel komt voort uit het ontdekken van nieuwe aspecten van de werkelijkheid. Het ouder wordende kind kent steeds meer van de wereld. Veel volwassenen hebben zich de fysieke en sociale wetten van de alledaagse werkelijkheid eigen gemaakt: deze kent minder verrassingen en dus minder uitdagingen om te exploreren en te experimenteren met mogelijkheden. Het ouder wordende kind is via zijn ontwikkeld ego bovendien steeds meer in staat tot zelfbeheersing. Het kan afzien van onmiddellijke behoeftebevrediging en komt daarmee tot sociaal en resultaatgericht gedrag: het lustprincipe wordt vervangen door het realiteitsprincipe.

Het jonge kind kan de werkelijkheid nog slechts bewerken via directe concrete handelingen. Het is gebonden aan dat wat zich fysiek waarneembaar aandient in het hier en nu. Hij had nog concrete spelactiviteiten nodig om opgedane indrukken te verwerken en zijn omgangsmogelijkheden met de werkelijkheid te verleggen. Het oudere kind krijgt de beschikking over een *tekensysteem* dat de concrete werkelijkheid representeert: de taal. De interne afbeeldingen van voorwerpen en 'wetten' uit de fysieke werkelijkheid vervangen de waarneembare aanwezigheid en het daadwerkelijk uitproberen. Via de taal kan het kind afstand nemen van de werkelijkheid zoals die zich onmiddellijk voordoet. Door de beschikbaarheid van taal als interne representatie is het in staat al denkend en pratend zijn ervaringen te verwerken en te generaliseren. Het kan plannen maken en zich sociaal afstemmen op wensen en gevoelens van anderen. Via het innerlijk denken wordt een mentale omgang met problemen mogelijk.

Behalve dat het denken vooruitgang mogelijk maakt, zorgt het ook voor een afnemend contact met het hier en nu. Meer denken maakt dat er minder noodzaak is tot waarnemen en doen. Hierdoor verdwijnt een belangrijke noodzaak en inspiratie tot spel (Piaget, 1962). Het ouder wordende kind wordt steeds meer gericht voorbereid op volwassen taken en verantwoordelijkheden. De functionele betekenis van de werkelijkheid komt steeds meer voorop te staan. Een lepel is een voorwerp om mee te eten. Dat een lepel ook een balanceervoorwerp is, wordt minder relevant. Er is minder aandrang en ruimte tot verwonderd openstaan voor andere dan functionele eigenschappen en omgangsmogelijkheden. In het realiteitsgeoriënteerde ego worden deze potentiële mogelijkheden gecensureerd.

SOCIAAL-CULTURELE VERKLARING

Sterker dan vroeger wordt in onze moderne westerse samenleving de jeugd gezien als een fase waarin mensen nog niet geacht worden volledig deel te nemen aan het 'volle' leven. Het kind is nog vrijgesteld van verantwoordelijkheden. Deze westerse opvatting over de kindertijd is nog niet zo oud. In de middeleeuwen werden kinderen vanaf ongeveer hun zevende levensjaar in staat geacht om volledig deel te nemen aan het volwassen leven, inclusief de zorg voor het eigen levensonderhoud. Vanaf de zeventiende eeuw veranderde dit langzaam, maar het duurde voor de meeste mensen tot het begin van deze eeuw voordat dit ideaal van een 'zorgeloze' jeugd echt gestalte kreeg (Setten, 1987).

Deze geschiedenis van de kindertijd komt ook tot uiting in de geschiedenis van het kinderspel. In de middeleeuwen was kinderspel gereduceerd tot de eerste drie jaar van het leven; overleven stond op de eerste plaats. Spelletjes, muziek, verhalen vertellen en ander tijdverdrijf werden door jong en oud op dezelfde manier gedeeld. Pas in de achttiende eeuw kwam iets tot stand wat onderscheiden kan worden als kinderspel, ook na het derde levensjaar. Voor de middeleeuwse volwassene was het absoluut niet vreemd om een groot deel van de tijd spelend door te brengen.

In ons hedendaagse westerse cultuurideaal krijgen kinderen veel vrijheid om te spelen. De moderne volwassene dient zich steeds meer te beheersen en irrationaliteit, inclusief spel, uit zijn leven te bannen. Het spontane kind in ons dient te worden onderdrukt. Deze ontwikkeling hangt nauw samen met het feit dat onze cultuur in de laatste drie eeuwen steeds meer in het teken staat van rationaliteit en efficiency (Elias, 1987). Deze nieuwe norm maakt dat spontaan spel niet meer past bij volwassen zijn. Het wordt nog wel getolereerd in haar (rationele) functie van ontspanning na inspanning; ontspanning blijkt immers te leiden tot betere arbeidsresultaten.

Deze verschuiving van de norm is het meest dramatisch zichtbaar bij kinderen aan het begin van hun tienertijd. Vanaf de leeftijd van ongeveer elf tot twaalf jaar wordt spontaan spel afgekeurd als niet meer bij de leeftijd horend en geeft een kind zich er minder gemakkelijk aan over.

Kinderachtig

Tjits (13) heeft een springtouw gevonden. 'Prachtig, zo'n mooie ouderwets touw met van die mooie rode handvatten.' Voorzichtig begint ze te springen. Dit heeft ze al in geen maanden meer gedaan! Al snel komt een aantal 'springliedjes' in haar op en na een tijdje gaat ze helemaal op in het zingend springen. 'Hé!' Tjits stopt geschrokken en kijkt om. Het is Theo van de overkant. Theo is ook dertien jaar oud. 'Hé joh, hoe oud ben jij eigenlijk?'

> Beschaamd maar toch zo onverschillig mogelijk, werpt Tjits het touw in de hoek van de tuin.

Het erbij horen en voldoen aan de normen en waarden van leeftijdsgenoten bereikt in de puberteit zijn hoogtepunt.

3.3 Vrijplaats

Elk mens verenigt in zijn leven een aantal 'betekenisvelden' die naast elkaar bestaan. Zo kennen de meeste mensen bijvoorbeeld de betekenisvelden werk, gezin, hobby's, vakantie en geloofszaken. Dit is wat Lengkeek de *meervoudige werkelijkheid* noemt (Lengkeek, 1996). Een voor ons doel relevante tweedeling is die tussen alledaagse en niet-alledaagse betekenisvelden. De oude Grieken en Romeinen maakten al een duidelijke tweedeling tussen 'vita activa' en 'vita contemplativa'. Het eerste betekenisveld gaf dat deel van het bestaan aan, waarin men gericht was op inspanning ten behoeve van overleving. Hierin was geen ruimte voor zaken als bezinning (contemplatie), genieten en twijfel. In het tweede betekenisveld stonden juist andere zaken dan het noodzakelijke en praktische centraal. Via belangrijke activiteiten als wetenschap, filosofie, poëzie, muziek, dans en theater kon de 'vita activa' worden overstegen.

In de alledaagse werkelijkheid zijn we vooral gericht op overleven. Hier gelden de regels van handhaving van de orde, voldoen aan sociale verplichtingen, presteren en produceren. In het alledaagse staan de routines van het normale leven voorop. Het is het 'echte' leven; dat wat men is aangegaan of waaraan men is onderworpen en waaraan men zich niet zomaar kan onttrekken. In het alledaagse proberen we vaak te voldoen aan de verwachtingen van anderen en gelden de normale functionele regels van de cultuur waarin we leven. In de niet-alledaagse werkelijkheid staat het loskomen of overstijgen van de dwingende noodzakelijkheden van het alledaagse centraal. Dit kan zijn door een wandelingetje, deelname aan een spirituele bijeenkomst, saunabezoek, schilderen, musiceren, op vakantie gaan, zich in het carnaval storten, enzovoort.

Voor deze laatste activiteiten hanteert dit boek de term *vrijplaats*. De betekenis ervan komt grotendeels overeen met wat hiervoor is omschreven als de 'vita contemplativa'. In de vrijplaats betreedt men werkelijkheden met mogelijkheden die het alledaagse leven niet of in mindere mate heeft. Er gelden andere waarden en normen en er staat op gelegitimeerde wijze een andere verhouding met de werkelijkheid centraal dan in het alledaagse.

3.4 Van spontaan naar sociaal-cultureel

Bij spontaan spel wordt deze vrijplaats, spontaan en vanuit impulsen, te pas en te onpas tot stand gebracht: de *spontane vrijplaats*. In de vrijplaats van spel staat steeds een bijzonder werkelijkheidskader centraal, waarin besef is van 'anders zijn'. Er wordt ander dan alledaags gedrag en betekenis op de voorgrond gezet. In de spontane vrijplaats wordt een eigen betekeniscontext geconstrueerd. Vaak individueel, soms wordt ook samen met een of twee kinderen op spontane wijze een spelgemeenschap gecreëerd.

Tent

Tjits en Tjats hebben van doeken, stukken karton en kranten een 'tent' gemaakt. Ze spelen 'vakantietje'. Papa wordt gesommeerd buiten de tent te blijven, want 'die is niet voor mensen, maar alleen voor kinderen'. Na een tijdje start op spontane wijze het spel: 'Zullen we gaan slapen, papa?' 'Ja, dat is goed.'
 Enkele weken later vervelen Tjits en Tjats zich. Opeens zegt Tjits: 'Hé, zullen we tentje gaan spelen?' Het hele ritueel van enkele weken daarvoor wordt herhaald.

Soms ontstaat al spelend een spel (game) dat zich laat herhalen. Een dergelijk kinderspelletje is in feite de eerste vorm van het latere sociaal-culturele alternatief.

SOCIAAL-CULTUREEL ALTERNATIEF

Hoewel het minder vanzelfsprekend en noodzakelijk wordt, verdwijnt spel niet uit het leven van de volwassene; het krijgt alleen een andere plek. Er worden bijzondere kaders geschapen, waarbinnen spelen is toegestaan. In deze spelkaders wordt een bijzonder betekenisveld gecreëerd, en daar gelden andere waarden en normen dan in het alledaagse. In deze sociaal geconstrueerde betekeniscontext wordt de (betekenisvolle) omgang met elkaar geregeld via al dan niet expliciet gemaakte afspraken. Het bijzondere gedrag wordt gelegitimeerd door tijdelijke spelgemeenschappen van mensen, ook wel *communitas* genoemd. Zo'n spelgemeenschap keurt het kwetsbare spelgedrag niet af. Integendeel, zij waardeert dit expliciet. In de spelgemeenschap mogen voor de alledaagse werkelijkheid niet-functionele eigenschappen en omgangsmogelijkheden expliciet op de voorgrond worden gesteld. In de sociaal-culturele vrijplaats vervangt doelgericht gedrag veelal de autotelische intentie van het spontane spel. Tegelijkertijd blijft het spelkarakter herkenbaar door de niet-alledaagse functionaliteit van het te bereiken doel. Binnen deze kaders kunnen jongere en volwassene in vrijheid verder spelen. Vaak zijn deze vrijplaatsen een erfenis van vorige generaties en maken zij een essentieel onderdeel uit van een cultuur. We hebben het hier over de *sociaal-culturele vrijplaats*, waarbij de andere werkelijkheid als het ware al klaar ligt. Ze bestaat als construct, ook in afwezigheid van spelers, en kan beschreven en overgedragen worden. Je kunt in en uit deze bijzondere betekeniscontext stappen.

VRIJPLAATS EN SPEELSHEID

Voor het ouder wordende kind, de jongere en de volwassene komt deelname aan een sociaal-culturele vrijplaats in de plaats van het spontane kinderspel. Speelsheid binnen deze kaders krijgt dan de betekenis van een bepaalde kwaliteit van deelname, zoals erin opgaan, ruimte geven aan spontane impulsen of er plezier in hebben. Toch gaat speelsheid ook buiten de vrijplaats om nooit helemaal verloren. De gezonde volwassene koestert nog altijd het verwonderde, nieuwsgierige, speelse en belangeloze kind in zichzelf, ook buiten het kader van de vrijplaats.

3.5   Sociaal-culturele vrijplaats

Kort gezegd is de essentie van de sociaal-culturele vrijplaats: besef van, betrokkenheid bij en betekenisverlening vanuit een andere dan de alledaagse werkelijkheidscontext. Huizinga vat de essentie van een sociaal-culturele vrijplaats wat uitgebreider samen in zijn omschrijving van spel: '(...) ligt buiten de redelijkheid van het praktische leven, buiten de sfeer van nooddruft en nut' (p. 162). 'Naar den vorm beschouwd, kan men dus, samenvattende, het spel noemen een vrije handeling, die als "niet gemeend" en buiten het gewone leven staande bewust is, die niettemin den speler geheel in beslag kan nemen, waaraan geen direct materieel belang verbonden is, of nut verworven wordt, die zich binnen een opzettelijk bepaalde tijd en ruimte voltrekt, die naar bepaalde regels ordelijk verloopt en gemeenschapsverbanden in het leven roept, die zich gaarne met geheim omringen of door vermomming als anders dan de gewone wereld accentueeren. (...) Het spel is een kamp om iets, een vertooning van iets' (Huizinga, 1938, p. 14). 'Spel is een vrijwillige handeling of bezigheid, die binnen zekere vastgestelde grenzen van tijd en plaats wordt verricht naar vrijwillig aanvaarden doch volstrekt bindenden regel, met haar doel in zich zelf, begeleid door een gevoel van spanning en vreugde, en door een besef van "anders-zijn" dan het "gewone leven" (Huizinga, 1938, p. 29).

Uit deze omschrijving kunnen de volgende kenmerken van een sociaal-culturele vrijplaats worden afgeleid:

vrijheid én gebondenheid: aanwezigheid en besef van een niet-alledaagse betekeniscontext;

heldere afbakening door regels (verwachtingen), tijd en ruimte;

een bepaald spanningsverloop en een afloop in zichzelf;

een legitimerende en verbindende communitas;

het doen ontstaan van netwerken;

verbondenheid met een (sub)cultuur.

VRIJHEID EN GEBONDENHEID
Een sociaal-culturele vrijplaats is een bijzondere betekeniscontext. De kern hiervan is het door een gemeenschap van mensen op de voorgrond zetten van een gemeenschappelijk betekenisveld dat afwijkt van de alledaagse werkelijkheid. In deze werkelijkheid wordt een ander dan alledaags appel gedaan op waarneming, waardering, beleving en ervaring, ofwel de betekenisverlening. In de sociaal-culturele vrijplaats staan vaak kwaliteiten op de voorgrond die in het alledaagse op de achtergrond staan, zoals schoonheid, ontroering, bezinning, wijsheid, liefde, lichamelijk genot, fysieke inspanning, overgave en twijfel. Maar dat geldt ook voor gekte, humor, lust, enzovoort.

Binnen de vrijplaats is vaak sprake van een gemeenschappelijke bewustzijnsspanning. Zo zijn sommige activiteiten expliciet gericht op het zich ontspannen, terwijl andere vrijplaatsactiviteiten juist inspanning van de deelnemers vragen. Soms richt men samen de aandacht op vertier, zoals bij een dansfeest en lachen om een cabaretier. In de vrijplaats mag men het dagelijks leven laten varen. De persoon die op een feestje uitgebreid over het werk gaat praten, kan een bedreiging vormen voor dit aspect van de sociaal-culturele vrijplaats.

Carnaval
Als ik mij tijdens het carnaval in Maastricht verkleed als een banaan, steeds roepend dat ik eigenlijk liever een kiwi zou willen zijn, dan is dit binnen de context van het carnaval uiterst zinvol

gedrag. Ik besef het niet-alledaagse karakter van de context carnaval. Ik zal hetzelfde dan ook niet snel doen op een normale lentedag. Als ik mij niet-verkleed in de carnaval vierende massa begeef, krijg ik niet zelden verwijtende blikken.

In de vrijplaats wordt zinvol en legitiem wat in het alledaagse als zinloos of niet-acceptabel wordt beschouwd. Zo kan in bijvoorbeeld een bokswedstrijd op gelegitimeerde wijze fysiek gevochten worden, terwijl in het circus rare kunsten en vaardigheden worden vertoond. In de vrijplaats is er de vrijheid tot ander dan alledaags gedrag en tegelijkertijd een druk tot aanpassing aan soms nauwkeurig gedefinieerd vrijplaatsgedrag. Degene die zich niet aan de gedragscodes houdt, is een bedreiging voor de spelgemeenschap. Het besef dat er sprake is van een context die afwijkt van het alledaagse leven, is essentieel voor het ervaren van deze context als vrijplaats.

Voetbal
In een voetbalwedstrijd kan een speler zich fysiek uitleven en kunsten met de bal vertonen. Snelheid en behendigheid van het lichaam zijn hier een groot goed. Ook is het incasseren van fysieke pijn heel normaal. Het besef van anders-zijn komt bijvoorbeeld tot uiting in de soms hartelijke bejegening van spelers na afloop van een wedstrijd, terwijl zij in het spel mogelijk hartstochtelijke tegenstanders waren. Het besef van anders-zijn komt ook duidelijk naar voren bij een ernstige overtreding. De mogelijke reële gevolgen van zo'n actie heffen de spelgemeenschap tijdelijk op. Het besef van 'dit is geen spel meer' komt op de voorgrond te staan.

AFBAKENING
Vrijplaatsactiviteiten zijn zeer geordende activiteiten. Ze spelen zich veelal af in een bepaalde afgebakende tijd en fysieke ruimte en daarbij gelden duidelijke regels en verwachtingen. Binnen deze tijd en ruimte overheerst vaak een bijzondere ordening via al dan niet expliciete regels en verwachtingen. De regels en verwachtingen zijn *vrijwillig aanvaard, maar wel bindend*. Er is sprake van een duidelijke voor- en achtergrond. Buiten de begrenzingen van tijd en ruimte gelden de regels van het alledaagse weer.

> **Theater**
> Een theatervoorstelling begint op een afgesproken tijd en speelt zich af in een theaterzaal. De toeschouwers dienen dan stil te zijn en zich te concentreren op de spelers, die vaak op het podium blijven. Soms is er de afspraak dat de speler de toeschouwers (zogenaamd) niet ziet. Afleidend geklets wordt beantwoord met een verstoorde blik. Na afloop van de voorstelling gelden weer de alledaagse regels.

Voor sommige vrijplaatsen zijn speciale ruimten ingericht, zoals een theater, voetbalstadion, bioscoop, atelier, museum of kerk. Deze ruimten hebben het karakter van 'heilige' plaatsen: bij het betreden van het 'speelvlak' dienen bepaalde regels in acht te worden genomen.

> **Stadion**
> Tijdens een voetbalwedstrijd wordt gestreefd naar een volstrekte orde, waarbinnen de strijd tussen twee partijen wordt vormgegeven. Een wedstrijd duurt negentig minuten en speelt zich af tussen de vier lijnen van het veld. Er zijn duidelijke regels over wat geoorloofd is, en deze regels worden gehandhaafd door een scheidsrechter, die de absolute macht heeft. Ook zijn er duidelijke normen met betrekking tot overschrijdingen van de regels, die deze werkelijkheid afschermen van de alledaagse werkelijkheid. Iemand bewust letsel toebrengen, resulteert vaak in een langdurige uitsluiting van het voetbalveld. De aanblik van een voetbalstadion boezemt bij de ware voetballiefhebber ontzag in: hier vindt 'het' plaats. Het is een 'heilige' plek.

AFLOOP EN SPANNINGSVERLOOP

Veel volwassen vrijplaatsactiviteiten zijn niet autotelisch, maar kenmerken zich door het streven naar een bepaald resultaat. Dit is echter alleen binnen de vrijplaats van belang. Het eventuele doel dat gesteld wordt binnen dat kader, verliest zijn betekenis als de spelers teruggekeerd zijn naar de alledaagse werkelijkheid. Vrijplaatsactiviteiten kenmerken zich voorts door een bepaald spanningsverloop, die voor een deel samenhangt met het resultaataspect. Vaak is er sprake van een fase van spanningsopbouw, hoogtepunt en afbouw. Bij veel vrijplaatsactiviteiten krijgt deze cyclus van spanning en ontspanning het karakter van: er moet iets lukken. De kracht van de speler wordt op de proef gesteld: zijn lichaamskracht, volharding en vindingrijkheid, maar ook zijn geluk.

Hoogtepunt

Het al dan niet winnen van de gemiddelde voetbalwedstrijd heeft geen consequenties voor de alledaagse werkelijkheid. Tijdens de wedstrijd zelf was het winnen het allesoverheersende doel. Het spanningsverloop van een voetbalwedstrijd is afhankelijk van het scoreverloop. Als de tegenstanders aan elkaar gewaagd zijn, vindt het hoogtepunt van de wedstrijd aan het einde plaats. Men heeft nog nét tijd om de score een ander aanzien te geven, die beslissend is voor de uitslag van de wedstrijd. Elke actie die leidt tot een doelpunt of bijna-doelpunt, kan de spelers en toeschouwers tot extase brengen.

LEGITIMERENDE EN VERBINDENDE COMMUNITAS

De groep mensen die met elkaar dit zingevingskader vormgeven, wordt ook wel de *vrijplaatsgemeenschap* of *communitas* genoemd. Een communitas kan in grootte variëren van twee mensen, zoals bij een potje schaken, tot een groot gedeelte van de totale culturele gemeenschap, zoals bij het carnaval of het gebeuren rondom sinterklaas. Binnen de gemeenschap is vaak sprake van een duidelijke rolverdeling. Binnen de communitas bestaan duidelijke verwachtingen van elkaar, wat betreft een aantal essentiële gedragingen. Er is de afspraak om de wereld op eenzelfde manier tegemoet treden en om op eenzelfde manier met elkaar om te gaan. De communitas concentreert zich op een beperkt waarnemingsgebied en probeer hier zin in te vinden, er wat van te 'maken'.

Door mee te doen aan de verwachtingen, bevestigt men de legitimiteit van de spelgemeenschap en de waarde van de in de vrijplaats geconstrueerde werkelijkheid. De deelnemers geven elkaar de boodschap: dit vinden wij leuk, zinnig, belangrijk en/of interessant om te doen. Het toeschouwersdeel van de spelgemeenschap drukt zijn waardering uit door bijvoorbeeld te applaudisseren. Een vrijplaats heeft dan ook sterk de neiging verbindend te werken op de deelnemers. Er kan sprake zijn van identificatie met of bewondering voor iemand op het toneel: dat is iemand van mijn soort. Bijvoorbeeld als een muzikant zijn fans 'raakt' met zijn muziek. Maar juist ook binnen de gemeenschap van actieve deelnemers kan die verbondenheid ontstaan. De verbondenheid binnen de communitas wordt samen met vrijheid van het alledaagse vaak bevestigd door bepaalde uitdossingen. Zo valt bij een hardloopclubje kleding als teken van maatschappelijke status weg: iedereen is gekleed in eenzelfde hardlooptenue.

Samen

'Hij is de gitarist van de band.' De band is een zinvol geheel waarvan iemand deel uitmaakt. De bandleden repeteren samen, maken samen een opname, hebben allemaal een taak in de band en treden samen op. Kortom, ze maken samen van alles mee en investeren in elkaar. De spelers van het 'derde' drinken met elkaar een biertje en bespreken de wedstrijdervaring na. Tijdens de voetbalwedstrijd zijn de veldspelers, keepers en scheidsrechter allen gekleed in rolspecifieke kleding. De spelers van hetzelfde team in dezelfde kleuren. Ook is daar het publiek. Ook zij dragen vaak kleding of schmink in de kleuren van de club, zij scanderen leuzen, juichen en moedigen de spelers van hun partij aan.

SPELNETWERKEN

Mensen hebben de neiging om rondom vrijplaatsen clubs en andere gemeenschapsverbanden in het leven te roepen. Een volleybalvereniging, volleybalbond, modelvliegtuigclub, toneel- en zangvereniging, maar ook bijvoorbeeld de liefhebbers van de videoclips van Michael Jackson, het zijn alle voorbeelden van spelnetwerken. De leden weten zich met elkaar verbonden doordat zij de bijzondere zingevingsmogelijkheden van bepaalde vrijplaatsactiviteiten delen. Het 'idool' kan van levensgrote betekenis zijn voor de fan en is in zijn fantasie een soort persoonlijke vriend die het goede vertegenwoordigt.

Oranje

Een supporter ervaart verbondenheid met de spelers, omdat zij 'namens' hem een bepaalde strijd voeren. De collectieve gekte rondom het Nederlands voetbalelftal komt bijvoorbeeld tot uitdrukking in het 'oranjegevoel'. Mensen zwaaien met oranje vlaggetjes en dossen zich uit in oranje kleuren. Deze rituele handelingen kunnen geïnterpreteerd worden als tegemoetkomend aan het gevoel van onderlinge verbondenheid van 'wij Nederlanders die de prestatie van het Nederlands elftal belangrijk vinden'.

(SUB)CULTUUR

Elke cultuur kent eigen typische *sociaal-culturele vrijplaatsen*. Een voorbeeld is Halloween, dat in Nederland nauwelijks wordt gevierd, terwijl het in andere landen een hoogtepunt van het jaar is. Ook kent elke regio eigen vrijplaatsen. Voor het carnaval moet je ten zuiden van de Moerdijk zijn.

> **Nationale sport**
> In Amerika geldt voetbal nauwelijks als een nationale sport. Deze plek is veel meer gereserveerd voor baseball en basketbal.

Soms staan sociaal-culturele vrijplaatsen centraal als uiting van sociaal-culturele identiteit. Dit fenomeen is het sterkst rondom bepaalde vrijplaatsen van dans en vooral muziek. Zo vormen vrijplaatsactiviteiten als rappen en breakdance het kloppende hart van de hiphop-jongerencultuur.

> **Melodie**
> Een Nederlandse band speelt op een asielzoekerscentrum. Er ontstaat weinig sfeer en saamhorigheid. Dan stapt een man uit Koerdistan op het podium en speelt een typisch Koerdistaanse melodie. Als bij toverslag is de dansvloer plotseling gevuld met uitzinnig dansende en lachende Koerden.

3.6 Andere dan de alledaagse werkelijkheid

Wanneer we het kenmerk centraal zetten dat er binnen een sociaal-culturele vrijplaats sprake is van een andere dan de alledaagse werkelijkheid, komt een groot aantal activiteiten en bezigheden in aanmerking. Deze paragraaf onderscheidt twee soorten: *a* feesten, vieringen en rituelen, en *b* sport, spel en kunst.

FEESTEN, VIERINGEN EN RITUELEN

Persoonlijke vieringen markeren vaak belangrijke overgangen in het persoonlijk leven, zoals geboorte, dood en huwelijk. Veel vieringen hebben betrekking op collectief ervaren betekenissen en zijn daarmee sociaal-cultureel van aard. Ze kunnen religieus van oorsprong zijn, zoals kerstmis, een kerkdienst of een processieoptocht. De collectieve verering van het 'hogere' staat dan centraal. Bij andere vieringen staat bijvoorbeeld plezier maken, ontspanning, saamhorigheidsgevoel of respect voor het verleden centraal, zoals bij het carnaval, een dorpsfeest, Roze Zaterdag, vakantie, Koninginnedag, dodenherdenking en Sinterklaas.

Soms is er de al dan niet expliciete afspraak om niet over het alledaagse werk te spreken, om de bijzondere werkelijkheid wat meer op de voorgrond te zetten. Bij veel feesten vormen eten, spel, dans en muziek een belangrijk element. Vaste handelingspatronen in de vorm van rituelen vormen vaak belangrijke onderdelen van het feest, zoals de eerste dans van het huwelijkspaar, het verbranden van een pop als einde van het carnaval en het strooien van pepernoten. Ook een bezoek aan bijzondere plaatsen, zoals een sauna, tempel of museum, kan geschaard worden onder cultuurtypische rituelen. Door inrichting en afspraken wordt een bepaalde stemming opgeroepen, die geschikt is voor bijvoorbeeld bezinning.

SPORT, SPEL EN KUNST

Veel volwassen vormen van sport en spel hebben hun historische basis in oefenspel en de latere regelspelen. De latere vormen van kunstzinnige activiteiten - zoals muziek, theater, dans en beeldende kunst - kennen hun basis in het symbolische en (later) het constructiespel. Het streven naar een eindresultaat doet hierbij op verschillende wijzen zijn intrede.

3.7 Soorten spel

De Franse psychologisch antropoloog Roger Caillois deelde de verschillende spelsoorten in naar het soort uitdaging dat bij de verschillende spelactiviteiten centraal staat (zie bijvoorbeeld Csikszentmihalyi, 2007; Bos, 2008). Hij onderscheidt agôn (wedijverspelen), alea (kansspelen), ilinx (vervoeringspelen) en mimicry (uitbeeldingspelen).

AGÔN

Agôn is Grieks voor wedijver. Hiermee worden spelactiviteiten bedoeld die een element van strijd in zich hebben: het overwinnen van een hindernis. Binnen de wedijverspelen kan een onderscheid gemaakt worden tussen het competitie- en het behendigheidselement. Vaak wordt binnen een spel gebruikgemaakt van beide elementen. Het competitie-element komt tot uitdrukking in de strijd met menselijke tegenstanders. Denk bij kinderspel vooral aan spelletjes als tikkertje, knikkeren en trefbal. Volwassenen spreken in dit verband liever van sport (voetbal is een voorbeeld van volwassen competitiespel). Bij het behendigheidselement staat een uitdaging centraal: er dient een via regels en afspraken gecreëerde hindernis overwonnen te worden. Typische behendigheidsspelen die door kinderen gespeeld worden, zijn bijvoorbeeld touwtjespringen en hinkelspelen. Het wedijverspel in de vorm van 'teamspelen' doet een appel op samenwerking. Zo bieden survivalactiviteiten expliciete mogelijkheden voor teambuilding.

ALEA

Alea is Latijn voor toeval. Hiermee worden games bedoeld die een belangrijk kans- of gokelement in zich dragen, zoals aftelspelletjes voor kinderen en roulette of een loterij voor volwassenen.

ILINX

De oerbetekenis van ilinx is vervoering. De bij de ilinxspelen beleefde lichamelijke sensaties (zoals duizelingen) komen vaak voort uit elementen van gevaar en risico. Men spreekt in dit verband ook wel van sensatiespel. Kinderen zijn vaak dol op de lichamelijke sensaties als duizelig worden door rond te draaien, te schommelen, enzovoort. Volwassen sensatiespelen zijn bijvoorbeeld parachutespringen, diepzeeduiken en bergbeklimmen.

> **Kick**
> Een kick kan men krijgen wanneer de illusie van gevaar wordt geschapen en de bijbehorende angstsensaties worden opgeroepen. Het is adequaat om in dit verband van illusie te spreken, omdat iemand die in een achtbaan stapt of gaat bungeejumpen, weet dat er geen daadwerkelijk doodsgevaar is. De veiligheidsvoorzieningen zijn dusdanig dat daadwerkelijk van een illusie gesproken kan worden. Centraal bij veel kickervaringen staat het oproepen van gevoelens van angst, overeenkomend met de sensaties van een lichaam in gevaar, maar met de zekerheid dat er geen reëel gevaar is.

MIMICRY

Mimicry is Engels voor nabootsing. Het verwijst naar spelen waarbij het element van nabootsing of uitbeelding centraal staat. Voorbeelden van typische uitbeeldingsspelen die kinderen vaak spelen, zijn: vadertje en moedertje spelen en tekenen. Volwassenen spreken in dit verband liever van *kunst*. Voorbeelden van volwassen kunstzinnige activiteiten zijn dans, theater, tekenen, muziek en beeldhouwen.

3.8 Spel en de kunsten

De gemeenschappelijke noemer van de kunstzinnige, muzische, activiteiten is eerst en vooral: uitbeelding. Binnen kunstzinnige activiteiten wordt steeds iets vormgegeven wat direct zintuiglijk waarneembaar is. Bij *expressieve kunst* beeldt men elementen van het innerlijk uit. Bij *mimetische kunst* staat het nabootsen centraal van iets wat men heeft gezien. Behalve als kunstenaar kan iemand ook als toeschouwer betrokken zijn bij de vrijplaats van kunst. We onderscheiden hier drie hoofdvormen van kunst: podiumkunst, beeldende kunst en literaire kunst.

PODIUMKUNST

Bij podiumkunsten staat het handelend uitbeelden door middel van lichaam, woorden en/of muziek centraal. Grote podiumkunsten zijn drama (theater, cabaret, toneel), dans en muziek. Acteurs, dansers en muzikanten scheppen en ervaren een bijzonder werkelijkheidskader, in onderlinge wisselwerking en in wisselwerking met het publiek. Bij drama wordt een verhaal verteld via doen alsof. Zowel acteurs als publiek weten dat de via woord en gebaar geschapen werkelijkheid niet echt is. Maar ze doen beiden tijdelijk alsof het wel zo is. Hierdoor kunnen beide partijen geroerd en meegevoerd worden. Bij dans staat vaak het handelend uitbeelden door middel van het lichaam in combinatie met muziek centraal. In de vrijplaats van dans staat soms niet uitbeelding centraal, maar gewoon het genieten van fysiek-motorisch bezig zijn of het kijken ernaar. Bij zowel drama als dans is lichaamstaal een belangrijk communicatie- en zingevingsmedium. Muziek is een eigen taal waarin muzikanten met elkaar en hun publiek communiceren en aldus met elkaar een werkelijkheid creëren waarin klank, ritme en gevoel centraal staan. Muziek toegevoegd aan woorden, levert een andere, vaak veel intensere, beleving van die woorden op.

BEELDENDE KUNST

Bij de beeldende kunsten wordt vorm of gedaante gegeven aan fysiek waarneembare materie. Anders dan bij de podiumkunsten bestaat het kunstwerk ook los van de fysieke aanwezigheid van de kunstenaar. Bij de vrijplaats van de kunsten staat het beeld (zoals een schilderij of een gebeeldhouwd of gekleid werkstuk) tussen schepper en toeschouwer in. Naast de meer traditionele middelen, zoals klei, verf, steen en hout, wordt binnen de moderne beeldende kunsten ook regelmatig gebruikgemaakt van audiovisuele middelen, zoals computer, video, fotografie en geluidsopnamen. Dit laatste biedt overigens ook veel nieuwe mogelijkheden, bijvoorbeeld het vertellen van een verhaal. Communicatie en zingeving gaan dan via de beeldtaal. In de vrijplaats van de beeldende kunst wordt de wereld van het beeld op de voorgrond gezet.

LITERAIRE KUNST

Bij literaire kunst is het *woord* het communicatiemedium. Door middel van een verhaal of gedicht wordt een betekeniscontext op de voorgrond gezet. Een goed literair product roept innerlijke beelden en beleving bij de lezer of luisteraar op.

> Op de website vind je aanvullend materiaal over de in dit hoofdstuk behandelde onderwerpen.

Samenvatting

» Naarmate kinderen ouder worden, verdwijnt hun spontane speelsheid meer en meer naar de achtergrond. Hiervoor kunnen zowel psychologische als sociaal-culturele verklaringsgronden worden aangegeven. Het sociaal-culturele alternatief voor de spontane vrijplaats van spel vinden we in de sociaal-culturele vrijplaats.

» In een sociaal-culturele vrijplaats wordt een betekeniscontext geschapen, waarin de regels, normen, gewoonten en doeleinden van alledag tijdelijk naar de achtergrond worden geplaatst. Via vrijwillig aanvaarde maar bindende afspraken over gedrag en belevingsintenties, wordt een gemeenschappelijk betekenisveld geschapen. In dit betekeniskader zijn zaken zinvol, die buiten deze context weinig betekenis hebben. De alledaagse wereld treedt terug en maakt plaats voor een ander gemeenschappelijk betekenisveld.

» In een vrijplaats wordt gestalte gegeven aan culturele normen, waarden en zingevingsmogelijkheden, waarbij er ruimte is voor het 'hogere', plezierige, uitbundige en/of esthetische. De vrijplaats kent een afloop in zichzelf en de deelnemers hebben besef van het 'anders zijn'. Rondom vrijplaatsen ontstaan gemakkelijk clubs van gelijkgestemde mensen. Elke cultuur kent eigen sociaal-culturele vrijplaatsen. Soms ontstaat er rondom een vrijplaats een bijzondere subcultuur.

» Bij spel kunnen we onderscheid maken tussen de hoofdvormen agôn (wedijverspelen), alea (kansspelen), ilinx (vervoeringspelen) en mimicry (uitbeeldingspelen). Mimicry is de basis voor de kunsten: steeds staat uitbeelding centraal. Dit hoofdstuk onderscheidt drie hoofdvormen van kunst: podiumkunsten (dans, drama, muziek), beeldende kunsten en literaire vormen van kunst. Bij dans en drama wordt vooral via lichaamstaal gecommuniceerd. Muziek heeft een eigen taal. Bij de beeldende kunsten is beeldtaal belangrijk. Bij literaire vormen van kunst staat het woord centraal.

4 De optimale vrijplaatservaring: flow

'Om gelukkig te zijn, moet je iets doen waar je gelukkig van wordt' (Johan Cruijff)

4.1 Inleiding

Waar kinderen spontaan tot spel komen, zijn volwassen vrijplaatsen vaak meer gepland. In het eerste geval komt de betekeniswereld voort uit een bepaalde (speelse) houding en geestesgesteldheid. In het tweede geval lijkt de weg meer omgekeerd: de bijzondere houding en geestesgesteldheid komen voort uit deelname aan de bijzondere context van de vrijplaats. De Amerikaanse onderzoeker Csikszentmihalyi ontdekte en beschreef flow als een bijzondere bewustzijnstoestand die bij nadere beschouwing veel parallellen heeft met intensief spelende kinderen (zie hoofdstuk 1). Dit hoofdstuk bespreekt die bijzondere bewustzijnstoestand van volwassenen. Wat zijn de belangrijkste kenmerken ervan? Onder welke voorwaarden komt flow tot stand? En tot slot: wat zijn de mogelijke (agogische) functies van flow? Dit hoofdstuk vormt een belangrijke theoretische basis voor hoofdstuk 5, dat bespreekt hoe vrijplaatservaringen agogisch kunnen worden gehanteerd ofwel doelgericht kunnen worden uitgelokt.

4.2 Concentratie en alledaagsheid

In het alledaagse leven hebben wij normaal gesproken onze aandacht ergens op gericht. Anders gezegd: wij hebben iets op de voorgrond staan. Tegelijkertijd registreren we meer of minder bewust ook prikkels uit de achtergrond. Dit maakt het mogelijk om flexibel te reageren op het moment dat een prikkel uit de achtergrond belangrijk wordt en om aandacht vraagt.

> **Normale concentratie**
> Tjits moet van mama haar speelgoed opruimen. Ze heeft er weinig zin in, maar doet het wel. Tjits heeft honger en zegt dat ook. Maar als mama zegt dat ze over tien minuten gaan eten, richt zij zich weer op haar bezigheid. Ondertussen kletst ze ook nog wat met Tjats, die een boekje aan het lezen is, en zingt ze een liedje mee van de nieuwe cd. Dan roept mama voor het eten. Tjits voelt meteen haar honger in al zijn intensiteit en gaat snel aan tafel zitten.

ENTROPIE

Minder prettig is de situatie waarin verschillende dingen om een plek op de voorgrond strijden. Als iemand bijvoorbeeld geldzorgen heeft, kan hij zich moeilijk concentreren op het werk. Je bent dan minder effectief: de aandacht is gesplitst, waardoor je als het ware heen en weer flitst tussen nadenken over een oplossing voor de geldzorgen en het afmaken van de klus op het werk. Dit is een situatie van innerlijke wanorde die door Csikszentmihalyi ook wel aangeduid wordt met het begrip psychische *entropie*: 'Een desorganisatie van het zelf die afbreuk doet aan zijn effectiviteit' (2007, p. 60). Wie in deze toestand van passiviteit, besluiteloosheid en bezorgdheid verkeert, voelt zich alles behalve gelukkig.

Entropie

Tjats moet huiswerk maken, maar kan zich niet goed concentreren. Hij moet steeds aan Gabber denken. De hond is vorige week overleden en kort daarna begraven. Papa zegt dat Gabber nu in de hondenhemel is. Maar hoe komt hij daar dan? Nou moet ik aan de slag. Wat een rotsommen. Kom op, Tjats! Gabber was fijn ... Elf keer veertien ... Gabber was elf toen hij stierf ... Even denken.'

4.3 Optimale vrijplaatservaring

De Amerikaanse onderzoeker Csikszentmihalyi houdt zich intensief bezig met de vraag wat mensen ervaren op de beste momenten van hun leven. Hij beschouwt deze vraag als een belangrijke ingang om het abstracte thema geluk meer tastbaar te maken, en richt zich daarbij vooral op volwassenen. Maslow, een andere onderzoeker, kwam al eens tot de conclusie dat maar weinig mensen tot intens geluk komen (piekervaringen). Voorwaarde hiervoor is volgens Maslow de vervulling van enkele basisbehoeften. Csikszentmihalyi komt, op grond van uitgebreid onderzoek, echter tot een veel genuanceerder conclusie: elk mens is in staat tot optimale ervaringen ofwel 'flow'-ervaringen (Csikszentmihalyi, 2007).

> **Schaatser**
>
> Een topschaatser: 'Als ik er volledig voor ga, is het alsof ik in een tunnel rijd. Ik zie het bord met de rondetijd en het volgende waarvan ik me bewust ben, is het bord met de volgende rondetijd. De ronde ertussen ben ik aan het schaatsen. Ik denk niets, ik hoor niets, ik schaats.'

Flow betekent letterlijk stroom. Een belangrijk kenmerk van de flow-ervaring is het bijzondere gevoel ergens volledig in op te gaan, zodat je bewustzijn samenvalt met wat je doet. Het bewustzijn heeft, net als het werkgeheugen van een computer, een begrensde capaciteit; het kan op een bepaald moment 'vol' zijn. Net als bij een emmer die volledig gevuld is met water, kan er dan niets meer bij. Het zelfbewustzijn verdwijnt en je neemt jezelf niet meer waar, dus ook geen zorgen, zelfkritiek of zelfs lichamelijke pijn. Er is sprake van opperste concentratie, waarvoor je geen moeite hoeft te doen. De flow-ervaring is de optimale hier en nu-ervaring.

Tijdens een flow-ervaring is er een ononderbroken uitwisseling tussen het bewustzijn en de activiteit. Er is geen ruimte voor andere prikkels, zoals gedachten, pijn en irrelevante stimuli van buitenaf. Het is alsof je een wordt met wat je doet: de handelingen rijgen zich moeiteloos aaneen, zonder dat je erbij na hoeft te denken. In flow heb je een gevoel van volledige controle over de activiteit. Er is geen angst om te falen; je gaat ervoor.

> **Danser**
>
> Een danser, over een goede voorstelling: 'Je bent alleen maar bezig met de handelingen van dat moment. De energie stroomt soepel door je lichaam. Je voelt je ontspannen, op je gemak, energiek' (Csikszentmihalyi, 2007, p. 81).

Tijdens de flow-ervaring is men volledig gericht op een beperkt stimulusveld. Wat niet relevant is voor de activiteit, wordt niet waargenomen. Juist activiteiten die zich onderscheiden door een duidelijk doel en heldere feedback op de handelingen, zijn dan ook geschikt om flow-ervaringen uit te lokken. Duidelijke regels en verwachtingen bakenen het gebied af waarop men zich dient te concentreren.

> **Skiër**
> Een skiër kan zich een duidelijk doel stellen: het binnen een bepaalde tijd bereiken van het dal. Duidelijke feedback op de handelingen is er ook. Bij een verkeerde bewegingen kom je ten val of gaat de snelheid eruit en wordt de tijd mogelijk niet gehaald.

Hoewel veel flow-ervaringen voortvloeien uit doelgericht gedrag, ben je bij flow volledig in het hier en nu aanwezig. Een flow-ervaring is dan ook altijd een autotelische ervaring. Het doel is weliswaar bepalend voor de te verrichten handelingen, maar tijdens het uitvoeren van de activiteit is het besef van het doel er niet. De skiër gaat helemaal op in het skiën zelf: er is in zijn bewustzijn geen ruimte om stil te staan bij het te bereiken doel.

> **Doelbesef**
> Een mogelijke bedreiging voor de flow-ervaring van wedstrijdatleten is het besef dat een overwinning binnen handbereik is. Door dit besef wordt de magische concentratie even verbroken en gaat een stukje aandacht uit naar het doel, in plaats van naar het verrichten van de activiteit. Dit is in de sport een bekende paradox: wie het doel wil behalen, moet zich juist op de activiteit richten.

Er is geen besef van tijd; een hele ochtend kan ervaren worden als een half uur. Tenzij de tijd een wezenlijk onderdeel is van de activiteit (zoals bij hardlopen). Deze vorm van zelfverlies kan ook betrekking hebben op groepservaringen. Zo kun je in een stadion bij een concert of een spannende wedstrijd als groep een groepsgevoel krijgen waar je volledig in opgaat. Tijdens een intensieve sportwedstrijd kun je jezelf en het team als één lichaam ervaren (zie Csikszentmihalyi, 2007, p. 93). Tijdens een flowervaring ervaar je dus volledige orde en uitdaging. Het bereiken van het doel levert mogelijk intens genot en vreugde, ook als ontlading van de geleverde inspanning.

De kenmerken van de flow-ervaring kunnen als volgt samengevat worden.
- *Optimaal evenwicht tussen uitdaging en vaardigheden.* Er wordt een appel gedaan op het uiterste van de mogelijkheden.

- *Duidelijke doelen en feedback.* Een doel richt de aandacht. Duidelijke feedback bekrachtigt deze aandacht en zorgt ervoor dat er meteen kan worden gereageerd op het effect van de handeling.
- *Activiteit en bewustzijn vallen samen.* Je bent volledig in het hier en nu. Tijdens de activiteit gaat de aandacht volledig uit naar de handeling, niet naar het doel (autotelisch).
- *Volledige concentratie op handelingen en stimulusveld.* Er is een vrijwel volkomen scheiding tussen voor- en achtergrond.
- *Geen zelfbewustzijn.* Men is vrij van zorgen en gedachten.
- *Gevoel van volledige controle.* Er is geen (faal)angst.
- *Geen besef van tijd.*

4.4   Spel en flow

Flow-ervaringen van volwassenen zijn grotendeels vergelijkbaar met de intensieve spelervaringen van kinderen. De kenmerken van flow-ervaringen zoals die zijn omschreven door Csikszentmihalyi, komen grotendeels overeen met de kenmerken van spel zoals die in hoofdstuk 1 zijn omschreven. Intensief spel leidt vaak tot flow-ervaringen bij kinderen. Alleen ontstaan ze bij kinderen vaak spontaan, terwijl dat bij flow meestal niet het geval is.

Drie kenmerken van spel zijn integraal herkenbaar bij flow: het autotelisch karakter, een gevoel van controle en een grote betrokkenheid. Het positieve gevoel dat bij spel hoort en al tijdens de activiteit zelf ervaren wordt, is bij flow echter vaak pas na afloop van de activiteit voelbaar. Volgens Csikszentmihalyi is er dan sprake van een hoge kwaliteit van leven. Flow kan - net als spel - gezien worden als het ervaren van optimaal geluk en genot. Drie belangrijke kenmerken van spel zijn ook belangrijke voorwaarden voor flow: intrinsieke motivatie, het creëren van een optimale uitdaging en besef van een andere werkelijkheid.

4.5   Voorwaarden voor flow

Flow-ervaringen zijn niet alleen weggelegd voor bijzondere mensen, maar liggen binnen ieders bereik. Een eerste voorwaarde is dat je intrinsiek gemotiveerd bent voor de activiteit. Een andere voorwaarde is dat het uiterste van je kunnen wordt gevraagd; niet meer en niet minder. Csikszentmihalyi formuleert deze optimale uitdaging als het in overeenstemming zijn van de gestelde eisen met de vaardigheden die iemand bezit. Te hoge eisen zorgen voor angst of stress, te lage eisen voor verveling of verstrooide aandacht. Beide leveren een niet-optimale situatie op: er is geen optimale 'arousal'.

Flow of stress

Bij skiën zijn de pistes ingedeeld naar moeilijkheidsgraad: van blauw, via groen en rood, naar zwart. Voor een beginner kan een blauwe piste al een flow-ervaring opleveren. De rode levert stress op, want hij beheerst het skiën onvoldoende om de opgave aan te kunnen. Bij een ervaren skiër zorgt de zwarte piste mogelijk voor een flow-ervaring. Maar het afleggen van de rode geeft hem ruimte om zijn aandacht ook op andere zaken te richten.

Csikszentmihalyi brengt de flow via een eenvoudige diagram in beeld. Op de verticale as staan de 'gestelde eisen', op de horizontale as de 'aanwezige vaardigheden'. De diagonale band vertegenwoordigt het gebied waarin eisen en vaardigheden volledig op elkaar afgestemd zijn. Buiten de band is er sprake van niet-optimale arousal. Te weinig uitdaging leidt tot verveling, te veel uitdaging tot angst. Deze balans kwam overigens al eerder aan bod in het kader van spel, bij de discrepantiehypothese (zie paragraaf 2.4 en figuur 2.2).

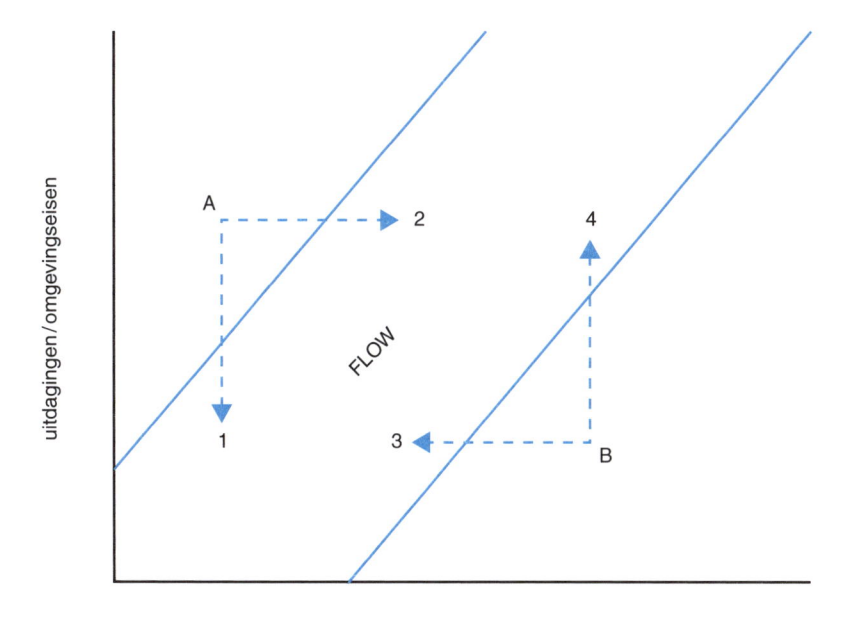

Figuur 4.1 *Flow-diagram.*

CORRECTIE EN ANTICIPATIE

Iedereen streeft actief naar optimale arousal, bijvoorbeeld door te anticiperen: men zoekt situaties waarbij een optimale arousal verwacht kan worden. Verwacht je daarbij een te hoge moeilijkheidsgraad, dan kun je proberen je vaardigheden te vergroten. Een onervaren skiër die de rode piste wil afdalen, doet er goed aan eerst een paar dagen stevig te trainen. Een skiër die geen uitdaging ervaart bij de rode piste, kan beter de zwarte piste opzoeken. (Voor deze anticipatiemogelijkheden zie de pijlen 2 en 4 in figuur 4.1.)

Als het gewenste resultaat niet optreedt, kan iemand gaan corrigeren, bijvoorbeeld door het inbouwen van extra handicaps (bij een te laag arousal-niveau) of het versimpelen van de opgave (bij een te hoog arousal-niveau). Een voorbeeld van het eerste is een ervaren skiër die de rode piste op een enkele ski afdaalt. Bij het tweede kun je denken aan een onervaren skiër die daar zijn ski's uitdoet en naar beneden wandelt. (Voor deze correctiemogelijkheden zie de pijlen 1 en 3 in figuur 4.1.) Correctie kan alleen plaatsvinden als er niet zo'n groot verschil is tussen het actuele en gewenste arousal-niveau.

VAARDIGHEID

Het begrip vaardigheid wordt door Csikszentmihalyi breed gehanteerd: ook intens genieten van muziek of een boek lezen schaart hij onder flow-activiteiten. Bij lezen ziet hij het omzetten van woorden in interne beelden als een vaardigheid, evenals het anticiperen op ontwikkelingen in het verhaal, enzovoort.

DOELGERICHTHEID

Er is een belangrijk verschil tussen volwassenen en kinderen wat betreft de condities waaronder zij tot betrokken deelname aan een activiteit komen. Een opvallend gegeven uit het onderzoek van Csikszentmihalyi is namelijk dat volwassenen vooral melding maken van flow-ervaringen bij intensieve en doelgerichte activiteiten. Blijkbaar is het streven naar resultaat een belangrijke motivatiebron voor volwassenen om zich aan een activiteit te kunnen overgeven. Voor de meeste kinderen is deze resultaatgerichtheid geen voorwaarde voor overgave.

Lezen

Tjits leest heel geconcentreerd in haar boek over het ontstaan van de aarde. Ze gaat er helemaal in op en krijgt allerlei innerlijke beelden bij de prachtige beschrijvingen. Tjats wil Tjits roepen voor het eten, maar als hij op Tjits kamerdeur klopt, komt er geen reactie. Hij opent de deur en roept: 'Tjits, we gaan eten!' Nog steeds geen reactie. Pas als Tjats rigoureus om aandacht vraagt, schrikt Tjits op uit het boek.

VRIJPLAATSACTIVITEITEN

Veel meer dan een consumptieve activiteit (zoals televisiekijken) vormt het werk een belangrijke bron voor flow. Maar expliciet benoemt Csikszentmihalyi de vrijplaatsactiviteiten als activiteiten die gemakkelijke flow voortbrengen 'omdat ze zijn gebonden aan regels die bepaalde vaardigheden vereisen. Ze hebben specifieke doelen, ze verschaffen feedback en ze bieden ruimte voor controle. Ze bevorderen de concentratie en betrokkenheid, door de afstand tussen de activiteit en de zogenaamde opperste realiteit van het alledaagse leven' (Csikszentmihalyi, 2007, p. 104). Het besef van anders zijn heeft hier een dubbele betekenis voor het uitlokken van flow: de context van de vrijplaats verplaatst alledaagse besognes bij voorbaat naar de achtergrond. Daarnaast is er het besef dat falen niet onmiddellijk alledaagse consequenties heeft. Dit verlaagt de drempel naar experimenteren met een onzekere uitslag.

SUBJECTIEVE EN OBJECTIEVE VOORWAARDEN

Mensen zijn verschillend in hun beleving van een activiteit en de mate waarin ze zich eraan kunnen overgeven. Een autotelisch persoon kan vrij gemakkelijk de aandacht richten en in een activiteit opgaan. Een extern doel is dan veel minder noodzakelijk om de concentratie en uiteindelijk de flow te triggeren. Andere mensen komen slechts met veel moeite tot overgave. Iemand die bezorgd van aard is, heeft optimale externe omstandigheden nodig om tot overgave te komen - als het dan al lukt. Een exotelisch persoon is vooral bezig met het eindresultaat. Ook hij zal moeilijker tot een hier en nu-ervaring komen.

Het vermogen om op te gaan in het hier en nu is te trainen. Via oosterse levenswijzen en technieken als hara-oefeningen, yoga en meditatie kan een grotere controle over het bewustzijn worden verkregen, door het buiten de deur houden van de psychische entropie. Een dergelijke innerlijke staat van zijn maakt de optimale ervaring binnen elke omstandigheid mogelijk.

Waar Csikszentmihalyi de nadruk legt op verhoging van de uitdaging om tot flow te komen, gaat het bij bijvoorbeeld 'mindfulness' meer over het ontwikkelen van het vermogen de aandacht op het hier en nu te richten (Westerhof & Bohlmeijer, 2010). Juist in deze hectische tijd lijkt aandacht voor deze bijzondere technieken en levenswijze van groot belang, zeker voor de agogen van nu.

4.6 Functies van flow

Flow heeft diverse functies. Ik noem er hier zes, die onderling sterk samenhangen:
– grenzen verleggen en zelfvertrouwen vergroten;
– spanning reguleren;
– zorgen voor incubatie;
– orde scheppen;
– energie opwekken;
– fijne ervaringen opdoen.

GRENZEN EN ZELFVERTROUWEN

Volgens Csikszentmihalyi werken flow-ervaringen grensverleggend. Dit komt mede voort uit het feit dat gedurende de flow-ervaringen een appel wordt gedaan op het uiterste van iemands mogelijkheden. Opvallend is dat na een flow-ervaring het zelfbewustzijn van mensen vaak sterker is. Er wordt als het ware geestelijke energie vrijgemaakt, waardoor men de wereld beter aan lijkt te kunnen. Mensen lijken er bovendien een positiever zelfbeeld door te krijgen. Als je de grenzen van je mogelijkheden uitdaagt en verlegt, liggen ook voor onmogelijk gehouden succeservaringen binnen handbereik. Soms lokken succeservaringen tevens heel positieve reacties uit van de sociale omgeving. Dit kan erg stimulerend werken om door te gaan.

> **Succes**
> Een aantal risicojongeren neemt deel aan een 'talenttraject' met rappen en streetdance. Ze vertellen dat de succeservaring hun veel energie en zelfvertrouwen geeft. Ze zien dit als een belangrijke reden van de grote verandering. Ook blijkt de positieve aandacht van de buitenwereld (ouders, familie, vrienden, docenten en andere belangrijke personen) voor het succes van de jongere vaak een reden om te stoppen met antisociaal gedrag (Kooijmans, 2011, p. 78).

SPANNING

Flow-ervaringen kunnen ook ontspannend werken. Gedurende de flow-ervaring is de aandacht immers volledig op iets gericht en dat kan een gunstige afleidende werking hebben. Je kunt afstand nemen van een alledaagse - wellicht belastende - situatie en piekergedachten loslaten. In principe is het zelfs mogelijk dat iemand met chronische pijn gedurende de flow-ervaring geen pijn voelt. Bij het meten van hersenactiviteit bleek er een daling van de hersenschorsactiviteit tijdens een flow-ervaring. Een plausibele verklaring hiervoor is dat de geestelijke activiteit in alle informatiekanalen verminderd kan worden, behalve in het kanaal dat betrokken is bij de concentratie op de specifieke prikkels van de flow-activiteit. Kortom: door zich zeer intens op iets te richten, kan een meetbare ontspanning in bepaalde hersengedeelten worden gemeten (Csikszentmihalyi, 2007, p. 123).

INCUBATIE

Zeker in het geval van ergens te veel in zitten, kan via een intensieve ervaring afstand worden geschapen. Iets waar je niet uitkomt, kan na een nachtje slapen heel helder voor de geest komen. Dit mechanisme noemt men ook wel incubatie: door er niet mee bezig te zijn, krijgt het onbewuste meer de kans zijn werk te doen. Opeens duikt er dan een oplossing of heldere gedachte op, als uit het niets.

ORDE

Doordat men zich concentreert op iets in het hier en nu, wordt entropie terzijde geschoven. Mensen voelen zich vaak beter na een flow-ervaring: meer opgeruimd en 'in hun kracht'. Veelal is er ook een wat heldere voor- en achtergrond in de gedachten en gevoelens.

> **Motorcross**
> Benny Jolink, zanger van de rockband Normaal: 'Als ik van een lastige repetitie kom, zit ik vaak met mijn hoofd vol warrige gedachten. Maar dan stap ik op mijn crossmotor. En na een uurtje intensief crossen voelt de binnenkant van mijn hoofd weer helder aan. Alsof er een kam door mijn gedachten is gegaan.'

ENERGIE

Soms lijkt het lichaam geen energie meer te hebben. Door ergens in op te gaan, kan de energiestroom toch weer op gang komen. Bovendien heeft men na een intensieve flow-ervaring meer energie beschikbaar dan ervoor. Energie wordt in deze redenering niet opgevat als een vat dat leeg kan raken, maar veeleer als een stroom die al dan niet op gang komt. Dit is wellicht nog het sterkst bij flow waarbij lichamelijke inspanning is vereist (zoals intensief sporten).

FIJNE ERVARINGEN

Moderne stromingen, zoals de positieve psychologie, benadrukken het belang van positieve ervaringen. Hierin wordt de kracht benadrukt in plaats van de klacht. Positieve ervaringen zijn belangrijke bouwstoffen voor een gezond lichaam en gezonde geest. Iemand die goede ervaringen opdoet, heeft meer vermogen tot het incasseren van en omgaan met moeilijkheden. Soms hebben mensen zelfs geen weet van het bestaan van positieve ervaringen, zoals kinderen uit oorlogsgebieden, die de werkelijkheid alleen in haar harde en wrede aspecten kennen.

> **Nieuwe ervaring**
> Mariama maakte gruwelijk geweld mee en heeft nooit kind kunnen zijn, maar daar komt verandering in. Het angstige en teruggetrokken meisje doet voor het eerst mee met een War Child-workshop: 'Boom Cheeka Boom, het liedje met die gekke dans erbij, kan ik me goed herinneren. En de grappige oefening in de kring: om de beurt maakten we een gebaar, de rest imiteerde dat. Zo hard had ik nog nooit gelachen. Andere kinderen deden gewoon na wat ik deed, dat had ik nog nooit meegemaakt. Ik kan nu ook mijn teleurstellingen delen met anderen, ze luisteren echt naar wat me dwars zit. Dat hoefde ik vroeger niet te proberen. Maar nu weet ik dat het mag en dat ik het kan. Ik heb de verlegenheid van me afgegooid' (Warchild.nl, 2011).

4.7 Gevaren van flow

Csikszentmihalyi heeft ook oog voor de gevaren van flow. Aangezien flow de alledaagse realiteit op de achtergrond zet, loert daarbij het gevaar van de vlucht. Een voorbeeld is de game- of internetverslaving. Meer en meer jongeren blijken niet in staat goed om te gaan met de verleidingen van de virtuele wereld van het gamen; ze nemen er soms wel veertig uur per week hun toevlucht toe. Ontwerpers van games slagen er steeds beter in een virtuele wereld met een sterk zuigende werking te scheppen. Daarbij maken ze dankbaar gebruik van dezelfde principes waarlangs flow tot stand komt.

Bram Tjaden benoemt de keerzijde van de 'doe-modus' van onze westerse cultuur. We zijn geneigd 'pijn en verdriet actief en afwerend tegemoet te treden' (Tjaden, 2011, p. 48). Het inlassen van flow-activiteiten zou voor mensen in deze vermijdende modus alleen maar olie op het vuur zijn. Het startpunt voor verandering dient volgens Tjaden veeleer bezinning en acceptatie te zijn, waarvoor bijvoorbeeld mindfulness prima ingangen biedt. Onder meer via deze methode kan een cliënt komen tot 'presencing', het met compassie onder ogen zien wie men werkelijk is. In een later stadium kunnen juist ook weer flow-brengende (creatieve) activiteiten een belangrijke rol spelen bij de wederopbouw van het leven. In een interessante vertaling van de theorie-U naar de hulpverlening, bespreekt en bepleit Tjaden op overtuigende en indringende wijze een dergelijke gefaseerde aanpak binnen de verslavingszorg (Tjaden, 2011).

> Op de website vind je aanvullend materiaal over de in dit hoofdstuk behandelde onderwerpen.

Samenvatting
» Flow is volgens Csikszentmihalyi een toestand van geluk. Flow is het tegenovergestelde van entropie ofwel een toestand van chaos en desorganisatie. Tijdens een flow-ervaring is iemand volledig in het hier en nu. Tijdens flow is er sprake van een gevoel van volledige controle en volledige gerichtheid op een duidelijk afgebakend stimulusgebied. Dit gaat gepaard met afwezigheid van zelfbewustzijn en tijdsbesef. Flow is vergelijkbaar met intensief kinderspel.

- Flow komt daar tot stand waar er een optimaal evenwicht is tussen vaardigheden van een persoon en de in een activiteit gestelde eisen. Er wordt geappelleerd aan het uiterste van iemands vermogens. Ook dient de persoon intrinsiek gemotiveerd te zijn.
- Het zijn juist de vrijplaatsen van spel, sport en kunst die geschikt zijn voor het uitlokken van flow. Dit omdat er in deze vrijplaatsen sprake is van een van het alledaagse onderscheiden, afgebakend betekenisveld met specifieke doelen en heldere feedback. Toch vindt er ook veel flow plaats tijdens arbeidsmatige activiteiten.

Dit hoofdstuk onderscheidt zes functies van flow: grenzen verleggen en zelfvertrouwen vergroten; spanning reguleren; zorgen voor incubatie; orde scheppen; energie opwekken en fijne ervaringen opdoen.

Een mogelijk gevaar van het concept van flow is dat het erg de nadruk legt op de tegenwoordig toch al dominante doe-modus.

5 Het agogisch uitlokken van vrijplaatservaringen: arrangeren

'We worden niet bemind omdat we goed zijn. We worden goed omdat we bemind worden' (Desmond Tutu)

5.1 Inleiding

Steeds positiever
Vier agogisch werkers arrangeren een vrijplaats voor vijf dak- en thuisloze jongeren. De drugsgebruikende jonge mensen hebben als gevolg van jarenlange negatieve ervaringen, weinig energie en zelfrespect en veel weerstand tegen elke vorm van bemoeienis. Via het creëren van een vrijplaats van spel en kunst willen de agogen kwaliteiten van de jongeren aanboren en hun positieve ervaringen laten opdoen. De start is erg lastig en chaotisch. Het vertrouwen moet worden gewonnen en goede gewoonten eigen gemaakt.
Na de eerste ochtend worden enkele regels ingesteld, onder meer over spreektijd; hierdoor krijgt iedereen de gelegenheid zijn wensen te verwoorden. Er worden duidelijke regels en consequenties van overtreding afgesproken, vooral wat betreft afwezigheid en drugsgebruik. De groep kiest unaniem voor het maken van een videoclip met rap. Er ontstaat een taakverdeling: twee jongeren maken het decor, twee schrijven teksten en rappen, twee filmen er, twee bouwen het decor en de laatste zorgt voor de muziek. Bij al deze activiteiten krijgen de jongeren ondersteuning, maar ook de eindverantwoordelijkheid. Zij maken de keuzes.
De zeven woensdagochtenden bestaan vooral uit doen. De begeleiders zorgen ervoor dat de eisen niet te hoog of te laag worden gesteld. Zo nu en dan ondersteunen ze bij het werkproces via kleine adviezen en kleine aanwijzingen, naar aanleiding van vragen van de jongeren. Men bezoekt elkaar bij de uitvoering van de taken. Geleidelijk aan maakt het aanvankelijke wantrouwen plaats voor vertrouwen. De onderlinge bejegening wordt steeds posi-

> tiever, mede door de positieve bejegening van de begeleiders. De jongeren raken gedreven in wat ze doen en worden steeds opener over zichzelf. En ze lopen elke woensdag met een glimlach rond. Er worden twee filmpjes gemaakt, die beide op YouTube te bewonderen zijn: de rap zelf en de 'making of' ervan. Na zeven weken is er een eindpresentatie van de video voor publiek. Hierbij zijn de jongeren aanwezig en ze nemen het applaus dankbaar in ontvangst. (Vrij naar Bok, 2010)

Vrijplaatsen zijn er in allerlei soorten en maten. Een spelletje is al een vrijplaats, het carnaval ook. Soms zijn vrijplaatsen dus immaterieel van aard. Dan zijn het constructen, al dan niet gearrangeerd door agogen - meestal niet, trouwens. Er zijn ook fysieke vrijplaatsen. Daadwerkelijke fysieke ruimten of gebouwen waar bepaalde ervaringen en gedrag op de voorgrond worden gezet. Musea, sauna's en speeltuinen kunnen gezien worden als constructen bedoeld om een vrijplaats te creëren. Zo is er voor Tilburgse jongeren een Hall of Fame: een plaats waar zij muziek kunnen maken, dansen, skaten, enzovoort. In de praktijk is daar veel respect voor elkaars eigenheid. Jongeren uit verschillende jongerenculturen lopen er vreedzaam met elkaar rond. Een ander voorbeeld is de vrijplaats voor jong talent, die de muzikant Kyteman in Utrecht creëerde.

Dit hoofdstuk gaat vooral over het agogisch creëren van immateriële vrijplaatsen, gericht op een combinatie van de betrokken positieve ervaring (flow) en agogische doelen. Overigens kunnen er wel aanwijzingen voor materiële vrijplaatsen uit worden afgeleid. Arrangeren is hier het tot stand brengen van een situatie of activiteit waarin getracht wordt specifieke ervaringen uit te lokken, die mogelijk leiden tot bepaalde effecten. Voorwaarde is een interessante activiteit (appelwaarde) die aansluit op wat iemand kan of kan leren (structuur) en die aansluit op het niveau van de 'algemene behoeftenbasis' (zie paragraaf 5.8).

Na een korte bespreking van het begrip arrangeren gaat paragraaf 5.3 in op de basis van het maken van doelgerichte vrijplaatsarrangementen. Het oproepen van een doelgerichte betekenisvolle (vrijplaats)ervaring gaat via het combineren van de intrinsieke (lol) en instrumentele waarde (nut) van een activiteit. Het arrangerend uitlokken van deze combinatie van ervaringskwaliteiten gaat via de hantering van appels. Hier gaat paragraaf 5.4 op door. In paragraaf 5.5 wordt een ordening in zes soorten appels uitgewerkt, onder meer aan de hand van het voorbeeld muziek. In de volgende paragrafen wordt op andere aspecten van arrangementen ingegaan: het hanteren van structuur en een behoeftenbasis (Maslow). In paragraaf 5.9 worden de voorgaande elementen geïntegreerd en in paragraaf 5.10 aan de hand van een voorbeeld geïllustreerd. Tot slot besteedt paragraaf 5.10 aandacht aan recent onderzoek op het gebied van vrijplaatsarrangementen voor talentcoaching bij risicojongeren'.

5.2 Arrangeren

Arrangeren in algemene zin betekent: het zodanig rangschikken van belangrijke onderdelen van een situatie of activiteit, dat een gewenst resultaat wordt bereikt. We maken in ons dagelijks leven tal van arrangementen voor bepaalde doeleinden. Zo richten we onze leefruimte in ten behoeve van gezellig samenzijn. En onze werkruimte arrangeren we zodanig, dat we er effectief kunnen werken. Arrangeren als pedagogisch handelen is het tot stand brengen of veranderen van situaties en activiteiten, zodat voor cliënten nieuwe mogelijkheden kunnen ontstaan in het omgaan met de eigen omstandigheden. Het arrangeren van een vrijplaats is het in het leven roepen van een (tijdelijke) situatie, waarbij een andere werkelijkheid dan de alledaagse centraal staat. Een vrijplaats kan zowel een fysieke ruimte waarin bepaalde waarden en normen gelden, als een activiteit zijn.

5.3 Vrijplaatsarrangementen

Vrijplaatservaringen kunnen worden uitgelokt via een arrangerende hantering van activiteiten. Mensen kunnen aldus verleid worden tot ervaringen die tot betekenisvernieuwing kunnen leiden. Een basis hiervoor kan gevonden worden in het samengaan van twee kwaliteiten: de instrumentele en de intrinsieke waarde van een activiteit. De instrumentele waarde is de waarde ten behoeve van agogische doeleinden: het nuttig effect. De intrinsieke waarde betreft de mate waarin de bezigheid als bevredigend in zichzelf wordt ervaren. Sluit zij aan bij wat iemand interessant en betekenisvol vindt? Of bij waar hij zin en plezier in heeft? Met andere woorden: is iemand intrinsiek gemotiveerd of kan hij het worden?

MANIFESTE EN LATENTE INTERESSEN, BEHOEFTEN EN MOTIVATIES

We zijn ons altijd bewust van onze innerlijke drijfveren, zoals interesse, motivatie en behoeften. De drijfveren waarvan we ons bewust zijn, noemt men *manifeste* drijfveren. Drijfveren waarvan we ons niet bewust zijn maar die er in potentie wel zijn, noemen we *latente* drijfveren. Zo kan een voormalige liefhebberij latent geworden zijn. Iemand die de hele week hard werkt, kan domweg vergeten zijn hoe leuk het is om muziek te maken of te wandelen. Ook kan het zijn dat bepaalde vormen van behoeftevervulling sociaal niet (meer) geaccepteerd zijn. We zijn ons ervoor gaan schamen. Of we kennen een bepaalde activiteit niet, waardoor we niet kunnen beoordelen of deze leuk is of niet. Zo kan een goede ervaring met een nieuwe activiteit ons doen verlangen naar de herhaling ervan. Veel mensen die voor het eerst geskied hebben, ervaren daarna een hunkering om vaker te gaan.

VERHOUDING TUSSEN INSTRUMENTELE EN INTRINSIEKE WAARDE

Een vrijplaatsarrangement is zowel doel als middel. Enerzijds sluit de activiteit uitdrukkelijk aan bij de interesse of voorkeuren van mensen en leidt dus mogelijk tot doelervaringen. Anderzijds wordt er iets anders mee beoogd. De agoog zal zich hiervan bewust zijn en de klant mogelijk ook. De agogische doelstelling zal een duidelijke invloed hebben op de vormgeving van de activiteit. Als verwerking van de eigen problematiek bijvoorbeeld een doel is, dan zal dit in de themakeuze van een theaterproductie tot uiting komen. Als samenwerking een doelstelling is, kan het belangrijk zijn om de activiteit zodanig te organiseren dat men van elkaar afhankelijk is.

Door middel van spel- en kunstzinnige activiteiten kan het nuttige met het aangename worden verenigd. Spelplezier is hierbij een vanzelfsprekende motivator. Soms wordt er geleerd zonder er op gericht te zijn en zonder het in de gaten te hebben: impliciet.

> ### Nieuwe taal
> Twee Braziliaanse kinderen die geadopteerd zijn in Nederland, komen via internet in contact met een achtergebleven Braziliaanse broer. De opwinding is groot. Via een vertaalprogramma is communicatie mogelijk. Zonder het in de gaten te hebben, leren de twee kinderen op deze impliciete manier de Braziliaanse taal. En hun broer leert een beetje Nederlands.

FUN THEORY

In de 'fun theory' staat de vraag centraal: hoe zorg ik ervoor dat een vervelende activiteit leuk wordt? Hiervan bestaan succesvolle voorbeelden, die een boeiend en leerzaam uitgangspunt voor agogen kunnen zijn.

> **Loopband**
> In een artikel in *de Volkskrant* wordt melding gemaakt van een visuele illusie gekoppeld aan een looptraining. Mensen die opnieuw moeten leren lopen, kunnen hierbij op de veilige loopband blijven. De loopband is gekoppeld aan een projector die virtuele obstakels op het loopvlak afbeeldt. De patiënt moet op of over de geprojecteerde voorwerpen heen stappen. Wie op een 'drol' stapt, hoort een soort implosie; mensen moeten daar de eerste keer erg om lachen. Deze speelse aanpak zorgt voor afwisseling en plezier. Het in veiligheid oefenen van bewegingen die in het echt nodig zijn om losliggende stoeptegels en hondenpoep te ontwijken, zorgt voor een groei in vaardigheid en het benodigde zelfvertrouwen (*de Volkskrant*, 12 september 2011).

5.4 Appels hanteren

De afstemming van de intrinsieke op de instrumentele waarde gebeurt op de eerste plaats via hantering van appels. Hier vindt de doelgerichte afstemming plaats tussen enerzijds de uitlokkende kwaliteiten van materiaal en activiteiten en anderzijds de referenties van mensen, zoals hun neigingen, voorkeuren, kwaliteiten, talenten en ervaringen.

> **Straatvoetbal**
> Tjits loopt op het speelpleintje en ziet een bal liggen. Ze rent naar de bal en wipt hem even op. Op dat moment komt Tjats aanlopen. 'Hé Tjats, zullen we even trappen?' Tjats heeft wel zin en kaatst de toegespeelde bal terug. Tjits wipt de bal behendig op en laat hem tweemaal op haar hoofd stuiteren. Dan schiet zij de bal met haar voet weer naar Tjats. Tjats speelt de bal zonder te stoppen zo precies mogelijk terug in de voeten van Tjits, met oog voor de juiste snelheid.

Met een bal kun je in principe van alles doen: rollen, terugkaatsen, jongleren, schoppen, bevoelen, ruiken, enzovoort. In het voorgaande voorbeeld lokt een bal bij Tjits uit: opwippen, trappen, vervolgens weer opwippen. Bij Tjats lokt de bal uit: terugkaatsen, en wel zo precies mogelijk. Elk materiaal of elke activiteit kan een scala van belevings- en handelingsmogelijkheden oproepen. Het geheel van belevings- en handelingsmogelijkheden die een situatie, materiaal of een activiteit in principe kan uitlokken, noemen we het *activiteiten- of materiaalappel*. Elke activiteit of elk materiaal kan verschillende omgangs- en belevingskwaliteiten kan uitlokken. Een spel als Party & Co kan uitnodigen tot samenwerking, rivaliteit, uitbeelding en communicatie, nadenken, genieten van succeservaring, teleurstelling over mislukking, aanpassing aan de regels enzovoort. Ook tussen Tjits en Tjats is er een verschil in wat de bal bij hen oproept. Dit wordt ook wel het *persoonlijk appel* ofwel de *appelwaarde* genoemd. In het voorbeeld heeft de bal voor Tjits de appelwaarde van wippen en kaatsen. Voor Tjats is de appelwaarde zorgvuldig terugkaatsen.

Een kleiactiviteit kan bij de een leiden tot genot van het pathische contact, terwijl die bij een ander een reactie van afschuw oplevert doordat de klei vies aanvoelt. Bij een derde persoon roept klei de neiging op om geconcentreerd een vaas of asbak te vormen. Dat wat een activiteit bij een persoon aan handelingen en beleving uitlokt, noemen we, zoals gezegd, de appelwaarde. Hierin komen die aspecten van het referentiekader op de voorgrond te staan, die door de activiteit worden uitgelokt. De appelwaarde geeft de persoonlijke neiging tot handelen en de hierbij horende beleving weer. Deze belevingen kunnen bijvoorbeeld zijn: zich opgewonden, uitgedaagd of geboeid voelen, maar bijvoorbeeld ook schrik of afkeer ervaren.

Appelwaarden zijn dus van persoon tot persoon verschillend. Per activiteit kunnen de (persoonlijke) appelwaarden in kaart worden gebracht: in welke mate wordt de persoon aangetrokken door de activiteit? En welk appel staat daarbij centraal?

5.5 Indeling van appels en appelwaarden

Afhankelijk van theorie en/of doelstelling kan een andere indeling van appels worden gemaakt. Deze paragraaf is een uitwerking van een zesdeling in appels: op zintuigen, hoofd, hart, handen, samenwerking en intuïtie.[1]

---

[1] De klassieke driedeling van Kliphuis is: sensopathische, dimensionele en thematische appels (Wils, 1979).

Figuur 5.1 Zesdeling van appels. (Bron: Albert Sanders)

APPEL OP ZINTUIGEN

Als iemand een bepaald materiaal waarneemt, kan dat verschillende directe belevingen oproepen: zien, horen, voelen, ruiken of proeven. In klassieke indelingen wordt dit het sensopathisch appel genoemd (zie ook paragraaf 1.5). Een algemene term is *zintuiglijk of lichaamsgebonden appel*. Bij doelgroepen als dementerende ouderen en mensen met een ernstige verstandelijke beperking, staat het zintuiglijk appel als vanzelf op de voorgrond. Het is voor hen de belangrijkste manier tot betekenisverlening, soms zelfs de enige. Zij leven in de wereld van directe beleving en dat geeft betekenis en houvast. Zo kan een buitenwandeling in een lentetuin optimaal genot schenken vanwege wind, kleuren en geuren. Snoezelactiviteiten, massage, koken, muziek luisteren en dansen zijn andere voorbeelden van activiteiten waarbij het lichaamsgebonden appel als vanzelf op de voorgrond staat.

Kennis van materiaalappels is hierbij belangrijk. Zo kan lavendel rustgevend werken (zie o.a. Beyondmedicine.nl, 2012). Tegelijkertijd dient men alert te zijn op persoonsgebonden appels, want juist geuren en muziek kunnen sterk persoonsgebonden referenties uitlokken. Lavendel kan voor een persoon bijvoorbeeld ook geassocieerd worden met vroegere ruzies tussen de ouders en op die manier voor onrust zorgen. Overigens blijkt ook voor cognitief sterke mensen het lichaamsgebonden appel zeer belangrijk te zijn, hoewel zij zich hiervan niet altijd bewust zijn. Zo speelt lichaamsgeur bij de partnerkeuze ongemerkt een belangrijke rol.

> ### Muziek, emoties en sfeer
> Voor veel mensen is muziek bewust of onbewust verbonden met sterke emoties. Iemand met liefdesverdriet vindt troost in bepaalde nummers en verliefde mensen zoeken muziek ter ondersteuning van hun fijne gevoel. Bij een uitvaartdienst is de keuze van muziek vaak sterk emotioneel beladen en het samen ernaar luisteren, kan sterke emoties oproepen. Muziek is dus zowel inlaat als uitlaat van emoties. Na geuren lijkt muziek de belangrijkste uitlokker van gevoelens en met emotie beladen herinneringen (zie ook hoofdstuk 8).
> Wie een bepaalde sfeer wil neerzetten, denkt daarbij al snel aan muziek. De kerstsfeer wordt meteen aangeduid met bepaalde kerstliedjes. Een vrolijk feest is ondenkbaar zonder muziek. Mineur roept wat triestere gevoelens op die passen bij bijvoorbeeld een afscheid. Muziek maakt dan ook vaak een zeer belangrijk onderdeel uit van overgangsrituelen. Muziek kan mensen oprecht en onontkoombaar in een bepaalde stemming brengen. Hiervoor hoeft de muziek overigens niet altijd bewust te worden waargenomen. Muziek werkt ook op onbewust niveau door. Het doet een sterk zintuiglijk appel op ons.

HOOFD: COGNITIEF APPEL

In hoeverre doet het materiaal of een activiteit een cognitief appel? Sommige spelletjes zijn er vooral op gericht om na te denken, te analyseren of kennis te mobiliseren. Een raadsel, doolhof, cryptogram, een spelletje schaak, enzovoort: het mobiliseert steeds een intellectuele betrokkenheid. Soms wordt het *creatief* denken meer getriggerd, zoals bij een cryptogram. Een andere keer is men puur gericht op logische analyse of strategisch denken, zoals bij schaken en dammen. Cognitief is ook het verbaal linguïstisch appel zoals bij het schrijven van een gedicht of het bedenken van een Loesje-poster.

Overigens kan elke activiteit een cognitieve appelwaarde hebben. Mensen die geneigd zijn om alles te willen begrijpen, zullen overal een cognitief appel in zien. Soms is dit zeer strijdig met een zintuiglijk appel. 'In het hoofd zitten' gaat immers soms moeilijk samen met genieten, erin opgaan.

> ### Muziek begrijpen en analyseren
> Muziek laat zich ook begrijpen als een complex systeem van samenhang tussen een groot aantal elementen: harmonische beweging, klankkleur, ritme, maatsoort, enzovoort. Muziek kan ook opgevat worden als een soort van grote puzzel die zich uiteindelijk ook op een logisch mathematische manier laat begrijpen. Overigens: voor de gevorderde luisteraar sluit deze gnostische manier van muziekbeleving niet een zintuiglijke manier van muziekbeleving uit. Voor de beginnende luisteraar is dat vaak wel het geval: proberen te begrijpen, maakt dan dat genieten op de achtergrond komt te staan.

HART: INTERESSE

In hoeverre ligt een voorwerp of activiteit binnen het interesseveld van de persoon? Sluit het aan bij zijn voorkeuren? Betekent het iets voor hem? Lokt het zin, plezier en interesse uit? Het klassieke begrip voor dit appel is *thematisch appel*. In de thematische appelwaarde komt de specifieke betekenis tot uitdrukking die een concrete activiteit voor iemand heeft. Thematische appels kunnen betrekking hebben op bepaalde inhoudelijke thema's. Zo hebben sommige mensen een voorkeur voor alles wat met treinen te maken heeft, terwijl de voorkeur van een ander uitgaat naar alles rondom het thema liefde. Thematische appels kunnen ook betrokken worden op het soort activiteit. De een houdt van boeken lezen, de ander van voetbal, een derde houdt van muziek maken, enzovoort.

Thematische appels zijn subjectief en persoonsgebonden, maar voor een deel ook cultuurbepaald. Zo zal rappen voor een jongere normaal gesproken eerder interessant zijn dan borduren. Voor een oudere zal een liedje uit de jaren vijftig van de vorige eeuw mogelijk veel betekenis hebben en betrokkenheid uitlokken. Muziek appelleert aan culturele verbondenheid en identiteit. Tegelijkertijd dient een agoog bij de hantering van appels de juistheid van de eigen stereotype beelden te onderzoeken bij deze persoon in deze situatie. Waarom zou een dans- en bewegingsactiviteit niet bij een gedetineerde kunnen passen of lassen bij een oudere?

Muziek, culturele verbondenheid en identiteit

Muziek is er in vele soorten en stijlen. Een muziekstijl wordt vaak direct geassocieerd met een bepaalde levensstijl, zoals stijf, los, uitbundig, rustig, knallend of swingend. Muziek is dan ook vaak een centrale bouwsteen bij de vorming van groepen mensen die zich aan elkaar verwant voelen: een subcultuur. Muziek(stijl) is een markeerder van identiteit en leeftijd. Elke generatie kent een eigen favoriete muziekstijl, met bijbehorende kleding en bijbehorend kapsel en vaak zelfs gemeenschappelijke normen en waarden. Elke tijd kent zijn eigen jongerenculturen en daarbinnen weer eigen culturen.

Juist jongeren zijn op zoek naar wie ze (willen) zijn en hebben een sterke hunkering zich te verbinden met leeftijdsgenoten. Muziekstijlen zijn hiervoor een belangrijk middel. Men praat erover en drukt de verbinding op allerlei non-verbale manieren uit: met dans, rituelen, gebaren, kleding, kapsel en een lifestyle. Ook volwassenen, en dan de meer 'gegoeden', kunnen zich onderscheiden met een bepaalde muziekstijl. Zo kan klassieke muziek een belangrijke bron voor identificatie en gesprekken zijn.

Ook de muziek van verschillende nationale culturen geeft een thuisgevoel aan de leden van die cultuur. In Nederland dienen mensen van sterk verschillende culturen een weg te vinden in het met elkaar samenleven. Juist in de muziek zitten sterke krachten die tot integratie kunnen leiden. Het inbouwen van bepaalde Arabische toonladders en riffs in westerse muziek was in de jaren tachtig nog ondenkbaar, maar tegenwoordig is het steeds meer gemeengoed aan het worden. Als de muziekstijlen integreren, is er ook een basis voor een bredere culturele integratie; men is niet meer vreemd voor elkaar.

Dan is er ook nog de verbondenheid binnen generaties. Mensen benoemen zichzelf als iemand van de 'Beatlesgeneratie' of de 'punkgeneratie'. Wie zich wil verdiepen in belangrijke (appel)waarden en normen van ouderen, dient zich zeker ook te verdiepen in de muziek die destijds in de adolescentie en jongvolwassenheid gangbaar was. Hierin kunnen zeker aanknopingspunten gevonden worden voor gevoelens van thuis zijn, betekenisverlening en identiteit.

HANDEN: NEIGING TOT HANDELEN EN BEWEGEN

Elk voorwerp kan een bepaalde reeks neigingen tot handelen uitlokken. Ditzelfde geldt voor een fysieke ruimte of activiteit. Zo nodigt een helling naar beneden kinderen al snel uit tot rennen of rollen. Marsmuziek nodigt uit tot energiek in de maat lopen (marcheren), het trekken van grappige gezichten, het uitbrengen van de Hitlergroet, enzovoort. Een rioolbuis tot verstoppen, kruipen of klimmen. De appelwaarde is dan welke persoonsgebonden neiging tot omgang wordt getriggerd door het materiaal. In het voorgaande voorbeeld van Tjits en Tjats wordt met name dit aspect van de uitlokkende waarde van de bal beschreven.

Muziek en beweging

Muziek wordt in supermarkten gebruikt om het bewegingstempo van mensen te verlagen, zodat ze meer kopen. Marsmuziek wordt toegepast om soldaten in een fors tempo van A naar B te laten marcheren, dansmuziek om mensen te laten swingen. Newagemuziek wordt gebruikt om mensen te laten stilzitten. En 'body dance' is een moderne benaming voor een aloud verschijnsel: bewegen op muziek.

SAMEN: SOCIAAL APPEL

Sommige activiteiten roepen bij uitstek solistische activiteiten op. Deelnemers gaan dan in eerste instantie individueel aan de slag, mogelijk parallel aan elkaar. Vaak is dit het geval bij bijvoorbeeld tekenen en schilderen. Andere activiteiten doen juist een appel op samenwerking. Deze samenwerking kan op heel verschillende manieren vormgegeven worden. Bijvoorbeeld met een leider en een groep die volgt, waarbij iedereen een min of meer gelijkwaardige maar verschillende rol heeft. Sommige solistisch aangelegde mensen kunnen erin slagen het sociale appel min of meer te negeren. Bijvoorbeeld een 'egotrippende' zangeres die zich min of meer buiten het sociaal verband opstelt.

> ### Muziek, samenwerken en samen zijn
> Binnen teamsporten zijn mensen afhankelijk van elkaar. In sommige spelen kan het samenwerken worden gestimuleerd. In het theater is er vrijwel geen spel zonder tegenspel en samenspel. Toch is muziek de koning van de samenwerking of het 'samenspel'. Iemand begint te zingen en een tweede persoon zet er zijn stem tegenaan. Dit heeft veel effect, want de samenklank is van een andere kwaliteit dan de solistische klank. Het samen zingen leidt tot een bijzondere vorm van samenzijn. De ultieme samenzang vindt men in een van de vijftienduizend koren van Nederland, samen goed voor ongeveer een half miljoen leden.
> Een band bestaat uit mensen die in verschillende *rollen* samenwerken om een sound te krijgen. Bas, drums, gitaar en piano vormen vaak de basis. Blazers, zangers, enzovoort, doen de rest. Bij het maken van muziek is men op elkaar aangewezen. Muziek is in de overgrote meerderheid van de gevallen een kwestie van samenwerking. Ook voor grotere menigten biedt muziek een belangrijke verbinding. Het samen aanheffen van een lied leidt tot een machtig gevoel bij de betrokkenen (zoals bij het 'You'll never walk alone' van de voetbalclub Liverpool). Maar door haar structuur kan zij ook grote groepen mensen aanzetten tot gemeenschappelijke bewegingen en daarmee tot een groot gemeenschapsgevoel ofwel communitas (zie hoofdstuk 3).

Een camera is een ander voorbeeld van een sterk sociaal appel op mensen. Als iemand met een videocamera een ruimte inloopt, wordt daar vaak meteen op gereageerd, bijvoorbeeld door gek te doen of juist sociaal wenselijk gedrag te vertonen.

INTUÏTIE: CONTACT MET INNERLIJKE WIJSHEID
Intuïtie is een vorm van innerlijk weten die appelleert aan een diepere laag in het menselijk bewustzijn. Elk mens heeft diep innerlijke wijsheid in zich; een weten van wat in essentie waardevol is voor hemzelf

en voor anderen. Dit innerlijk weten komt tot stand op grond van een totaalwaarneming en -beoordeling van het hele organisme. Bij intuïtie is de neerslag van het totaal van de opgedane ervaringen betrokken. Het bewust worden van dit innerlijk weten veronderstelt het vermogen om het analyserende denken uit te schakelen en te luisteren naar wat zich in het binnenste voordoet aan signalen.

Intuïtie op deze manier opgevat, ligt dicht bij spiritualiteit en contemplatie. De weg naar spiritualiteit, contemplatie en intuïtie is de weg naar binnen. Via bijvoorbeeld meditatie kunnen alledaagse gedachten, analyses, gevoelens, zorgen, enzovoort, worden losgelaten. De wereld van het innerlijk bewustzijn, ontdaan van sociale druk en verwachtingen, komt centraal te staan. Deze weg is niet vanzelfsprekend voor iedereen. Het is een keuze om de stem van de innerlijke wijsheid de kans te geven gehoord te worden.

Toch zijn er ook situaties, gebeurtenissen en activiteiten die direct aan intuïtie en spiritualiteit appelleren. Zo zijn er bepaalde ruimten die contemplatie oproepen: een tempel, kerk of kerkhof kan mensen contact laten maken met hun innerlijke stem. Hetzelfde geldt voor overweldigende ervaringen, zoals een bezoek aan de Grand Canyon, de geboorte van een kind, het overlijden van iemand en een eerste vliegreis. Ook bijzondere voorwerpen, symbolen, ankers, enzovoort, kunnen mensen in de situatie van bezinning brengen. Anno 2012 heet de favoriete spirituele stroming: mindfulness.

> **Muziek en spiritualiteit**
> Met zestigduizend mensen in een stadion zingen, kan een bijzondere ervaring zijn, die mensen diep van binnen raakt. Ook in je eentje op je kamer kan een liedje op een cd iets raken, waardoor je contact maakt met iets dieps en waardevols van binnen. Juist muziek kan mensen dicht bij zichzelf brengen. In afzondering, maar soms ook juist met (vele) anderen. Muziek is voor sommigen een toegangspoort tot innerlijke lagen. Muziek kan mensen bij zichzelf brengen. Praten over en naar aanleiding van muziek, kan diezelfde spirituele laag omvatten.

5.6 Structuur

Structuur is de manier waarop iets in elkaar zit; de samenhang tussen verschillende elementen. Deze paragraaf vat structuur niet op als een 'objectief' kenmerk van een activiteit of materiaal, maar als een subjectieve beleving ervan. Structuur is dan iemands persoonsgebonden ervaring van samenhang. Zij staat tegenover chaos. Anders gezegd: structuur is dat onderdeel van het referentiekader van mensen dat betrekking heeft op de functies kennen en kunnen. Structuur is de wijze waarop een persoon elementen van de werkelijkheid ordent in zinvolle eenheden: dit hoort bij dat, dat komt na dat, dit leidt tot dat, enzovoort. Zonder structuur zou de werkelijkheid zich aan ons voordoen als een reeks onsamenhangende prikkels. Mensen hebben er behoefte aan, want het maakt de werkelijkheid begrijpelijk, voorspelbaar en beinvloedbaar. Structuur geeft veiligheid en een gevoel van interne 'locus of control' (zie ook paragraaf 1.3). Zonder structuur is betekenisverlening erg moeilijk en alleen mogelijk op lichaamsgebonden niveau. Over het algemeen vinden mensen de wereld prettig als die tot op zekere hoogte overzichtelijk, voorspelbaar en beheersbaar is. Voor mensen voor wie het moeilijk is om zelf structuur aan te brengen, kan het belangrijk zijn dat in hun omgeving de structuur benadrukt wordt. Dat er niet te veel prikkels zijn en dat de prikkels geordend zijn: dit hoort bij dat, straks gebeurt er dit, als ik dat wil, moet ik eerst dit en dat doen, enzovoort.

Deze paragraaf onderscheidt vijf soorten structuur:
– waarnemingsstructuur;
– cognitieve structuur;
– sociale structuur;
– handelingsstructuur;
– normatieve structuur.

WAARNEMINGSSTRUCTUUR

Een waarnemingsstructuur brengt eenheid en orde in wat we zien. Waarnemingsstructuren hangen sterk samen met cognitieve structuren, maar staan ook op zichzelf. Veel waarnemingsstructuren op het gebied van de visuele waarneming zijn benoemd in de zogenaamde gestaltwetten. Kennis van deze waarnemingswetten kan helpend zijn bij het gebruiken van waarnemingsstructuren. Enkele voorbeelden van gestaltwetten zijn de wet van nabijheid en de wet van continuïteit.

COGNITIEVE STRUCTUUR

Structuur ervaren in de werkelijkheid is zeker ook een cognitieve functie. Als iemand chaotisch en willekeurig lijkt rond te kruipen, krijgt zijn gedrag voor ons pas een eenheidsbrengende structuur als we weten dat hij zijn contactlens aan het zoeken is. We herkennen een verhaal als een duidelijke eenheid van samenhangende gebeurtenissen. Cognitief inzicht helpt om chaotische informatie te ordenen. Of, zoals

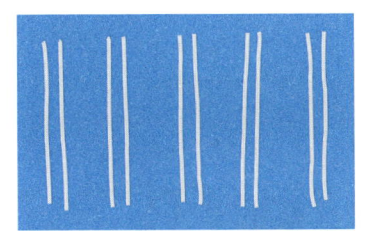

Figuur 5.2 Wet van nabijheid.

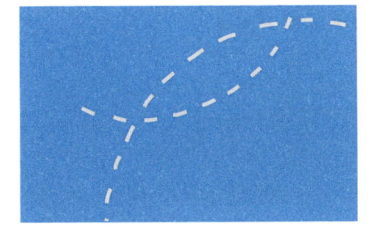

Figuur 5.3 Wet van continuïteit.

de voormalige voetballer Johan Cruijff het uitdrukt: 'Je ziet het pas als je het begrijpt.' Tijd is hier ook een onderdeel van. Zo is begrip van tijd een wezenlijke functie in het begrijpen van de werkelijkheid. Kleine kinderen zijn hiertoe nog niet in staat, dementerenden niet meer. Wat is een uur, een jaar, een dag? En wat voor dag is het vandaag?

> **Apenwekker**
> Tjits wordt vaak om vier uur 's nachts wakker. Het is donker. Kan er al opgestaan worden? Tjits staat op en loopt naar het bed van papa en mama. Vader is een beetje kribbig: 'Tjits, het is midden in de nacht!' Tjits wil nog even bij papa en mama in bed kruipen. Moeder zegt dat dat niet de bedoeling is. 'Maar gisteren mocht het wel!', zegt Tjits. Moeder legt uit dat het gisteren later was, maar Tjits snapt dat niet helemaal. Tja, dan toch maar weer naar het eigen bed. Tjits snapt er niks van, maar valt nog wel even in slaap. De volgende dag gaat papa met Tjits en Tjats een apenwekker kopen. Dat is een speciale wekker: als de aap zijn ogen opendoet, mag je opstaan, eerder niet. De volgende nacht wacht Tjits vol spanning af. En ja hoor: de ogen gaan open. Enthousiast gaat Tjits naar het bed van papa en mama. Die verwelkomen haar hartelijk: 'Ha Tjits, kom er nog lekker even bij liggen.' Tjits vleit zich lekker tegen mama aan.

Hulpmiddelen bestaan in feite vooral uit het visueel maken van de tijd: een zandloper, kruisjes op een kalender, picto van dag en nacht, of een apenwekker, zoals in het voorbeeld. Ook taal kan gezien worden als onderdeel van de cognitieve structuur. Taal is een heel belangrijk structurerend medium en met taal kunnen alle andere structuren worden ondersteund.

SOCIALE STRUCTUUR

Kennis van omgangscodes en rolverwachtingspatronen maakt de omgang tussen mensen voorspelbaar. Hierbij is het zich kunnen verplaatsen in anderen ook cruciaal. Sociaal intelligente mensen weten hoe het 'werkt' tussen mensen. Voorbeelden van sociale structuren zijn het nemen van de juiste afstand ten opzichte van vreemden, het effect van agressief of onverschillig gedrag op anderen, weten wat je geacht wordt te doen als je een relatie hebt, enzovoort.

HANDELINGSSTRUCTUUR

Handelingsstructuren zijn vaardigheden. Veel van deze handelingsstructuren zijn geautomatiseerd. Het zijn ingesleten motorische structuren waar je niet meer bij hoeft na te denken. Het is alsof het lichaam weet wat het moet doen en in welke volgorde. Zo is douchen voor veel mensen een activiteit die vanzelf lijkt te gaan. Ook een handelingsstructuur kan voordeel hebben van een cognitieve structuur: snappen hoe het werkt.

NORMATIEVE STRUCTUUR

Normatieve structuren hebben betrekking op ons geweten: wat mag en wat niet? Zij komen grotendeels voort uit dat wat in het verleden werd goed- of afgekeurd. Kinderen zijn hierbij nog aangewezen op een extern geweten. Een duidelijke grens tussen wat wel of niet mag, is daarbij erg helpend.

5.7 Structuren hanteren

Activiteiten verschillen in de mate waarin zij eisen stellen aan het eigen structurerend vermogen van de deelnemers. Een spel als dammen vereist de aanwezigheid van een cognitieve structuur in de betekenis van: kennis van de spelregels. Daarnaast vereist het een aantal handelingsstructuren als inzicht in strategie. Voor het overige is het spel zeer gestructureerd. De reeks te verrichten handelingen volgt vrij automatisch uit de kennis van de spelregels. In vergelijking hiermee eist een open dramaopdracht als het maken van een toneelstukje over discriminatie, veel meer van het zelfstructurerend vermogen van de deelnemers. Zij dienen te beschikken over het hele scala van structuren om betekenis te kunnen geven aan deze activiteit.

Elke activiteit kan worden geanalyseerd naar de mate waarin zij aansluit bij de mogelijkheden van de deelnemers tot kennen en kunnen. Een structuur die voor de een veiligheid biedt, kan voor een ander te weinig uitdagend zijn en omgekeerd.

> **Overzicht**
> Janet is verstandelijk gehandicapt. Voor haar is het lastig om goed te functioneren in een onoverzichtelijke situatie. Bij het schilderen mag zij daarom slechts kiezen uit maximaal twee kleuren.

Structurering van een activiteit is het afstemmen van eenheidsbrengende zinvolle samenhangen tussen de verschillende aspecten van een activiteit op de bij de deelnemer aanwezige of verwerfbare mogelijkheden om zelf te structureren (zie figuur 5.4, maar ook figuur 2.2 en 4.1). Bij punt A is er sprake van onder andere:
– een duidelijke voor- en achtergrond van wat belangrijk is;
– een duidelijk doel (of een andere zingevende drijfveer);
– duidelijke regels en verwachtingen over wat mag en niet mag;
– duidelijke sancties op het overtreden van regels (en verwachtingen);
– duidelijke feedback wanneer iets geslaagd of niet geslaagd is;

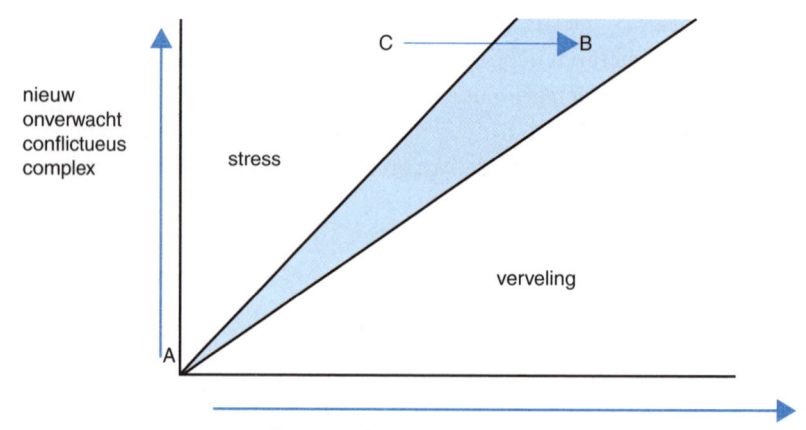

Figuur 5.4 *Evenwicht tussen structuur en zelfstructurerend vermogen.*

- duidelijke ordening van het veld via kleur, vorm, geur en/of geluid;
- duidelijke markering van begin en einde;
- een zeer eenvoudige activiteit;
- wat niet begrepen is, wordt onmiddellijk verduidelijkt;
- het prettige overheerst duidelijk boven het onprettige.

Bij een langdurige situatie A is er een voortdurende onderprikkeling van mensen, wat leidt tot passiviteit ofwel hospitalisatie. Modern hersenonderzoek bij dementerenden duidt erop dat activering zeer belangrijk is ter voorkoming van een versnelde achteruitgang van de hersenen (Swaab, 2010).
Het zijn echter niet altijd de deelnemers of werkers die om structuur vragen. Soms doet de directie dat, zoals blijkt uit het volgende voorbeeld.

> **Teruggefloten**
> Marvella is activiteitenbegeleidster van dementerende ouderen. Ze is enthousiast over haar werk en steeds meer ervaren. Ze neemt regelmatig leuke initiatieven, die ze goed kan onderbouwen en die ook vaak goed 'landen' bij de bewoners. Collega's van andere locaties willen graag in contact komen met Marvella, om van haar te leren. Maar op een of andere manier krijgt de directie daar lucht van. Marvella krijgt vervolgens een brief waarin haar opgedragen wordt zich voortaan rustig te houden. De oudjes hebben vooral structuur nodig en Marvalla moet niet denken dat zij in haar eentje de wereld kan veranderen.

Bij punt B is de structuur van de activiteit ingewikkelder, maar de vaardigheden van de persoon zijn afdoende om de activiteit uit te voeren. Positie C is de positie waarbij wordt geappelleerd aan het uitbreiden van mogelijkheden. Of iemand de uitdaging aangaat, is van vele factoren afhankelijk. Als iemand de uitdaging aangaat, is zijn zelfstructurerend vermogen gegroeid en is er een nieuw optimum (positie D). Te veel structuur roept meestal behoefte aan uitdaging op. Te weinig structuur geeft behoefte aan houvast, of juist groei van mogelijkheden.

COGNITIEVE PROTHESEN
Voor sommige groepen mensen is het structurerend vermogen blijvend beperkt. Een aangepaste omgeving kan de negatieve effecten ervan verminderen. Men kan dan spreken van cognitieve prothesen: hulpmiddelen die de samenhang dusdanig benadrukken dat ook mensen met beperkte cognitieve vermogens haar kunnen ervaren (Rigter, 2008). Cognitieve prothesen zijn vaak gebaseerd op herhalen, inslijten, naast het waarneembaar maken van een abstracte categorie, zoals tijd. Picto's en verwijzers vallen hieronder (zie ook: paragraaf 7.8).

5.8 Behoeftenbasis

> *'Wanneer ge eenmaal vrij zult zijn van alle schijn, van alle hunkeren en begeren, zult ge u uit eigen aandrang bewegen, zonder zelfs te weten dat u beweegt' (Lao Tse in Maslow, 1972).*

Een appel heeft betrekking op de inhoud van een activiteit. Structuur heeft vooral betrekking op hoe moeilijk te begrijpen of uit te voeren een activiteit is. Samen bepalen ze of iets wel of geen uitdaging is. Iets kan inhoudelijk interessant maar geen uitdaging zijn, omdat het te eenvoudig of juist te complex is. Iets kan wat betreft complexiteit optimaal zijn, maar inhoudelijk oninteressant.

De derde poot van het arrangeren is het inspelen op iemands persoonlijke basis. Hierover gaat de behoeftenhiërarchie van Maslow (zie figuur 5.5). Maslow is een humanistisch psycholoog, die uitgaat van het positieve van mensen en hun streven naar zelfverwerkelijking. Elk mens wordt geboren met een bepaalde aanleg, het 'authentieke zelf'. Elk mens wil werkelijk worden wie hij in aanleg is. Maar voor hij hier aan toe komt, moeten eerst zijn basisbehoeften worden vervuld.

1. Fysiologische behoeften, zoals eten en drinken.
2. Veiligheidsbehoeften, zoals zekerheid, stabiliteit, bescherming, behoefte aan voorspelbaarheid, structuur en orde, vrijheid van angst en vrijheid van spanning en chaos. (We herkennen hier de behoefte aan structuur.)

3 Behoefte aan saamhorigheid en liefde, zoals hunkering naar hartelijke betrekkingen, erbij horen en verbondenheid met de ander.
4 Behoefte aan achting als basis voor zelfwaardering, zoals hunkering naar respect en waardering van anderen, wat tot uiting komt in de wens tot competentie, prestige, status en waardering van anderen voor prestaties.

Pas als deze basisbehoeften vervuld zijn, kan iemand toekomen aan die behoeften waarlangs hij zijn authentieke zelf kan verwerkelijken, de zogenaamde groeibehoeften.
5 Behoeften aan zelfverwerkelijking, zoals bevrediging van nieuwsgierigheid, hunkering naar kennis, hunkering naar schoonheid en behoefte aan zelfexpressie.

De behoeftenhiërarchie kan dus gezien worden als een piramide, waar bevrediging van de lagere behoeften steeds het fundament vormt voor hogere behoeften. De behoeftenhiërarchie van Maslow ziet er (van laag naar hoog) uit als in figuur 5.5.

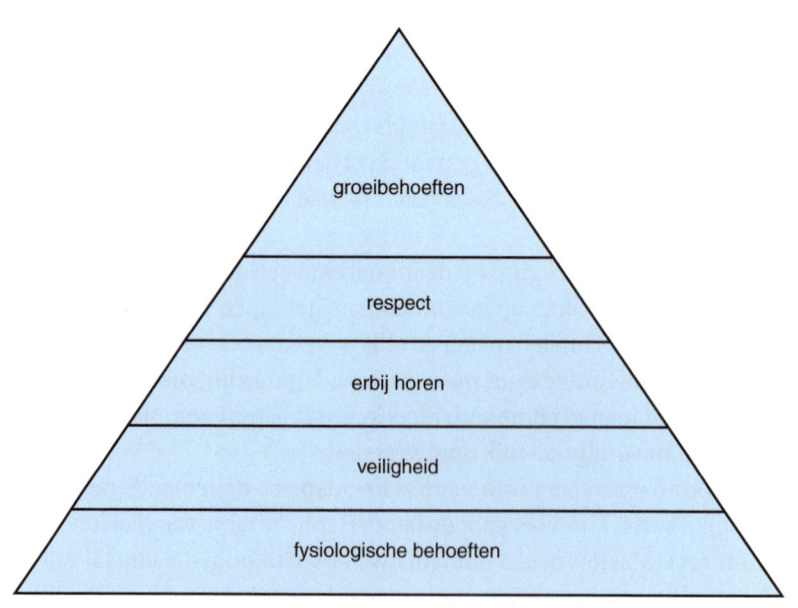

Figuur 5.5 *Piramide van Maslow (bron: eigen werk).*

In deze behoeftenhiërarchie vinden we een belangrijk instrument om aan te sluiten op de uitgangssituatie van de cliënt. Soms zal de positie in de piramide situatiebepaald zijn: nieuw zijn in een groep roept vaak behoefte aan veiligheid op ('Wat vinden ze van me?'). Maar soms zal de positie meer typerend zijn voor hoe iemand geworden is, in de loop der jaren. Zo zal iemand die vaak gekwetst is, moeite hebben met zichzelf te laten zien. En iemand met een pestverleden zal gevoelig zijn voor signalen of hij er wel of niet bij hoort. In feite wordt door de positie op de piramide bepaald of iemand zich daadwerkelijk kan openstellen voor een ervaring, dan wel dat zijn aandacht uitgaat naar een van de basisbehoeften.

Soms kan er uitdrukkelijk voor gekozen worden om activiteiten in te zetten om te werken aan de basisbehoeften. In andere gevallen zit de hantering van de persoonlijke basis vooral in de manier van begeleiden van een activiteit.

Zelfbeeld

Nabila heeft weerstand tegen dans. Ze werd in het verleden vaak uitgelachen om haar forse postuur. Haar weerstand wordt kort besproken, waarbij ze herkenning vindt bij enkele anderen. Dan krijgt ze de gelegenheid om de eerste keer rustig te kijken. Ze ziet hoe ook anderen worstelen met hun zelfbeeld. Maar vooral ook: hoe haar medegroepsgenoten respectvol omgaan met elkaar. Een week later zegt Nabila genoeg veiligheid te voelen om ervoor te gaan. Het zal lastig worden, maar ze gaat zich openstellen!

5.9 Doelgerichte hantering van appels, structuren en persoonlijke basis

Een belangrijk criterium voor het slagen van het vrijplaatsarrangement is: betrokkenheid en aandacht. Naarmate een vrijplaatsarrangement een intensieve betrokkenheid oplevert, is de kans op een impactvolle ervaring groter (zie figuur 5.6).

Via een afstemming van appels (materiaalgebonden) op de appelwaarden (persoonsgebonden), kunnen bepaalde gedragsneigingen worden uitgelokt, die tegelijkertijd doelgericht en intrinsiek gemotiveerd zijn. Door dit te doen, wordt de kans op een betrokken beleving vergroot. De andere twee elementen integrerend, kunnen de basiselementen van arrangeren worden samengevat als in figuur 5.7.

Toelichting:
- *Appelhantering*. Dit is het configureren van drie elementen: materiaal- of activiteitenappels, appelwaarden en agogische doelen. Ofwel: het verbinden van mogelijkheden van materialen en activiteiten, met neigingen van mensen en relevante agogische doelstellin-

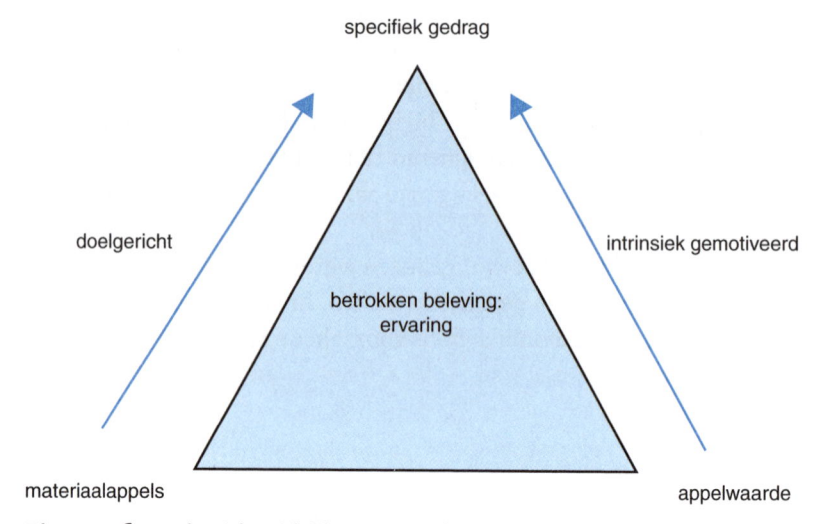

Figuur 5.6 Doelgericht uitlokken van een betrokken ervaring.

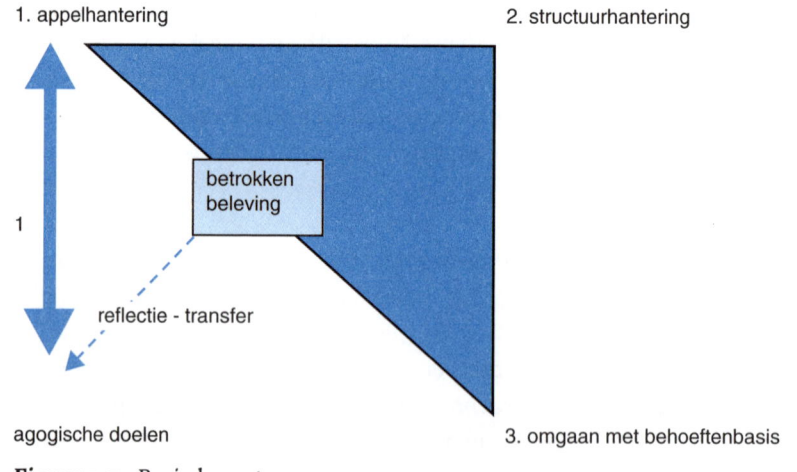

Figuur 5.7 Basiselementen van arrangeren.

gen. Dit wordt ook wel de inhoud van de activiteit genoemd: wat ga je doen?
– Structuurhantering. Afstemming van de moeilijkheidsgraad op het zelfstructurerend vermogen van de deelnemer(s): hoe groot is de uitdaging in verhouding tot de vermogens?
– *Afstemming op behoeftenbasis van de deelnemers*. Afstemming van de begeleiding van de activiteit op de plaats in de behoeftenhiërarchie. Hoe de activiteit te begeleiden, zodanig dat de aandacht voor de basisbehoeften minder invloed heeft en mensen zich meer kunnen openstellen voor de ervaring?

5.10 Analyse van het voorbeeld

In het voorbeeld 'Steeds positiever' aan het begin van dit hoofdstuk, kwamen onder andere de volgende elementen terug.
- *Hantering van appels.* Wat betreft hantering van appels is het belangrijk dat er niet te veel gepraat wordt maar meteen gehandeld. Ook humor is belangrijk. Dit sluit aan bij de belevingswereld van de jongeren. Ook de inhoud van de activiteiten (zoals rappen, een beat maken, filmen, decor bouwen) sluit blijkbaar bij deze jongeren aan. Het sluit aan bij belangrijke sociaal-culturele waarden van deze jongeren. Wellicht is het ook belangrijk dat de agogen vier aantrekkelijke jonge vrouwen zijn die er volledig voor gaan. Een belangrijk aspect voor het slagen van het project is daarnaast: er komt een tastbaar en concreet product, dat ook nog eens via internet de wereld in gestuurd wordt. Er is een podium waar alle mensen die ze kennen, het gewoon kunnen gaan zien. Echt iets om trots op te zijn.
- *Hantering van structuren.* Vermeden wordt dat de relatie tussen werkers en jongeren bepaald wordt door machtstrijd. In plaats daarvan hanteert men duidelijke eisen en sancties. Er wordt duidelijk en concreet uitgedaagd, met een haalbaar doel en tijdpad. Er is ook aandacht voor vaardigheidsvergroting. Op alle onderdelen van het project is er de mogelijkheid te leren en te experimenteren. Ook is het ontbreken van een concreet SMART-doel erg helpend voor alle betrokkenen. Tevens is het creëren van onderlinge betrokkenheid belangrijk.
- *Omgaan met behoeftenbasis.* Er wordt veel geïnvesteerd door de agogen. Ze zijn volledig en enthousiast aanwezig. Er wordt ook zo veel mogelijk vanuit de eigen wensen en verantwoordelijkheden van de jongeren gewerkt. Zij stellen mede de eisen aan het product. Complimenteren wordt belangrijk gevonden door de agogen. De jongeren leren om te gaan met complimenten, mits ze oprecht zijn. Uiteindelijk gaan ze elkaar ook complimenteren, waardoor er een steeds positievere en open sfeer ontstaat. Misschien is het allerbelangrijkste in dit kader wel: het voortdurend tonen en vragen van respect voor elkaar.

5.11 Onderzoekers over het hanteren van de vrijplaats

Het is opmerkelijk hoe de bevindingen van de agogen in het voorgaande voorbeeld aansluiten bij recente onderzoeksbevindingen. Zo was Maike Kooijmans projectleider van het onderzoek 'Battle zonder knokken'. Daarbij is onderzoek gedaan 'naar projecten in het land waarbij uitgegaan is van de talenten en potenties van risicojongeren'. Het gemeenschappelijke aan deze projecten is dat jongeren worden uitgedaagd hun talent te ontwikkelen, zodat zij succeservaringen kunnen opdoen. Bij de meeste van deze dertien projecten staan kunstzinnige, sportieve en spelmatige media centraal. Het moge duidelijk zijn dat talentontwikkeling bij risicojongeren vooral ook een middel is om crimineel en overlastgevend gedrag te bestrijden. Of, wat positiever geformuleerd, om kansarmen nieuwe perspectieven te geven.

Kooijmans doet in diverse publicaties verslag van de succesfactoren van dergelijke projecten. Hierbij zijn de flow en vrijplaats centrale begrippen (Kooijmans, 2011). Zij onderscheidt vier dimesies waarop agogen invloed kunnen uitoefenen en die bepalend zijn gebleken voor het al dan niet succesvol zijn van de projecten.

- *Motivatie (willen)*. Agogische acties gericht op het versterken van de intrinsieke motivatie van jongeren om het doel te bereiken.
- *Discipline (moeten)*. Agogische acties gericht op afspraken, regels en structuren; deze dienen als randvoorwaarden.
- *Vaardigheden (kunnen)*. Agogische acties gericht op het projectdoel.
- *Feedback (krijgen)*. Agogische acties gericht op wat jongeren ontvangen als resultaat van hun handelen (zoals complimenten, applaus en een goed gevoel).

MOTIVATIE

Motivatie is het startpunt van deelname aan een project. Hierbij is het belangrijk dat inhoud (appels) en niveau (structuur) aansluiten op de belevingswereld en trends van jongeren. Hierbij passen ervaring en contact met de doelgroep en - aansluitend - kennis van de belangrijke elementen van jongerenculturen, zoals taal, activiteiten en normen, om de juiste appels te kunnen hanteren. Wat betreft niveau moet de activiteit in verhouding staan tot de vaardigheden die jongeren kunnen ontwikkelen, maar zeker niet te laag gegrepen zijn. 'Uit veldonderzoek blijkt dat jongeren beter te motiveren zijn als het doel niet al te gemakkelijk te halen is, enige inspanning vraagt, maar na redelijk korte tijd tot succes leidt' (Kooijmans, 2011, p. 64). Overigens kan het prima werken om bijvoorbeeld prijzen als extrinsieke motivator in te zetten. Bij deelname blijkt de motivatie te kunnen omslaan naar een intrinsieke.

Het aanzien dat jongeren kunnen verwerven door deelname aan een project, is belangrijk. Ook kan het perspectief zelf ooit iets te kunnen gaan betekenen voor jongeren, bijvoorbeeld in de begeleiding bij ontwikkeling van talent, erg motiverend werken. Ook rolmodellen kunnen belangrijk zijn. Iemand als Ali B is goud voor bepaalde jongerenwerkers. Een belangrijke slaagfactor (…) is het creëren van de zogenoemde sociaal-culturele vrijplaatsen, aldus Kooijmans (2011, p. 65).

> ### Vrijplaats voor (risico)jongeren
> Ook Ingrid Hamels deed onderzoek binnen het kader van 'Battle zonder knokken' (Hamels, 2007). Zij komt in haar onderzoeksrapport tot de volgende kenmerken van een goede vrijplaats voor (risico)jongeren.
> - In de vrijplaats voelt de jongere dat hij deugt en geaccepteerd wordt.
> - Ongewenst gedrag wordt niet meteen afgekeurd.
> - De jongere kan zich vrij bewegen en experimenteren met gedrag.
> - Er is ruimte voor eigen initiatieven en ideeën.
> - Het is voor de jongere een vrije en vertrouwde plaats en hij voelt zich er thuis.
> - De talenten van de jongere worden erkend door agoog en projectleden en daarvoor wordt hij gewaardeerd.
> - Projectgenoten zijn zich bewust van elkaars talenten en kunnen.
> - De agoog vertoont geen autoritair gedrag. Hij stelt de jongere voor keuzes en/of benoemt de consequenties ervan.
> - De agoog neemt de jongere serieus en is te allen tijde geïnteresseerd in zijn bezigheden.
>
> Het effect van de vrijplaats is dat de jongere een innerlijke rust krijgt en niet het gevoel heeft dat er constant iemand op hem let. Hij voelt zich kalm en vanuit die kalmte begint hij weer enthousiast te worden en krijgt hij weer de motivatie om nieuwe dingen aan te pakken. Kortom, de vrijplaats heeft een positieve invloed op de jongere. Vanuit die plaats kan hij alleen maar groeien (Hamels, 2007, p. 61).

DISCIPLINE
Deelname aan projecten als in voorgaand voorbeeld is vaak vrijwillig. Professionals geven aan dat, om ze niet vrijblijvend te laten zijn, het het meest effectief is als de regels en consequenties ervan in samenspraak met de jongeren worden opgesteld. Uiteindelijk moeten er ook afspraken worden gemaakt over wanneer de deelname aan het project

stopt. Opmerkelijk is ook dat het moeten leveren van inspanning een disciplinerend effect heeft. Het ervoor moeten gaan, knokken en daardoor iets bereiken, geeft een groot gevoel van voldoening. Begeleiding is bij dit aspect wel belangrijk: zeker in moeilijke momenten en bij dreigende terugval in oud gedrag, is het belangrijk dat iemand hen aanspreekt, stimuleert en afspraken maakt. Overigens gaat er van het medium zelf ook soms een disciplinerende werking uit. Bij sommige gevechtssporten is fysieke en mentale discipline een wezenlijk onderdeel.

VAARDIGHEDEN

Cruciaal is ook het kunnen ontwikkelen van vaardigheden in de gekozen kunst-, spel- of sportvorm. Voor agogen is het de kunst om hiertoe de benodigde voorwaarden te scheppen, in de vorm van bijvoorbeeld het faciliteren van ruimten, instrumenten en een trainer. Daarnaast kan het een taak zijn van de talentcoach om de jongere te begeleiden in algemene vaardigheden om zich te kunnen ontwikkelen. Belangrijke vaardigheden hierbij zijn onder andere samenwerken, impulscontrole, omgaan met feedback, volgen, reflectie op eigen gedrag, overwinnen van faalangst, krijgen van zelfvertrouwen en problemen bespreekbaar maken.

FEEDBACK

Csikszentmihalyi noemt het in zijn flow-theorie interne feedback als belangrijke motivator (zoals 'Ik kan het', of: 'Het gaat lukken'). Hier heeft een agoog geen invloed op. Een agoog heeft wel invloed op de externe feedback: reacties van buitenaf (zoals complimenten of een beloning). Wat betreft bijvoorbeeld het geven van feedback op vorderingen in vaardigheden: een trainer of coach kan wel feedback geven op kwaliteiten van handelen (zoals 'Hoe klinkt deze tekst in de beat?', 'Lukt het me om deze passen in het goede ritme te doen?', of: 'Heb je je aan je afspraken gehouden?'). Het goed doseren van deze feedback is een belangrijk onderdeel van het geheel. Kooijmans benadrukt daarom dat het voor jongeren met een negatief zelfbeeld en weinig zelfvertrouwen belangrijk is om voortdurend positieve resultaten terug te koppelen en complimenten te geven.

Een professional spreekt hierbij van de ABC-methode (Aandacht, Belangstelling, Contact): 'Als jongeren in de fout gaan, ben ik vooral geïnteresseerd in het waarom achter het gedrag en probeer weer in te steken en uit te dagen op behoeften en drijfveren. Straffen is soms nodig, maar het is de kunst de jongere niet af te wijzen, hem toch steeds erbij te blijven betrekken. Afkeuren van gedrag hoeft nog niet tot gevolg te hebben dat je de jongere afwijst' (Hamels, 2007). Het kan heel gunstig zijn rust- en reflectiemomenten in te bouwen. Ook is het belangrijk successen te vieren: de oogst. Het liefst met een feestje met voor de jongere belangrijke mensen, binnen en buiten het project.

> Op de website vind je aanvullend materiaal over de in dit hoofdstuk behandelde onderwerpen.

Samenvatting
- Arrangeren is het tot stand brengen van een situatie of activiteit om specifieke ervaringen uit te lokken, die mogelijk leiden tot betekenisvernieuwing. Bij een goed arrangement gaan de intrinsieke waarde (lol) en instrumentele waarde (nut) van een activiteit samen, iets wat ook in de 'fun theory' centraal staat.
- Appels zijn de uitlokkende kwaliteiten van materialen en activiteiten. De appelwaarde is persoonlijk: wat lokt een materiaal of activiteit uit bij iemand? Appels kunnen worden onderscheiden in hun werking op zintuigen, hoofd, hart, handen, samenwerking en intuïtie. In eenzelfde activiteit kunnen verschillende appels samengaan.
- Naast het hanteren van appels is het ook van belang rekening te houden met de afstemming van de activiteit op het vermogen tot structurering. Er worden vijf soorten structuur onderscheiden: waarnemingsstructuur, cognitieve structuur, sociale structuur, handelingsstructuur en normatieve structuur. Te veel structuur kan leiden tot apathie, te weinig tot stress. Net iets te weinig structuur kan een prikkel zijn tot ontwikkeling. Via cognitieve prothesen kan structuur worden benadrukt.
- De behoeftenhiërarchie van Maslow is van belang bij het arrangeren. De positie in de piramide bepaalt of mensen openstaan voor ervaringen, dan wel gericht zijn op het ontvangen van bevestiging in een van de 'tekortbehoeften'.
- Arrangeren is de doelgerichte hantering van appels, structuren en de behoeftenbasis. Via een afstemming van appels (materiaalgebonden) op de appelwaarden (persoonsgebonden), kunnen bepaalde gedragsneigingen worden uitgelokt, die tegelijkertijd doelgericht en intrinsiek gemotiveerd zijn. Door dit te doen, wordt de kans vergroot op een betrokken beleving en daarmee op een vernieuwende ervaring.
- In onderzoek op het gebied van vrijplaatsarrangementen bij talentcoaching bij risicojongeren, worden vier dimensies onderscheiden

waarop agogen hun invloed ten positieve kunnen aanwenden: motivatie (willen), discipline (moeten), vaardigheden (kunnen) en feedback (krijgen). In het onderzoek 'Battle zonder knokken' worden de uitgangspunten van dit hoofdstuk genuanceerd, geconcretiseerd en onderbouwd.

6 Vernieuwing van betekenis: creatieve processen en ervaringsleren

Ik hoor en ik vergeet
Ik zie en ik onthoud
Ik doe en ik begrijp
(Confucius)

6.1 Inleiding

Het referentiekader bestaat uit de in een persoon aanwezige kennis, inzichten, vaardigheden, normen, waarden, gevoelsassociaties en herinneringsbeelden van de werkelijkheid. Het is de basis van waaruit betekenis wordt verleend. Hedendaagse opvattingen zoals het sociaal constructivisme, benadrukken de actieve rol van interactie tussenmensen bij het tot stand brengen van dit referentiekader. Betekenis is contextgebonden: de (re)constructie ervan vindt plaats in voortdurende interactie met mensen in een bepaalde context, bijvoorbeeld de eigen leefomgeving.
Vernieuwing van het referentiekader is een mogelijk hulpverleningsdoel. Ook deze vernieuwing is het resultaat van een (re)constructie door de cliënt, in dialoog met anderen (zoals de agoog). In dit creatieve proces van vernieuwing kunnen fasen worden onderscheiden. Dat is het eerste thema van dit hoofdstuk. Paragraaf 6.2 gaat eerst in op te onderscheiden fasen in creatieve processen in het algemeen. Paragraaf 6.3 en 6.4 bespreken een sociaalconstructivistische visie op ontstaan en vernieuwing van referenties. In paragraaf 6.5 wordt specifiek ingegaan op de fasering van het creatieve proces van vernieuwing van referenties. Paragraaf 6.6 beschrijft ervaringsleren als bijzondere ingang voor het uitlokken en begeleiden van (bouwstenen van) het creatieve proces van betekenisvernieuwing. Ervaringsleren wordt hierbij afgezet tegen theoretisch leren. Tot slot wordt het ervaringsleermodel van Kolb besproken. Hierin worden vier ervaringsleerfasen onderscheiden: ervaren, terugkijken, doordenken en beslissen. Het basismodel

van Kolb werd later onder anderen door Korthagen bewerkt (zie o.a. Geenen, 2010).

6.2 Creatief proces: op weg naar iets nieuws

Een nieuwe en waardevolle uitvinding, zoals de mp3-speler, is een creatief product. De stappen die gezet worden om tot een dergelijk product te komen, vormen een creatief proces. Deze paragraaf concentreert zich echter niet op dit soort innovaties, maar op eenvoudige creatieve producten die mensen elke dag opnieuw tot stand brengen, zoals het opnieuw inrichten van een kamer naar eigen smaak of het maken van een nieuw gerecht. Het product is hier nieuw en waardevol voor de schepper zelf en zijn directe sociale omgeving. De processen waarlangs dergelijke producten tot stand komen, zijn te vatten in een aantal fasen, die zich meestal in een bepaalde volgorde voltrekken.

Kamerinrichting

Teruggekomen van een heerlijke vakantie is Cees plotseling heel ontevreden met zijn huidige kamerinrichting. Hij ziet sombere kleuren en een smoezelige vloer; tja, zo'n wit kleed is ook lastig schoon te houden. Hij wil per se een nieuwe inrichting en hij heeft er nu ook het geld voor. Hij weet alleen nog niet precies hoe hij het wil. Na een tijdje heeft hij bepaald welke meubels en gordijnen hij gaat kopen. Maar hij komt er maar niet uit wat hij op de vloer gaat leggen. Hij gaat bij diverse mensen in het flatgebouw op bezoek, met het doel een aantal mogelijkheden te bekijken. Ze hebben allemaal hun voor- en nadelen. Hij wil het tapijt gemakkelijk kunnen schoonmaken, maar het moet ook zacht genoeg zijn voor Cees om op de vloer te kunnen liggen. Ook moet het betaalbaar zijn. Hij heeft van alles bekeken, maar komt er nog niet uit. De druk wordt nu wel wat hoger, want volgende week worden de meubels geleverd. Hij dubt, wikt en weegt, tot hij er hoofdpijn van krijgt. Hij voelt zich echt beroerd door dit keuzeprobleem.
Zijn begeleider stelt voor om toch naar de verjaardag te gaan, waarover hij twijfelt: 'Even wat anders, Cees!' Cees gaat met lichte tegenzin. Hij wil nadenken over zijn vloer. De jarige heeft een paar dekens op de grond gelegd, want er zijn te weinig stoelen en de stenen vloer is wat te koud. Yes, denkt Cees, dat is het! Ik ga zeil op de vloer leggen en koop er een paar zachte schapenvachten bij. Hij bespreekt het idee meteen met een van de gasten. Die is erg enthousiast: 'Ja, slim!' De volgende dag gaat hij op zoek naar

> zeil en schapenvachten en binnen drie uur heeft hij zijn keuzes
> gemaakt. Het is nog een heel werk, het inrichten, maar na twee
> weken schilderen, behangen en ploeteren is het zover. De kamer
> is klaar. Als vier medebewoners op de 'kamerwarming' komen,
> zijn de oh's en ah's niet van de lucht.

In dit voorbeeld is een aantal stappen herkenbaar die wel vaker onderscheiden kunnen worden in de weg waarlangs mensen tot een nieuw en waardevol product komen:
- motivatie;
- divergentie;
- frustratie en incubatie (eventueel);
- convergentie;
- realisatie.

MOTIVATIE

Er is een drijfveer om iets nieuws te vinden. Dit wordt ook wel de 'vonk' genoemd. Soms kan het zich bewust worden van een wens of onvrede de aanzet tot een creatief proces zijn. Een verslaafde roker die nog nauwelijks lucht binnenkrijgt, kan plotsklaps de noodzaak voelen wat aan zijn slechte gewoonte te doen. Zo'n vonk kan ook positief zijn: er is het zich bewust zijn van een wens of verlangen naar iets nieuws. In voorgaand voorbeeld wordt Cees zich na een vakantie bewust van zijn onvrede met de huidige kamerinrichting. Hij wil per se een nieuwe inrichting.

DIVERGENTIE

Divergentie is de fase van het genereren van alternatieven. Divergeren betekent: uiteenwijken. Beginnend vanuit een punt worden verschillende mogelijkheden geïnventariseerd. Divergentie wordt wel weergegeven als in figuur 6.1. In het voorbeeld heeft Cees diverse vloeren bekeken: hout, laminaat, kurk, enzovoort. Ze hebben alle hun voor- en nadelen.

FRUSTRATIE EN INCUBATIE

Menig creatief proces kent een frustratiefase: de fase waarin je vastloopt. Je weet het niet en het lijkt alsof er geen goede uitweg is. Deze fase klinkt als: 'Grr ... mmm ...' In het voorbeeld: de stijgende druk maakt dat Cees hoofdpijn krijgt van al het wikken en wegen. Hij voelt zich echt beroerd door het keuzeprobleem. Deze frustratie kan soms

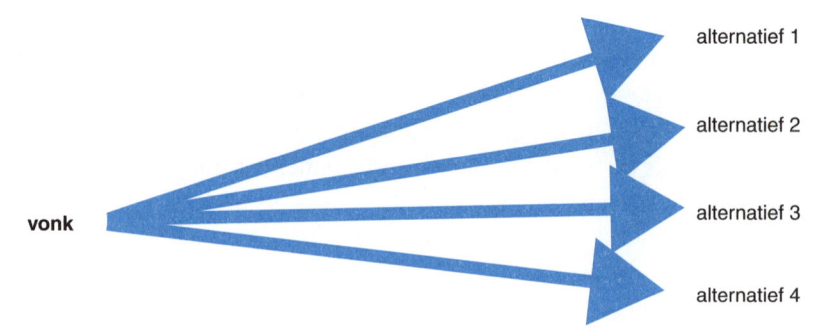

Figuur 6.1 *Divergentie: van vonk naar alternatieven.*

hoog oplopen en dwingt de 'schepper' dan wel tot afstand nemen. De spanning kan niet langer worden volgehouden. Dit afstand nemen luidt de fase van *incubatie* in. Hierdoor krijgt het probleem als het ware rust. Vreemd genoeg gaan de hersenen op een ander niveau dan het bewustzijnsniveau door met het vinden van oplossingen en kunnen het probleem en de uitgedachte mogelijkheden 'rijpen'. Door er niet mee bezig te gaan, wordt het probleem als het ware verruimd. In het voorbeeld vormt het naar een feestje gaan de inleiding van de incubatiefase.

CONVERGENTIE

Convergeren is het tegenovergestelde van divergeren. Dit proces is erop gericht van vele mogelijkheden te komen tot die ene mogelijkheid die uiteindelijk wordt uitgewerkt en gerealiseerd. In het gunstigste geval begint de convergentiefase met een aha-erlebnis ofwel eurekamoment, een bijzonder moment. Het is een moment van helder inzicht, waarin de schepper plotseling de kern van de oplossing ziet, waar hij tijden naar op zoek is geweest. (Yes, denkt Cees in het voorbeeld, dat is het! Ik ga zeil op de vloer leggen en koop er een paar zachte schapenvachten bij.) Maar zo'n moment komt niet altijd. Dan is het vooral een zaak van kiezen en/of combineren tot dat ene alternatief gerealiseerd gaat worden, wat soms een moeizaam proces is.

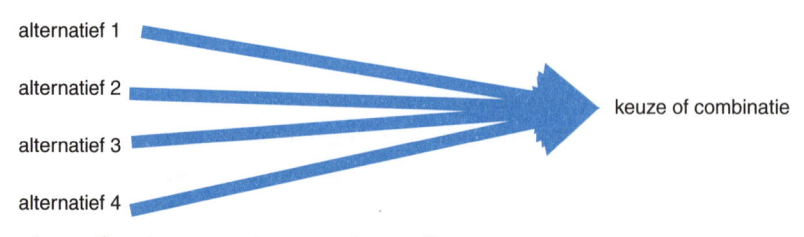

Figuur 6.2 *Convergentie: van veel naar één.*

REALISATIE

De realisatiefase is de fase van de noeste arbeid. Wat bedacht is, wordt gerealiseerd. In het voorbeeld aan het begin van dit hoofdstuk is dit herkenbaar als Cees de spullen haalt en aan de slag gaat.

In het voorbeeld is sprake van *scheppende creativiteit*. Er wordt iets vormgegeven wat nieuw en waardevol is. Het product is nieuw en waardevol voor de schepper zelf. Eenzelfde fasering kan worden aangebracht bij het vinden van nieuwe oplossingen voor problemen: probleemoplossende creativiteit. Speciale aandacht vereist de situatie waarin een veranderd referentiekader het 'resultaat' is van creativiteit. Hoe komen mensen tot nieuwe betekenisverlening?

6.3 Referentiekader: een sociaalconstructivistische visie

Het referentiekader bestaat uit de in een persoon aanwezige kennis, inzichten, vaardigheden, gevoelsassociaties en herinneringsbeelden van de werkelijkheid. Hierbij speelt uiteraard ook de genetische aanleg een grote rol. Het referentiekader is het resultaat van een wisselwerking tussen genetische aanleg en gebeurtenissen in het verleden. Het is de interne uitgangspositie waarmee betekenis gegeven wordt aan de werkelijkheid. Het referentiekader is een stabilisator van betekenisverlening. Vanuit hier wordt betekenis gegeven aan verleden, heden en toekomst. Er is in opgeslagen welke voorkeuren we hebben, wie we zijn en willen zijn, wat ons zelfbeeld is, hoe onze neiging tot handelen is, enzovoort. Kortom, het referentiekader is een soort basis voor onze identiteit.

BETEKENISVERLENING

Het referentiekader is geen objectieve, passief opgeslagen weergave van herinneringen. Het referentiekader en de erin opgeslagen herinneringen zijn subjectieve en actieve (re)constructies van opgedane ervaringen. De feitelijke gebeurtenissen worden als subjectieve herinnering ervaren en opgeslagen. Hierbij is de invloed van belangrijke anderen groot.

Verschil

Tjits valt op haar knie. Moeder is heel bezorgd en begint bijna zelf te huilen, als reactie op het hartverscheurende gejank van Tjits. Het voetbal wordt stilgelegd en de knie van Tjits uitbundig verbonden.

> Dan valt Tjats op zijn knie. Vader pakt hem op en geeft na twee minuten een kusje op de bloedende knie. Even deppen met een zakdoek en dan gaan Tjats en vader weer door met voetballen.

Het referentiekader is het resultaat van coconstructie. Betekenissen worden niet individueel maar samen met betekenisvolle anderen geconstrueerd. Ouders en andere naasten zijn zeer bepalend voor hoe wij de werkelijkheid interpreteren en naar onszelf leren kijken.

Het referentiekader is niet gemakkelijk te veranderen. Het wordt voortdurend door onze culturele omgeving bevestigd. We zijn er tevens aan gehecht, want verandering betekent verwarring en onzekerheid over wie men is. Waar mogelijk zullen we eerder assimileren dan accommoderen. Het referentiekader is ook bepalend voor de selectie van waarnemingen. Je ziet vaak vooral wat je al kent. Als iemand bijvoorbeeld een negatief zelfwaardegevoel heeft, zal hij de neiging hebben om informatie te selecteren die dit zelfbeeld bevestigt. Wat emotioneel gezien belangrijk is, zal eerder in het bewustzijn komen dan wat emotioneel gezien oninteressant is. Zo hebben mishandelde kinderen vaak een grote sensitiviteit ontwikkeld voor signalen van dreigend gevaar.

Trauma
Tjits heeft traumatische ervaringen opgedaan met mensen in witte jassen. Op tweejarige leeftijd was een spoedoperatie noodzakelijk en voorbereiding was niet mogelijk. Met flinke dwang werd ze onder narcose gebracht. Nu, jaren later, is Tjits nog altijd panisch voor alles wat met dokters te maken heeft. Tjats vindt dokters juist wel leuk. Die doen altijd zo grappig! Een dokter imiteren geeft de grootste lol. Soms tot groot verdriet van Tjits.

Expliciete informatie is informatie die aanwezig is in de hersenen en die iemand ook kan benoemen (bijvoorbeeld: 'Ik weet dit', of: 'Ik voel dat'). Feiten, concrete gebeurtenissen, expliciet verwoorde waarden en normen: het is allemaal expliciete informatie. Het referentiekader bestaat echter grotendeels uit *impliciete* informatie. Dat is informatie die wel aanwezig is in de hersenen, maar waar iemand niet altijd volledig weet van heeft. Het is er wel, maar men benoemt het nooit. Dit komt misschien doordat iets zo vanzelfsprekend is, dat het niet meer bewust wordt waargenomen. Zoals een vis het water waarin hij zwemt, niet waarneemt.

De ontmoeting met andere, afwijkende referenties is een belangrijke manier waarop we ons impliciete referentiekader kunnen leren kennen. Iets wordt zichtbaar door een contrast en daardoor benoembaar. Als een kind bijvoorbeeld niet weet dat sommige ouders aardig zijn, zal het het volkomen vanzelfsprekend vinden dat zijn ouders hem mishandelen.

Iemands referenties bestaan uit beide vormen van informatie. Explicitering van impliciete referenties geeft de mogelijkheid om te overwegen er verandering in te brengen. Bewustwording is de eerste stap tot vernieuwing. Paragraaf 6.5 gaat hier op door, onder het kopje 'Motivatie' (voor verdere verdieping zie ook paragraaf 8.5).

6.4 Vernieuwing van betekenisverlening

We kunnen drie soorten van nieuwe betekenisverlening onderscheiden.
- actualisering van latent geworden referenties;
- uitbreiding van het referentiekader;
- herziening van inadequate aspecten van het referentiekader.

LATENTE REFERENTIES ACTUALISEREN

Mogelijkheden die men niet benut, hebben de neiging naar de achtergrond te verdwijnen. Een muzikant die zijn trompet in de kast heeft gezet, kan mogelijk vergeten zijn hoeveel plezier muziek maken hem gaf. Muziek maken zit in zijn referenties, maar is latent geworden. Mensen kunnen 'oude' gewoonten en mogelijkheden en het plezier dat ze erin hadden, echt vergeten zijn. Het kan helpend zijn eraan herinnerd te worden.

REFERENTIEKADER UITBREIDEN

Als mensen iets leren wat ze nog niet kennen of leren waarderen wat ze niet waardeerden, is er sprake van uitbreiding van het referentiekader. Men leert iets nieuws. Vernieuwing van betekenis vindt plaats via het bieden van ontwikkelingskansen van in aanleg aanwezige maar niet voldoende ontwikkelde cognitieve, motorische en affectieve schema's.

REFERENTIEKADER HERZIEN

De moeilijkste vorm van vernieuwing van betekenismogelijkheden is het herzien ervan. Oude en momenteel inadequate aspecten van het referentiekader dienen te worden achtergelaten ten gunste van nieuwe en meer adequate aspecten. De persoon moet niet alleen iets nieuws leren, maar vooral iets ouds afleren. Dat is vaak een lastig proces. Het referentiekader zal door de persoon zelf niet gemakkelijk als goed of fout kunnen worden omschreven: het is gewoon zoals het is. Het enige wat mogelijk is, is het kader van denken en voorstellen te verruimen. Pas als er een alternatief is, kan het afbreken van de oude gewoonten beginnen. Naarmate dit alternatief meer doorleefd is, is er meer kans van slagen.

6.5 Creatief proces als vernieuwing van betekenisverlening

> **Stap voor stap**
>
> Tanja is eerstejaars stagiaire. Tijdens haar stage krijgt zij veel commentaar op haar functioneren. Haar presentatie is slordig, ze neemt weinig initiatief en wekt veel irritatie op bij bewoners en teamleden. Ook heeft ze steeds de neiging om de schuld van dit alles bij anderen te leggen. Ze schrikt van haar onvoldoende. In eerste instantie is ze vooral kwaad op de anderen: 'Wat denken ze wel niet? Ze geven me geen kans.' Haar stagebegeleider laat haar uitrazen en merkt op dat ook op school vergelijkbare problemen

hebben gespeeld. 'Wat zegt dit over jou?' Tanja bestempelt deze opmerking als 'gelul'. Twee weken na de stage wordt tijdens een dramales gevraagd om een situatie uit de stage na te spelen. De medestudenten kijken naar Tanja, alsof ze zeggen: 'Dit is je kans.' Zij kan er niet meer omheen en brengt een tafelsituatie in die representatief is voor haar stage. Tanja is erg afwachtend in haar rol en al snel wordt zij in het spel genegeerd door haar medespelers. Als zij na het spelen van de situatie dezelfde feedback krijgt als van haar stagebegeleider, schrikt ze. Ze barst in huilen uit: het kwartje is gevallen.

In de weken erna vraagt Tanja aan vrienden en medestudenten om feedback. Ze komt erachter dat ze bepaalde gewoonten ontwikkeld heeft die bij anderen niet in goede aarde vallen. In de nabespreking van haar socialisatieverslag dat ze drie weken later maakt, ontdekt Tanja een rode draad in haar leven: haar moeder regelt altijd alles voor haar. Ze is hieraan gewend geraakt en verwacht dit in haar huidige leven in feite nog steeds van anderen. Tanja maakt een plan om wat meer initiatieven te gaan nemen. Zij begint hiermee in het studentenhuis waar ze woont. Sommige initiatieven zijn wat ongelukkig gekozen en vallen niet goed, andere worden beter ontvangen. Stap voor stap ontdekt Tanja van alles over de mogelijkheden van haar nieuwe houding. Ze heeft heel wat nachtjes geslapen en heel wat geëxperimenteerd voor de 'kwartjes' daadwerkelijk vallen. Langzamerhand dringt tot haar door dat zij zinvolle alternatieven heeft voor een aantal gedragingen. In overleg met haar begeleider maakt ze een plan over hoe ze het komende jaar aan een aantal leerdoelen kan werken. Hierbij loopt ze in het begin nogal hard van stapel en komt ze tot de ontdekking dat ze geduld met zichzelf moet hebben.

De (re)constructie van nieuwe betekenissen via het actualiseren, uitbreiden of herzien van het eigen referentiekader is een creatief proces. Dit creatieve proces bestaat uit het samen met anderen op zoek gaan, vinden, waarderen en integreren van nieuwe betekenismogelijkheden. Deze paragraaf past de elementen van een creatief proces (zie paragraaf 6.2) toe op vernieuwing van referenties, zij het dat hier vier fasen worden onderscheiden:
– motivatie: de vonk die het creatieve proces in gang zet;
– divergentie: verkennen en experimenteren (op zoek gaan);
– convergentie: bewerking (oefenen, inslijten);
– realisatie (integratie en transfer).

MOTIVATIE

Voorwaarde voor een creatief proces is dat er sprake is van een drijfveer om iets nieuws tot stand te brengen. Het is de fase waarin iemand zich bewust wordt van een wens of noodzaak om tot een vernieuwing te komen. Wens en noodzaak zijn twee verschillende drijfveren tot het aangaan van een vernieuwingsproces, die elkaar kunnen aanvullen. Zich bewust worden van een niet-optimale situatie kan leiden tot creatieve processen. Bewustwording van gevoelens kan hierbij een doorslaggevende rol spelen. Bijvoorbeeld: iemand wordt zich bewust van zijn ingehouden kwaadheid na afloop van een conflict, waarbij hij zich heeft aangepast aan de ander. Dit kan een verlangen in gang zetten om in de toekomst anders met conflicten om te gaan. In voorgaand voorbeeld is dit proces van bewustwording duidelijk herkenbaar. Door haar problemen op haar stage, de onvoldoende en de voortdurende kritiek van anderen, kan Tanja er op een gegeven moment niet meer omheen: zij heeft een probleem. De bewustwording is de start van een creatief proces, waarvoor zij zonder dit probleem niet gemotiveerd zou zijn. Ook noodzaak kan leiden tot motivatie tot verandering. Iemand loopt tegen een probleem of noodzaak tot vormgeving aan. Hij heeft hiervoor geen standaardoplossing beschikbaar. Voorwaarde om tot een vonk te komen is: acceptatie van het probleem als een te overwinnen uitdaging. In het voorbeeld is hiervan sprake als Tanja in huilen uitbarst na de feedback op haar rol in de dramales: het kwartje is gevallen. Een probleem kan dus gezien worden als een kans om creatieve processen aan te gaan. Overigens kan het vinden van de motivatie tot verandering een creatief proces op zichzelf zijn (zie o.a. de theorie-U in paragraaf 4.7).

DIVERGENTIE

Na de vonk komt iemand in beweging en gaat hij het avontuur aan. In deze fase worden vaststaande ordeningen en zekerheden (tijdelijk) losgelaten ten gunste van een openheid voor het onzekere, onvoorspelbare en nog onbekende. Iemand met een creatieve houding zal verder gaan in zijn ontdekkingsreis, dan iemand die al snel terugkeert naar de vaste paden. Belangrijke aspecten van een creatieve houding in deze fase zijn: verwondering en nieuwsgierigheid, moed om het zekere (tijdelijk) in te ruilen voor het onzekere.

Twee facetten van dit divergentieproces zijn *verkenning* ofwel een zoektocht die kan leiden tot een nieuwe reconstructie van het referentiekader (waarbij oude referenties in een ander daglicht komen te staan), en *experimentatie* ofwel het uitproberen van nieuwe mogelijkheden. Verkenning in het voorbeeld is dat Tanja van alles over zichzelf ontdekt via onder meer de dramales, de feedback die ze krijgt van haar vrienden, en haar socialisatieverslag. Experimentatie is hier dat Tanja experimenteert met het nemen van initiatieven. Zij begint daarmee in het studentenhuis waar ze woont. Ze ontdekt van alles over de mogelijkheden van haar nieuwe houding.

CONVERGENTIE

In de bewerkingsfase staat de waardering van de ontdekkingen uit de vorige fase centraal. Sommige mogelijkheden worden verworpen als zijnde niet relevant; andere worden gezien als waardevolle mogelijkheden om mee verder te gaan. Ook kunnen mogelijkheden worden gecombineerd. Hierbij kan bewerking via bewuste selectie- en evaluatiemethoden gaan. Het is echter ook denkbaar dat de persoon het probleem even loslaat en afstand neemt. De persoon komt dan tot selectie via incubatie (er 'een nachtje over slapen'). Vanuit deze afstand is het denkbaar dat een persoon als vanzelf tot een relevante selectie komt. De meest sensationele vorm hiervan is natuurlijk de 'illuminatie': een moment van helder inzicht, waarbij plotseling alles op zijn plaats valt. Maar vooral staat in deze fase centraal: oefenen en inslijten. Pas door herhaalde toepassing wordt een nieuw gewenst patroon eigen gemaakt. Dit oefenen kan overigens ook in doen alsof-situaties (zoals drama). In het voorbeeld moet Tanja heel wat nachtjes slapen en experimenteren, voor de 'kwartjes' daadwerkelijk vallen.

REALISATIE

In deze fase worden de nieuwe mogelijkheden daadwerkelijk toegepast. Het is in deze toepassing dat men de waarde van de nieuwe referentie werkelijk kan toetsen aan de werkelijkheid. Hierbij geldt dat iets wat in de ene context geleerd is, niet automatisch wordt toegepast in de andere context. Hiervoor is transfer nodig: het bewust vertalen van het geleerde van de ene context naar de andere (zie ook paragraaf 6.7). Kwaliteiten in deze fase zijn doorzettingsvermogen en realiteitszin. Het gevaar van terugval ligt op de loer. In het voorbeeld komt Tanja tot de conclusie dat zij zinvolle alternatieven heeft voor een aantal gedragingen. In overleg met haar stagebegeleider zet ze een plan uit over hoe ze het komende jaar aan een aantal leerdoelen kan werken. Hierbij loopt ze in het begin nogal hard van stapel en komt ze tot de ontdekking dat ze geduld met zichzelf moet hebben. Figuur 6.3 laat zien welke bouwstenen het gehele creatieve proces van betekenisvernieuwing omvat.

```
                    motivatie
                                    verkenning
    realisatie                      mogelijkheden
    (integratie
    en transfer)

                                    experimentatie met
                                    mogelijkheden

    inslijten
    gekozen
    mogelijkheden

                waardering en keuze
                nieuwe mogelijkheden
```

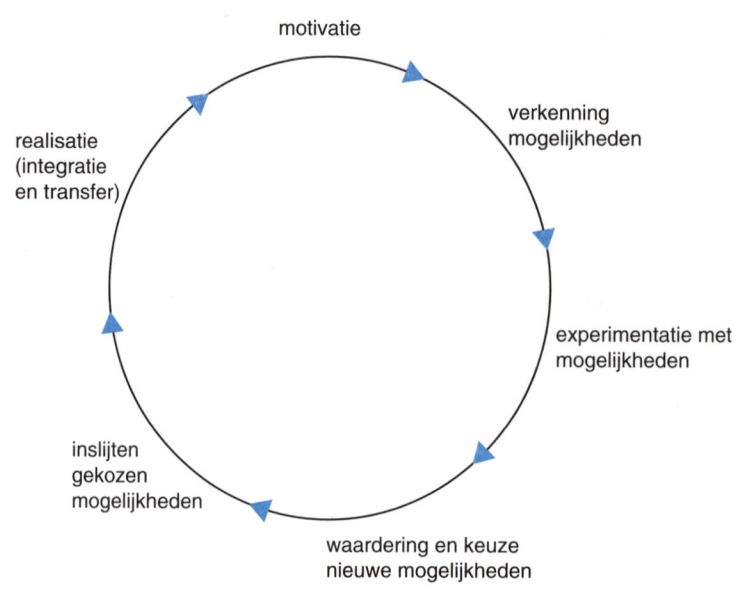

Figuur 6.3 *Bouwstenen van een creatief proces.*

6.6 Ervaringsleren als ingang voor creatieve processen

Er is niets in het verstand dat niet eerst in de zinnen geweest is.
(Aristoteles)

ERVARINGSKLOOF
Kok (2009, p. 148) vertelt in zijn boek het volgende verhaal over groepsleidster Maaike en Juliane, die opgenomen is in een behandelingsinternaat.

> **Pingpong**
> Juliane heeft zich jarenlang eenzijdig aangepast aan de starre eisen van haar ouders. Deze voortdurende ervaringen hebben ertoe geleid dat zij niet toe durft te geven aan haar eigen behoeften. Maaike weet dat Juliane graag mee zou doen aan tafeltennis. Ze heeft het meisje herhaaldelijk in een wijde boog om de tafel zien lopen, als andere meisjes er speelden. Was de tafel leeg, dan werd de cirkel van de omtrekkende beweging kleiner. Maaike weet ook dat het over de drempel halen van Juliane bij iets wat ze graag wil, het kind in paniek brengt. Ze is schuw en ontwijkt nieuwe situaties. Aan het begin van een groepstijd, als nog niet alle kinderen uit school er zijn, staat Maaike bij de pingpongtafel

> en laat het balletje op haar batje dansen. Ze staat er in afwachting van iemand die met haar zou willen spelen. Ze kijkt een moment vriendelijk naar Juliane, maar zegt niets.

Dat wat jarenlang is ingesleten, kost tijd om te veranderen. Weten wat je wilt, is wel een gunstige factor voor ontwikkeling, maar nog geen voldoende. Via ons hoofd zijn wij vooral in staat om goede voornemens te formuleren, maar vervolgens komt er vaak weinig van terecht. Er is sprake van een ervaringskloof: een gat tussen cognitief gewenste situatie en de door neerslag van ervaringen beleefde belemmering om de gewenste situatie te bereiken. Zo kan de betekenis die Juliane in het voorbeeld aan de werkelijkheid heeft leren geven, niet simpelweg worden losgelaten. Wel kan men trachten iemand te verleiden om een (kleine) stap te maken naar het opdoen van een andere ervaring.
Het dichten van de ervaringskloof is enkel en alleen mogelijk via het opdoen van positieve relevante ervaringen. Theo Ruikes (1994) pleit ervoor dit inzicht ten volle te benutten, door gemotiveerde delinquente jongeren gedurende lange tijd positieve nieuwe ervaringen te laten opdoen. Pas via deze nieuwe ervaringen is het voor de jongeren mogelijk om nieuwe referenties te ontwikkelen en enigszins te laten inslijten, om zo de oude achter zich te laten. Via uitsluitend verbale beïnvloeding is een dergelijke verandering absoluut onhaalbaar.

ERVARINGSLEREN EN THEORETISCH LEREN

Theoretisch leren onderscheidt zich van het leren via ervaringen. Theoretisch leren is het leren van feiten, ideeën, begrippen en theoretische ordeningsconcepten. Dit leren is abstract en de nadruk ligt op het verwerven van algemeen geldende inzichten. Ervaren begint steeds met het zelf doen, meemaken en doormaken. Een ervaring is dan het resultaat dat overblijft na het ervaren. Leren via theorie, zoals op school, is heel belangrijk voor ons, om te kunnen overleven in de huidige samenleving. Het draagt ook zeker bij aan ons vermogen om betekenis te verlenen aan de werkelijkheid. Maar de persoon die we zijn en waarin we ons onderscheiden van anderen, wordt toch eerst en vooral gevormd door de daadwerkelijke ervaringen die we samen met anderen in ons alledaagse leven hebben opgedaan. In een voortdurend samenspel tussen waarnemen, handelen, gevoelsmatige beleving, cognitieve bewerking en uitwisseling over onze ervaringen, krijgt de werkelijkheid de betekenis die op een bepaald moment voor een persoon actueel is. Betekenisverlening vindt plaats via zintuigen, hoofd, hart en handen, in interactie met anderen.

BELANG VAN ERVARINGSLEREN

Bij ervaringsleren staan zelf doen, handelend ontdekken en experimenteren centraal. Het gaat daarbij niet om het eigen maken van algemene kennis, maar juist om het vinden van eigen antwoorden. De eigenzinnigheid van mensen krijgt hier de ruimte. Ze mogen zijn wie ze zijn en zich van daaruit op eigen wijze ontwikkelen, in plaats van de boodschap te krijgen over wat ze niet mogen zijn en hoe ze dienen te worden. Juist het met lotgenoten ervaringen opdoen en uitwisselen, leidt tot een eigen ontwikkeling en het bouwen van belangrijke netwerken. Daar waar het leren over het leven gaat, is levend leren een belangrijke basis.

Via ervaringsgericht leren kunnen juist ook impliciete betekenissen worden opgedaan. Gevoelens en emoties spelen vaak een grote rol bij leren. Het lichaam slaat directe zintuiglijke ervaringen op, ook al worden ze niet altijd bewust waargenomen en benoemd. Volgens Dijksterhuis zijn deze opgeslagen impliciete betekenissen vaak meer doorslaggevend bij het totstandbrengen van nieuwe referenties, dan expliciete, in taal uit te drukken betekenissen (Dijksterhuis, 2011). Zo blijkt geur van doorslaggevende betekenis bij de keuze van een partner. Bij ervaringsgericht leren worden deze impliciete betekenissen, gevoelens en emoties meegenomen. Werkelijk leren is gebaseerd op het opdoen van nieuwe ervaringen of is een reconstructie van 'oude betekenissen' op basis van een intense (zintuiglijke) herbeleving van oude ervaringen en uitwisseling hierover met lotgenoten. Leren wordt ook gezien als lichaamsgebonden: 'goed in je vel zitten' is de basis. Veel recent hersenonderzoek benadrukt het belang van dit uitgangspunt.

In tegenstelling tot meer theoretisch leren geeft ervaringsleren de mogelijkheid tot het zelf, samen met anderen, vinden van nieuwe betekenissen. Het startpunt is steeds de concrete waarneming of deelname aan gebeurtenissen of situaties. Ervaren vindt haar startpunt steeds in het zelf doen, meemaken en doormaken.

6.7 Ervaringsleren, een praktisch handelingsmodel

Ervaringsleren kan worden gedefinieerd als '(...) het verwerven van kennis, attitudes en vaardigheden over jezelf en over je omgeving door eigen waarneming en deelname in concrete situaties en door systematisch nadenken daarover, al dan niet onder begeleiding' (Erkamp, 1986, p. 28). Kolb onderscheidt vier hoofdfasen in het leren van mensen:

- ervaren;
- terugkijken;

- doordenken;
- beslissen.

ERVAREN

Het startpunt van ervaringsleren is altijd: een ervaring, iets wat je meemaakt. We doen voortdurend ervaringen op. Soms leren we daarvan. Dit leren kan impliciet gebeuren: je maakt iets mee en onbewust neem je er wat van mee. Dit is een spontane vorm van ervaringsleren. Een vorm die zich in het alledaagse leven vaak voordoet.

> **Blauw oog**
> Henk (10) is nieuw op de groep. Hij is ongeveer even oud als de meeste andere kinderen op de leefgroep. Henk is gediagnostiseerd als PDD-NOS. Henk pakt een potlood uit het vakje van Kees. Die wordt daar kwaad over en slaat Henk meteen op zijn oog. En Henk slaat meteen terug. Beiden hebben nu een blauw oog.

TERUGKIJKEN

Ervaringsleren als methode benadrukt vaak expliciet leren. Een belangrijke tweede stap in het ervaringsleerproces is dan ook: benoemen wat er is gebeurd. De fase van het beschrijven wat er is gebeurd, is de fase van het terugdraaien van de 'film'. Belangrijke vragen hierbij zijn: wat dacht je? Wat deed je? Wat voelde je? Wat wilde je? En ook: wat deed de ander? Wat denk jij dat die persoon dacht, voelde of wilde? (Zie ook Korthagen in Geenen, 2010.)
Door iets te benoemen, geef je er aandacht aan; het wordt er als het ware uitgelicht. Als dit kort na de gebeurtenis gebeurt, is de herinnering nog vers. Door de beschrijving worden nog impliciete ervaringselementen expliciet gemaakt. En er wordt al een eerste persoonlijke betekenis aan gegeven. Als te lang wordt gewacht, zijn de impliciete waarnemingen mogelijk weer uit het (werk)geheugen gewist.

> **Blauw oog (vervolg)**
> Begeleidster José grijpt in. Ze zet beide jongens even apart op hun eigen kamer en laat ze eerst wat afkoelen. Als ze na twintig minuten aangeven dat ze willen en kunnen praten zonder elkaar in de haren te vliegen, gaat José het gesprek aan. Het wordt duidelijk dat Kees zag dat Henk een potlood pakte zonder het te vragen. Hij werd hier kwaad over en voor hij het wist, had hij er al op gesla-

> gen. Henk vertelt dat hij snel even een potlood nodig had. Hij wist niet dat Kees liever heeft dat hij het eerst even vraagt.

Door verschillende mensen te laten benoemen wat zij uit de ervaring op de voorgrond zetten, krijgt men verschillende perspectieven op een gebeurtenis.

DOORDENKEN
Dan wordt de ervaring bewerkt. Er wordt over doorgedacht. Hoe wordt de reactie gewaardeerd door betrokkenen? Wat zijn de referenties van iemand in dit soort situaties? Wat was een goed handelingsalternatief geweest? De hoop is dat iemand op grond van doorvragen en uitwisselen tot nieuwe inzichten komt. Hopelijk ook een inzicht waarvan hij zegt: 'Ja, dat is een goed alternatief.'

> **Blauw oog (vervolg)**
> 'Wat had je anders kunnen doen?' 'Misschien had ik beter een potlood van iemand anders kunnen pakken.' 'Ja, wat nog meer?' 'Of, eh ... Aan de groepsleiding vragen of zij een potlood voor mij hadden.' 'Oké. Heb jij nog een idee, Kees?' Kees zegt rustig: 'Je kunt het toch gewoon vragen. Dan mag je het heus wel gebruiken, hoor.' 'Echt waar?' 'Echt waar!' 'Maar ik mag toch niet aan je spullen zitten?' 'Als je het vraagt, mag het wel.' 'Oké. Nou, duidelijk.' Dan wordt er op Kees doorgegaan.

BESLISSEN
Vervolgens wordt er een duidelijk voornemen voor de toekomst geformuleerd. In welke situaties geldt dit? Wanneer doe je wat? Hoe herken je een dergelijke situatie? Dit wordt ook wel transfer naar een nieuwe situatie genoemd. Iets wat in een bepaalde situatie is geleerd, wordt niet automatisch in een andere situatie gebruikt. Daar is *transfer* voor nodig. Er wordt een concreet gedragsvoornemen gemaakt voor een nieuwe situatie en er wordt ook bekeken hoe dit voornemen verankerd kan worden. Een anker is een maniertje om de persoon aan zijn gedrag en voornemen te herinneren. Mogelijk wordt ook een consequentie afgesproken.

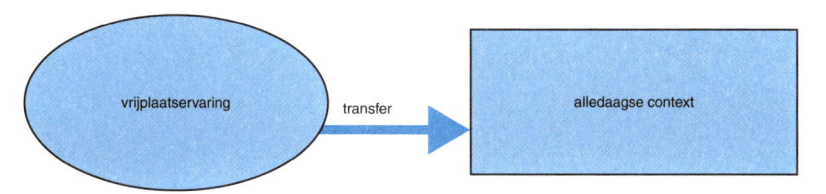

Figuur 6.4 *Transfer.*

Blauw oog (vervolg)
Henk knikt. 'Dat zal ik doen ...' 'Wat?' 'Als ik weer eens iets nodig heb van Kees, zal ik het hem vragen.' 'Alleen van Kees?' 'Nou, de anderen zeggen er niks van.' 'En?' 'Ja, je hebt gelijk. Ik wil ook niet dat de anderen aan mijn Nintendo komen.' 'Hoe ga je ervoor zorgen dat je dit niet vergeet?' 'Ik ga het vanavond aan de tafel tegen iedereen zeggen. En ook aan hen vragen om het aan mij te zeggen als ik me niet aan de afspraak houd.' 'En wat spreken we af als je je niet aan de afspraak houdt?' 'Dan mag Kees de volgende dag op mijn Nintendo spelen.' 'Oké, hand erop. En als ik zie dat je je eraan houdt, dan krijg je van mij een sticker.' 'En Kees, wat zou jij een volgende keer kunnen doen?' Enzovoort.

OPNIEUW: ERVAREN
Het gedragsvoornemen wordt al dan niet waargemaakt in de werkelijkheid. Juist ook als er zich succeservaringen hebben voorgedaan met betrekking tot het voorgenomen gedrag, kan een bespreking hiervan - mogelijk met een positieve bekrachtiging (zoals een compliment, feedback of sticker) - zeer invloedrijk zijn. In feite wordt de cirkel dan weer opnieuw afgelegd.

ALLEDAAGSE ERVARINGEN ALS INGANG
Het voorbeeld van Henk, Kees en José duidt al op de mogelijkheid om alledaagse ervaringen te benutten voor ervaringsleren. In de alledaagse ervaringen liggen voortdurend mogelijkheden tot leren. Hoe gaat iemand bijvoorbeeld om met conflicten? Hoe maakt hij contact? Hoe gaat iemand om met bezoek? Wat vertelt hij over zichzelf? Wat te doen met verliefdheid? Alle gewone menselijke thema's kunnen zich in alledaagse ervaringen aandienen. Een begeleider die hiervoor oog heeft en de tijd heeft en neemt om zo'n ervaring centraal te zetten, is zeer gunstig voor een positieve ontwikkeling. In sommige methoden is het bespreken van dergelijke alledaagse ervaringen een integraal onderdeel. Soms worden de alledaagse ervaringen opgespaard en met

beslissen — ervaren

doordenken — terugkijken

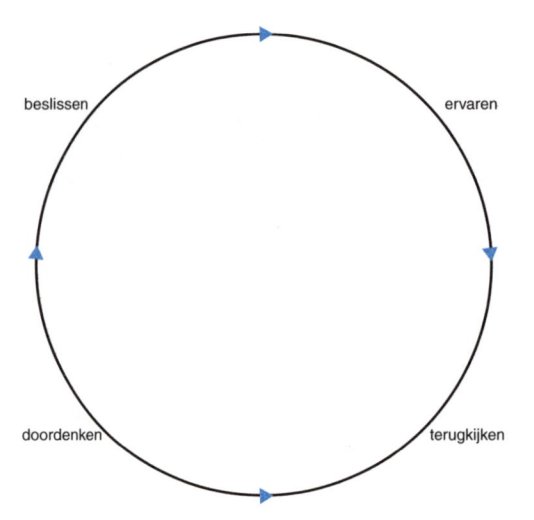

Figuur 6.5 *Cirkel van Kolb.*

elkaar besproken, bijvoorbeeld in een soort 'dagbespreking'. Bij methoden die het alledaagse als uitgangspunt hebben, kan het overigens wel verstandig zijn om voldoende activiteiten met verschillende appels te programmeren.

VRIJPLAATSERVARING ALS INGANG
Het volgende voorbeeld laat zien hoe een vrijplaats gebruikt kan worden voor ervaringsleren, met behulp van een rollenspel.

> **Telefoon**
> Kees is verstandelijk gehandicapt. Hij wil leren telefoneren. In een rollenspel met Henk, de begeleider, wordt dit geoefend.
>
> *Ervaren*
> Kees draait het 'nummer' van Henk. Henk neemt op en zegt: 'Hallo, met Henk.' Kees antwoordt ogenblikkelijk: 'Hé Henk, met mij. Ik heb je zelf opgebeld.' Hierop zegt Henk: 'Ja, maar ... wie ben je eigenlijk'? Kees valt ogenblikkelijk stil en trekt wit weg.
>
> *Terugkijken en doordenken*
> Het spel wordt even stilgelegd. Kees is zeer geëmotioneerd: 'Ik leer het nooit. Wat stom van mij.' Henk stelt Kees gerust: 'Je kunt toch niet verwachten dat je het in één keer goed doet? Je bent het

toch nog aan het leren?' Kees knikt voorzichtig. 'Ja, dat klopt. Maar ik ben bang dat ik het fout doe. Ik doe steeds alles fout.'

Doordenken
Dan vraagt Henk: 'Wat kun je hier nu uit leren?' 'Nou, dat het helemaal niet erg is als ik een fout maak.' 'Juist. Het is heel belangrijk dat je dat goed weet.' Henk staat hier vervolgens samen met Kees uitgebreid bij stil. Dan gaat hij verder.

Beslissen
'En wat kun je hier nu uit leren, zodat je het de volgende keer beter doet?' 'Nou simpel: jij zegt: "Met Henk", en dan zeg ik: "Hallo Henk, met Kees." 'En dan?', vraagt Kees. 'Dan niks. Dan weet jij wie ik ben!' 'Ja, dat klopt. Maar jij belt mij op en ik weet niet waarom. Dus zou je bijvoorbeeld kunnen zeggen waarom je me belt. Waarom bel je me?' 'Nou, om te zeggen dat ik geleerd heb om je te bellen.' 'Uitstekend. Laten we het nog maar een keer proberen.'

In elke fase van de ervaringsleercyclus kunnen spel en kunst worden ingezet voor terugkijken.
- *Ervaren*. Dit is het arrangeren van een ervaring.
- *Terugkijken*. Dit kan bijvoorbeeld door naspelen, natekenen of een video-opname bekijken.
- *Doordenken (doorleven)*. Dit kan bijvoorbeeld door stil te staan bij spel of een tekening, of door te brainstormen.
- *Beslissen*. Via de esthetische illusie (bijvoorbeeld een rollenspel) kan het niet-echte of net echte worden opgeroepen. Hierdoor kan een beslissing worden voorbereid en geoefend (zie ook paragraaf 7.12).

Op de website vind je aanvullend materiaal over de in dit hoofdstuk behandelde onderwerpen.

Samenvatting
» Scheppende creativiteit is het creëren van iets nieuws wat waardevol is. In de weg naar dit product kan over het algemeen een aantal elementen worden onderscheiden: motivatie (vonk), divergentie (genereren van mogelijkheden), frustratie en incubatie (eventueel),

convergentie (reduceren van mogelijkheden vanuit het doel) en realisatie (uiteindelijke vormgeving).
» Het referentiekader bestaat uit de in een persoon aanwezige kennis, inzichten, vaardigheden, normen, waarden, gevoelsassociaties en herinneringsbeelden van de werkelijkheid. Het is de basis van waaruit betekenis wordt verleend. Hedendaagse opvattingen, zoals het sociaal constructivisme, benadrukken de actieve rol van interactie tussen mensen bij zowel het tot stand brengen als het vernieuwen van dit referentiekader. Dit hoofdstuk onderscheidt drie soorten van nieuwe betekenisverlening: actualisering van latent geworden referenties, uitbreiding van het referentiekader en herziening van inadequate aspecten van het referentiekader.
» Aan het creatieve proces van betekenisvernieuwing kunnen vergelijkbare bouwstenen worden onderscheiden als aan het creatieve proces van scheppende creativiteit. Wel dient er bij de fase van realisatie speciale aandacht te zijn voor transfer en generalisatie.
» Een krachtige ingang tot het zelf construeren van nieuwe referenties is ervaringsleren ondermeer omdat hierbij ook betekenisverlening op basis van directe, ook onbewuste waarneming is betrokken. Juist in het zelf opdoen en bewerken van nieuwe ervaringen schuilen bijzondere mogelijkheden tot zelf gevonden betekenisvernieuwing. Bij het bewerken van ervaringen is de dialoog met anderen van belang om tot vernieuwing te komen. Een basismodel voor ervaringsleren is dat van Kolb, waarin vier hoofdfasen in het leren van mensen worden onderscheiden: ervaren, terugkijken, doordenken en beslissen. Ervaringsleren kan zowel alledaagse als vrijplaatservaringen als ingang nemen. In elk van de fasen is een mogelijke rol voor spel en/of kunstzinnige media weggelegd.

7 Communicatie en kunstzinnige media

'Beeldtaal is ook het petje dat je als groepswerker op je hoofd hebt'

'Ik heb een hond gekocht'

'O ja? Een grote hond?' 'Nee, niet zo erg groot'

'Is het een langharige?' 'Nee, een met korte haren'

'En welke kleur?' 'Zwart-wit gevlekt'

'Wat een leuke hond, zeg!' 'Ja, hè?'

Figuur 7.1 Strip van de hond. Een voorbeeld van (mis)communicatie.

7.1 Inleiding

Over de mogelijkheid tot goede communicatie schreef Watzlawick: 'De situatie is hopeloos, maar niet ernstig' (Watzlawick, 1970). Dit hoofdstuk belicht de bijzondere communicatieve mogelijkheden van de kunstzinnige media. Overal waar mensen zijn, doen zij al dan niet verwoede pogingen te communiceren. Psychologisch gezien, is het voor veel mensen belangrijk kennis, ervaringen en gevoelens te delen. Bij communicatie is sprake van minstens twee partijen: die van zender en van ontvanger. Hierbij probeert de zender informatie over te brengen op de ontvanger, zoals kennis, ervaringen, beelden en gevoelens. 'Communicatie is het proces waarbij door middel van tekens informatie wordt overgedragen', aldus Veenman (2009, p. 235).

De communicatie is geslaagd wanneer dat wat de zender probeert duidelijk te maken, ook zo overkomt op de ontvanger. Dit is bepaald niet eenvoudig. Hoe vaak komt het niet voor dat we denken dat we elkaar hebben begrepen, maar dit uiteindelijk toch niet zo blijkt te zijn. Gemiddeld genomen, is de kans op miscommunicatie misschien wel groter dan de kans op geslaagde communicatie, zelfs in een-op-een-communicatie. Vaak zijn er storende factoren die het communicatieproces negatief beïnvloeden. De ontvanger is bijvoorbeeld met eigen dingen bezig en staat niet open voor de boodschap. Er gebeurt iets waardoor de boodschap weer wordt vergeten. Of de ontvanger denkt de boodschap begrepen te hebben, zonder dit te checken. Daarbij zijn er behalve mogelijkheden tot communicatie ook principieel beperkte mogelijkheden; we kunnen nu eenmaal niet eventjes de ander worden. Paragraaf 7.2 gaat in op een aantal van deze mogelijkheden en moeilijkheden. Paragraaf 7.3 bespreekt twee principieel verschillende manieren van ordenen als basis voor betekenisverlening. Hierbij is de ene vorm meer gelieerd aan de directe waarneming en ervaring, terwijl de andere vorm gaat over meer abstract logische analyse. In paragraaf 7.4 en 7.5 staat het begrip verbeelding centraal als een belangrijk innerlijk vermogen tot beleving, herbeleving en sturing. In navolging van de tweedeling in paragraaf 7.3, onderscheidt paragraaf 7.6 twee verschillende vormen van verbale taal. Paragraaf 7.7 benoemt drie zintuiglijke talen: beeldtaal, lichaamstaal en muziek. Een aantal aspecten van deze drie talen wordt in paragraaf 7.8 tot en met 7.10 uitgewerkt. In paragraaf 7.11 is er aandacht voor nieuwe registratiemogelijkheden van deze tijd en de mogelijkheden voor het agogisch werk. Tot slot wordt het fenomeen van de esthetische illusie belicht: de situatie van kunstmatige, niet-echte zintuiglijke communicatie, waarmee echte emoties kunnen worden opgeroepen.

7.2 Communicatieproces

Letters, woorden, klanken, gebaren, punten, strepen, enzovoort: het zijn allemaal tekens. Een teken is een signaal, een stimulus die in zichzelf nog betekenisloos is. Het is nog geen informatie, maar de drager ervan. Op het moment dat een bepaalde betekenis wordt gegeven aan een teken, noemen we het een symbool: een teken met een bepaalde betekenis. Het overdragen van een betekenisvolle gedachte, gevoel of waarneming begint dan met het omzetten ervan in tekens. Dit wordt ook wel *coderen* genoemd. Coderen gebeurt in een taal. Een taal is een *codesysteem*: een systeem van afspraken over de betekenis van bepaalde tekens. Er bestaan andere verbale talen, zoals Frans en Engels, maar ook non-verbale talen, zoals muziek, beeldtaal en lichaamstaal.

Na de codering wordt de code verstuurd door de zender en ontvangen door de ontvanger. Codering en verzending gebeurt via een *medium*, zoals een face-to-facegesprek, telefoon, foto, film, lied, boek, e-mail, brief of webpagina. In verbale taal worden betekenissen gecodeerd in woorden, verstuurd en vervolgens weer gedecodeerd door de ontvanger. De ontvanger zet de tekens om in zijn interpretatie van een boodschap (bijvoorbeeld een innerlijk beeld). Bij deze decodering is taalkennis van belang, maar ook het referentiekader van de ontvanger. Bij een optimale communicatie zijn het gecodeerde en het gedecodeerde beeld identiek. Figuur 7.2 geeft dit proces schematisch weer.

Of communicatie al dan niet slaagt, hangt op de eerste plaats af van de mogelijkheid om iets adequaat te coderen. Het blijkt in de praktijk van de tussenmenselijke communicatie slechts tot bepaalde hoogte mogelijk om iets zodanig te coderen dat het eenduidig gedecodeerd kan worden. Ook al is de zender nog zo vaardig in het coderen.

Elk medium is principieel beperkt in de mogelijkheden. In de strip in figuur 7.1 worden eigenschappen van de hond, zoals waargenomen door de zender, gecodeerd in woorden: tekens van de Nederlandse taal. Dit gebeurt hier via het medium face-to-facegesprek. De ontvanger is voortdurend aan het decoderen en stelt zijn innerlijk beeld steeds bij. Aldus komt de ontvanger tot een innerlijk beeld dat overeenkomsten vertoont met hoe de hond er in werkelijkheid uitziet. Hier blijkt echter ook hoe moeilijk het is om in verbale taal een precies beeld over te dragen. Woorden zijn slechts tot bepaalde hoogte geschikt om beelden over te dragen.

De kwaliteit van communicatie hangt mede af van de media en de taal waarlangs gecommuniceerd wordt. Zo zou een foto van de hond erg geholpen hebben bij het overdragen van de beeldinformatie van zender op ontvanger. Maar behalve beperkingen van het medium is er ook

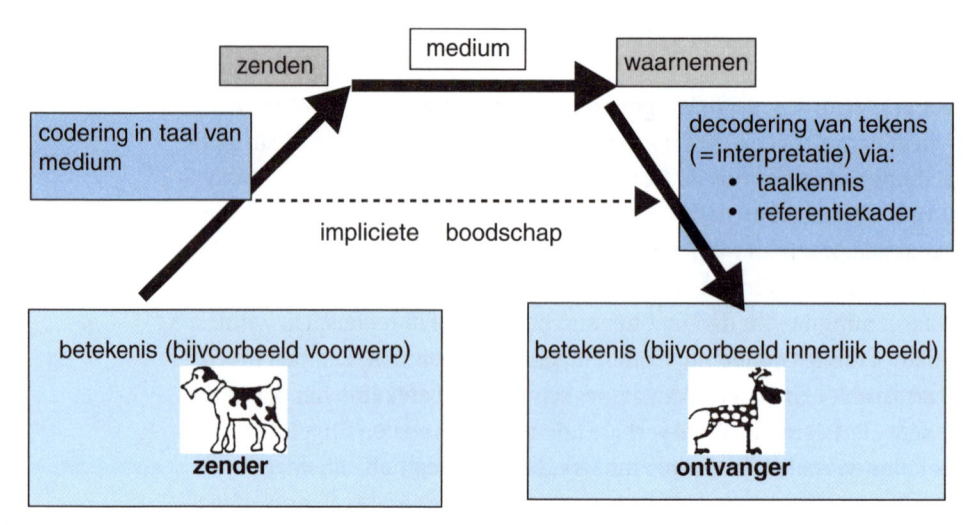

Figuur 7.2 *Schematische weergave van het communicatieproces.*

de invloed van de eerder opgedane ervaringen van de ontvanger op het decoderen van de boodschap. Ook al wordt de boodschap geruisloos en volledig ontvangen door de ontvanger en is er niets mis met diens taalkennis, dan nog is daar het 'filter' van het referentiekader.

IMPLICIETE BOODSCHAP
Via het proces van bewuste codering worden expliciete boodschappen overgebracht. Daarnaast wordt ook impliciete informatie overgebracht. Impliciete boodschappen bevatten informatie waarvan de zender zich niet bewust is, maar die voor de ontvanger mogelijk wel expliciet waargenomen wordt; zij het dat ook hierbij interpretatie een belangrijke rol speelt (zie ook paragraaf 8.5).

REFERENTIEKADER ONTVANGER
Een communicatieve boodschap wordt door elke ontvanger anders waargenomen en geïnterpreteerd. Deze interpretatie wordt voor een groot deel bepaald door het referentiekader: het geheel van innerlijk opgeslagen betekenissen. Dit is het resultaat van iemands socialisatiegeschiedenis en wordt gevormd door de in een persoon aanwezige kennis, inzichten, vaardigheden, gevoelsassociaties en herinneringsbeelden. Al deze opgeslagen ideeën, voorstellingen, manieren van denken, afkeuren en voorkeuren vormen de basis voor de huidige interpretatie van de werkelijkheid en daarmee van betekenisverlening. Het referentiekader bepaalt hoe men iets beoordeelt en waardeert of - meer concreet - welke innerlijke beelden, gevoelens, associaties, enzovoort, men bij een boodschap heeft.

DENOTATIE EN CONNOTATIE

Bij het decoderen van een boodschap zijn altijd twee vormen van betekenisverlening betrokken: denotatie en connotatie. 'Onder denotatie wordt de vast omschreven, neutrale en expliciete betekenis van een teken verstaan', aldus Veenman (2009, p. 74). Binnen de verbale communicatie hebben we het dan over de algemeen geldende betekenis, die gekoppeld is aan de kennis van de taal. Met het woord hond wordt in Nederland een beest bedoeld dat blaft en op vier poten loopt. In de strip is dit gedeelte van de communicatie geslaagd.

Met connotatie wordt de persoonlijke betekenis bedoeld die een teken voor iemand heeft. Zo is een hond voor sommige mensen een bedreigend dier waar je bang voor moet zijn. Bij hen wordt mogelijk het innerlijke beeld opgeroepen van die ene valse dobermannpincher die zonder aanleiding beet. Voor een ander roept het woord hond associaties op met gezellig en leuk. Mogelijk denkt men aan dat kleine speels hondje dat bij het uitlaten zo leuk uitdaagde. Bij de strip van de hond (zie figuur 7.1) zullen de innerlijke beelden die de ontvanger voor ogen krijgt, waarschijnlijk beelden zijn van honden die hij ooit bewust heeft gezien. Vaak wordt met connotatie overigens de emotionele waarde bedoeld.

7.3 Linker- en rechtermodus en communicatie

Sperry (1981) toonde in zijn 'split-brain'-theorie aan dat de linker- en rechterhemisfeer van de hersenen gespecialiseerde functies hebben, die elkaar aanvullen. Zo is de linkerhersenhelft onder meer gespecialiseerd in zaken als rationele analyse, abstractie en waarneming van details. Ook liggen hier de centra voor het spreken, begrijpen, lezen en schrijven van verbale taal (en ook van gebarentaal voor doven). In de rechterhersenhelft liggen onder meer de centra voor wijs houden (bij het zingen), geheugen voor gezongen teksten, oriëntatie in ruimte en tijd en omgang met andere mensen (Gardner, 2008). De specialisatie van de rechterhersenhelft is het zien en herkennen van gehelen, totaalbeelden, vormen en patronen. Een stoornis is deze zijde van de hersenen kan leiden tot het niet herkennen van een gezicht, ondanks waarneming van de details. Mensen met een stoornis aan de rechterhemisfeer ervaren soms vlakkere emoties. Ook letten ze minder op de toon van een gesprek of ze weten gezichtsuitdrukkingen niet goed te interpreteren (Rijndam.nl, 2011).

Recent onderzoek bevestigt veel van de waarnemingen van Sperry, maar toont ook aan dat de werking van de hersenen veel ingewikkelder is. Toch heeft het zin om gebaseerd op de biologische onderbouwing van Sperry een onderscheid te maken in twee kwalitatief sterk verschillende manieren van werkelijkheidsbenadering: de linker- en rechtermodus. Deze tweedeling betreft de tegenstelling tussen de logisch-mathematische en de narratieve ordening. Zij komt ook overeen met wat Epstein noemt: het ervarende systeem en het rationele systeem (Korthagen, 2009).

LINKERMODUS EN LOGISCH-MATHEMATISCHE ORDENING

In de linkermodus wordt de nadruk gelegd op het vermogen om de werkelijkheid op abstracte wijze te ordenen. Als we vooral op deze manier in de werkelijkheid staan, zijn we bezig haar te classificeren en begrijpen. Deze wijze van ordening berust uiteindelijk op wiskundige principes, zoals logica, causaliteit en hiërarchische classificatie. Zij is erop gericht de wereld te begrijpen, te ontleden en te verklaren. Ze is gericht op het vinden en toepassen van de waarheid, van wetmatige ordeningen, die algemeen geldig zijn. We ontdoen hier de werkelijkheid van haar direct waarneembare kwaliteiten en benaderen haar op de eerste plaats vanuit een logisch-mathematische ordening.

In deze werkelijkheidsbenadering trachten we regen bijvoorbeeld te begrijpen: wat is regen (H_2O)? Waar komt zij vandaan? Waarom regent het juist nu? Enzovoort. Deze manier van in de wereld staan, is sinds de verlichting vrij dominant in onze cultuur. Zij wordt ook gezien als de basis van de materiële vooruitgang; het heeft de moderne uitvindingen mogelijk gemaakt. Op scholen wordt deze manier van ordening over het algemeen als de meest belangrijke gezien.

Een belangrijk instrument waarmee in het westen gedacht wordt iemands succes te kunnen voorspellen, is de intelligentietest, die vooral ook het vermogen tot logisch-mathematische ordening meet. De logisch-mathematische ordening is het domein van de linkermodus. Logisch-mathematisch wordt ook wel *gnostisch* genoemd.

Deze modus komt ook overeen met wat Epstein het rationele systeem noemt. Het *rationele systeem* opereert logisch, analytisch, is langzaam en bewust. Het kent de werkelijkheid via denken en abstrahering en is grotendeels talig. Het rationele systeem is relatief traag en heeft, vergeleken met het ervarende systeem, een beperkte verwerkingscapaciteit.

RECHTERMODUS EN NARRATIEVE ORDENING

Narratief betekent 'verhalend'. De narratieve ordening is niet gericht op het vinden van de waarheid, maar op een samenhang tussen gebeurtenissen zoals die zich in het leven voordoen. Het is de verhalenverteller die de samenhang tussen de gebeurtenissen construeert. Het achteraf vertellen over een gebeurtenis is een subjectieve reconstructie. De subjectieve inkleuring, gevoelens en beleving zijn een wezenlijk onderdeel van het verhaal. Het is als het afdraaien van een interne film, waarbij ook interne representaties van geur, smaak en tastbeelden betrokken kunnen worden. Hierbij wordt het leven zoals het zich aandient, afgebeeld, compleet met alle tegenstrijdigheden, onlogische verbanden en eigenaardigheden van mensen.

Het kernwoord van de narratieve ordening is het Engelse woord 'lifelike'. Zij ligt dichter bij de directe waarneming van het leven en haar emotionele beleving. Kinderen zijn - nog meer dan volwassenen - aangewezen op de narratieve ordening. Ook beklijft een beeld veel meer dan woorden. Het is bijzonder hoe we iemand kunnen herkennen aan lichaamstaal en gelaatstrekken, ook te midden van een grote mensenmenigte. Het is het domein van de rechtermodus.

Deze modus komt ook overeen met wat Epstein het ervarende systeem noemt. *Het ervarende systeem* functioneert grotendeels via emoties en beelden en is sterk gekoppeld aan fysieke responsen, automatismen en geautomatiseerde processen. Het is razendsnel, niet talig en holistisch. Met dat laatste wordt bedoeld dat de wereld in samenhangende gehelen wordt ervaren waarin cognitieve en emotionele aspecten samengaan: betekenis*beleving*. Dit ervarende systeem functioneert grotendeels via emoties en beelden.

Dit systeem bevat ook alle impliciete, onbewuste referenties. Deze impliciete onbewuste referenties kunnen de vorm hebben van associaties, vooroordelen, automatismen, gewoonten, enzovoort. Impliciete kennis (tacit knowledge) wordt ook wel aangeduid als subjectieve individuele kennis die moeilijk overdraagbaar is, behalve via socialisatie (alledaags leren).

RECHTERMODUS EN HET ZINTUIGLIJKE

Wat een gnostische of logisch-mathematische benadering genoemd wordt, is gericht op (be)grijpen, niet op waarnemen en direct ervaren. Vaak staat een houding die sterk gericht is op begrijpen en verklaren, de directe waarneming in de weg. Bij het pathisch in de wereld staan, staat de directe zintuiglijke ervaring voorop. Pathisch betekent hier: aangedaan zijn door directe zintuigelijke indrukken. Bij een zuiver pathische beleving doet de linkermodus niet mee. Men zegt ook wel eens: uit het hoofd, in het lichaam.

Een gnostische benadering van de werkelijkheid staat vaak op sterk gespannen voet met een pathische benadering. Iemand die een muziekstuk volledig wil begrijpen, zal minder gemakkelijk geraakt worden door de zich aandienende klanken. Omgekeerd geldt ook dat het pathische de belangrijkste ingang is voor sommige cognitief zwakken, zoals ernstig verstandelijk beperkten en dementerende ouderen. Zij zijn soms heel goed in staat om te genieten van de directe zintuiglijke prikkeling: aanraking, geur, muziek, smaak, enzovoort.

7.4 Innerlijke beelden en verbeelding

Bij de narratieve ordening wordt gebruikgemaakt van *innerlijke representatie* ofwel het vermogen om zich iets voor te stellen, zonder dat het daadwerkelijk in het hier en nu aanwezig is. Herinneringen aan geluiden, visuele beelden, geuren, gevoelens en smaak kunnen actief voor de geest worden gehaald. Daarnaast kunnen we ons iets voorstellen wat we nog nooit hebben meegemaakt of wat zelfs nog nooit bestaan heeft. 'Innerlijke beelden zijn representaties van waarnemingen die voor een groot deel overeenkomen met de vorm waarin ze daadwerkelijk waargenomen worden. Elementen van deze concrete waarnemingen kunnen innerlijk worden opgeroepen, zonder dat deze waarneming zich in het hier en nu voordoet', zegt Vane (2007, p. 26).
Binnen onze verbeelding kunnen we drie soorten interne afbeeldingen maken:
– herinneringsbeelden;
– verbeeldingsbeelden;
– fantasiebeelden.

HERINNERINGSBEELDEN
We ontmoeten de werkelijkheid in eerste instantie via onze zintuigen. Via horen, zien, proeven, voelen en ruiken doen wij steeds indrukken op van de uiterlijke werkelijkheid. We voelen de vorm en het gewicht van een appel, we zien de kleur ervan, we horen het geluid van de tanden die zich in de vrucht dringen en we proeven en ruiken het vruchtvlees. Dit zijn allemaal facetten van de appel, zoals wij die kunnen waarnemen. Vaak vullen de informatiestromen, zoals wij die krijgen via de verschillende zintuigen, elkaar aan en krijgen wij een totaalbeeld van hoe de werkelijkheid zich aan ons voordoet.
Deze indrukken kunnen in ons geheugen worden opgeslagen en bewaard, in de vorm van innerlijke afdrukken. Herinneringsbeelden zijn de innerlijk opgeslagen en oproepbare representaties van waarnemingsindrukken die in het verleden zijn opgedaan. In onze verbeelding kunnen eerder waargenomen indrukken van beeld, geluid, geur, smaak en (lichaams)gevoel weer voor de geest gehaald worden.

Mensen verschillen wel in de mate waarin en welke waarnemingen zij kunnen opslaan en/of weer kunnen oproepen. Sommige autisten kunnen uit hun hoofd een gedetailleerde tekening maken van een gebouw dat zij slechts eenmaal hebben gezien. De een onthoudt gemakkelijk muziek, de ander een visueel beeld.

VERBEELDINGSBEELDEN
Verbeeldingsbeelden zijn innerlijke voorstellingen van hoe iets er zou kunnen uitzien, zou kunnen klinken, smaken, ruiken of voelen. Verbeeldingsbeelden hebben betrekking op beelden zoals die zich in de werkelijkheid kunnen voordoen. Een goede kok kan zich een innerlijk beeld vormen van hoe het eten dat hij aan het bereiden is, zal smaken en ruiken. Hij proeft en ruikt als het ware intern. Een musicus kan intern in zijn hoofd een muziekuitvoering oproepen en beluisteren. Uit onderzoeken blijkt dat volwassenen een groot deel van de tijd dat ze niet gericht aan het werk zijn, doorbrengen met dagdromen en fantaseren. Veel van deze dagdromen hebben betrekking op prettigere verblijfsoorden, fantasieën over hoe het zou zijn om ander werk te hebben en verbeeldingsbeelden over seksuele avonturen (zie o.a. Singer & Singer, 1990, hfst. 6).

FANTASIEBEELDEN
Fantasiebeelden zijn beelden die zich niet reëel in de werkelijkheid kunnen voordoen. Zo kan iemand fantaseren dat zijn hond kan praten of hoe het zou zijn om te kunnen vliegen. Sprookjes kunnen fantasiebeelden oproepen, sciencefictionfilms maken er gebruik van.

7.5 Verbeelding

Het verbeeldingsvermogen maakt het actief oproepen en sturen van innerlijke beelden mogelijk. We maken daarvan dagelijks gebruik. Als iemand ons de weg vraagt, roepen we in ons voorstellingsvermogen op hoe de route eruitziet. We gebruiken ons vermogen om innerlijke beelden op te roepen, als we ons proberen in te leven in hoe het voor een vrouw is om haar echtgenoot verloren te hebben. Of als we aan een kennis vertellen hoe de vakantie was. We gebruiken het ook als we onze vakantie plannen: hoe zou het zijn om daar in de bergen te wandelen of aan dat warme strand te liggen? Ook als we een roman lezen, maken we vaak onze eigen beelden.
Ons verbeeldingsvermogen stelt ons ook in staat om innerlijke beelden te sturen. We kunnen ons voorstellen hoe het is om een ander kruid aan het eten toe te voegen of onze kamer anders in te richten.

Via ons vermogen tot verbeelding kunnen elementen van elders in tijd (toen en straks) en ruimte en van een niet-actuele werkelijkheid innerlijk worden 'waargenomen'. Het vermogen om ons intern andere werkelijkheden voor te stellen, is een belangrijke basis voor creativiteit. De actuele werkelijkheid kan worden overstegen en andere mogelijkheden kunnen worden voorgesteld. Onze verbeelding speelt ook een belangrijke rol in onze communicatie. Daarover gaat de volgende paragraaf.

7.6   Verbale taal

Verbale taal[1] maakt gebruik van woorden, waarvan de betekenis is beperkt tot de mensen die de taal kennen. Pas als zender en ontvanger dezelfde taal gebruiken en kennen, kan de ontvanger de codes van de zender decoderen. De denotatieve betekenis van verbale taal is puur gebaseerd op afspraken tussen mensen over wat ze met een bepaald woord bedoelen. Met het woord 'hond' wordt een beest bedoeld dat blaft en op vier poten loopt. Wat betreft vorm is er geen enkele overeenkomst tussen het woord hond en het concrete dier. Een overeenkomst die er overigens wel is wanneer we het geluid imiteren en daarbij gebruikmaken van de woorden: 'Woef, woef.'
Analoog aan de twee vormen van bewerking van de werkelijkheid, kunnen de volgende twee soorten taal worden onderscheiden:
– abstracte en ontbeelde taal;
– beeldende taal.

ABSTRACTE EN ONTBEELDE TAAL
De logische mathematische ordeningswijze komt tot uiting in het gebruikmaken van abstracte ofwel ontbeelde taal. Het is de taal van de wetenschap. Als we abstract denken, zien we af van concrete hier en nu-waarnemingen en brengen we ordeningen in onze waarnemingen aan. Het uiterste van abstracte taal vinden we in de taal van de wiskunde en de logica. Abstracte taal is het voertuig van de rationaliteit. Zij wordt vooral benut om verbanden en ordeningen te ontdekken en over te dragen. Communicatie via ontbeelde taal is het meest geschikt voor het overdragen van genuanceerde zakelijke informatie, zoals verbanden, feiten, differentiaties en classificaties. Een goed voorbeeld van abstracte en ontbeelde taal is de relativiteitstheorie: $E = MC^2$.

---

[1] Ik laat de vakterm 'digitale communicatie' hier weg, omdat ik deze verwarrend vind in dit tijdperk van computers en social media.

BEELDENDE TAAL

Verbale taal kan ook innerlijke beelden oproepen. Zo wordt in de meeste romans - en zeker ook in gedichten - gebruikgemaakt van beeldende taal. Men noemt beeldende taal ook wel 'narratieve' taal, omdat zij geschikt is om verhalen te vertellen. Via beeldende taal kunnen zowel herinnerings-, verbeeldings- als fantasiebeelden worden opgeroepen en aldus worden overgedragen.

7.7 Zintuiglijke communicatie

De non-verbale taal van de narratieve ordening is op de eerste plaats de zintuiglijke taal.[2] Voor de taal van de non-verbale communicatie is - anders dan bij verbale communicatie - de verschijningsvorm van belang. Non-verbale communicatie bestaat uit zintuiglijke communicatie of is daarop gebaseerd. Er kan andersoortige informatie mee worden overgedragen dan via verbale taal. En vaak is de impact van zintuiglijke communicatie ook anders, zowel voor de zender als voor de ontvanger. Waar de representatieve waarde van woorden beperkt is tot een gemaakte afspraak, zijn bij de non-verbale communicatie specifieke kwaliteiten van de prikkeling door de betekenisdragers zelf betrokken. De prikkeling zelf brengt iets teweeg. Zo kan muziek emoties maar ook een gevoel van esthetiek oproepen, ook als het geen representatiefunctie heeft.

Zintuigelijke taal is ook de taal van de non-verbale kunst. Dit hoofdstuk onderscheidt drie soorten non-verbale taal: beeldtaal, lichaamstaal en de taal van de muziek. Deze indeling sluit aan op de indeling in hoofdvormen van kunst uit paragraaf 3.8. De taal van de beeldende kunsten is de *beeldtaal*, die van de visueel waarneembare afbeeldingen. Het is de taal die centraal staat bij tekenen, beeldhouwen en boetseren, maar ook bij audiovisuele kunsten, zoals fotografie en film. Zij het dat bij de laatste kunstvorm ook muziek en taal een grote rol kunnen spelen.

Bij zowel drama als dans is *lichaamstaal* het belangrijkste communicatiesysteem. Bij lichaamstaal worden alle zintuigen gebruikt: geur, smaak, beeld, geluid en aanraking. *Muziek* is een eigen taal, waarin de akoestische kwaliteiten van geluid worden gebruikt om te communiceren. Muziek toegevoegd aan woorden levert een andere, veelal meer intense beleving van die woorden op. Het is dit zintuiglijke karakter

---

[2] Ik heb in de vorige uitgave de term analoge communicatie gebruikt voor wat ik hier zintuiglijke communicatie noem. Hoewel het in feite de juiste vakterm is, vind ik die verwarrend in deze tijd van computers en social media.

van de non-verbale communicatie dat bijzondere communicatieve mogelijkheden schept. Deze bijzondere mogelijkheden staan in de volgende paragrafen centraal. Wel dient uitdrukkelijk vermeld te worden dat hier slechts sprake is van een kleine selectie. In wezen bestaan de drie hoofdtalen weer uit diverse subtalen.

7.8 Beeldtaal

In het voorbeeld van de strip van de hond (zie figuur 7.1) verstaan zender en ontvanger elkaar tot op bepaalde hoogte. Tegelijkertijd is er sprake van een veelvoorkomend misverstand, want zender en ontvanger geven niet precies dezelfde betekenis aan de woorden. Peirce is een gezaghebbend pionier op het gebied van semiotiek (betekenisleer). Hij onderscheidt drie soorten tekens (Van den Broek, 2010):
– iconische tekens;
– indexicale tekens;
– symbolische tekens.

ICONISCHE TEKENS
Bij sommige non-verbale tekens is er wel een overeenkomst tussen het teken en dat wat het representeert. Dit worden iconische tekens genoemd, zoals foto's en tekeningen. De tekening op de omslag van dit boek is een iconisch teken, omdat het enigszins lijkt op dat wat het vertegenwoordigt: een kind. Een veelgebruikt iconisch teken is het pictogram. Het picto in figuur 7.3 lijkt op waar het naar verwijst: een douche.

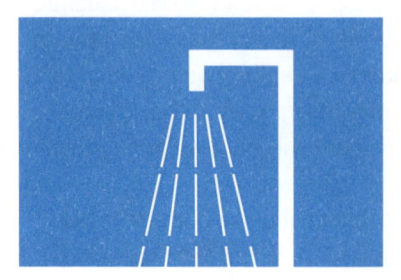

Figuur 7.3 Picto van een douche (bron: Pictowinkel.nl, 2004).

Het omhoogtrekken van de zijkanten van de ogen, om een Chinees uit te beelden, is eveneens een iconisch teken. Een foto van de hond zou de ontvanger erg geholpen hebben bij het tot stand brengen van een correcter innerlijk beeld. Een beeld zegt dan ook vaak meer dan duizend woorden. Of zoals Van den Broek (2010) zegt: een beeld doet complexiteit recht. Er kan op adequate wijze enorm veel informatie getransporteerd worden.

INDEXICALE TEKENS

Bij indexicale tekens is er geen overeenkomst tussen het teken en dat wat het representeert. Wel is er sprake van een andere verwantschap, bijvoorbeeld een oorzaak-gevolgrelatie, symptoom of kenmerk zijn van iets of een deel-geheelrelatie. Rook is een indexicaal teken, omdat het duidt op de aanwezigheid van vuur. Indexicale tekens ontstaan door ervaring. Rammelende borden betekenen dat de tafel wordt gedekt en er weldra gegeten gaat worden.

Indexicale tekens kunnen bewust worden aangebracht, bijvoorbeeld ter structurering. Altijd een bepaald muziekje draaien of een bepaalde geur spuiten voordat er gedoucht gaat worden, maakt het muziekje of de geur tot een voorspeller van wat te gebeuren staat. Dergelijke indexicale tekens worden ook wel *verwijzers* genoemd.

Ook kan bepaald gedrag van een cliënt een belangrijk indexicaal teken zijn dat er wat aan de hand is. Zo krijgen sommige kinderen obstipatie als ze zich niet thuis voelen. Agressie kan een teken zijn dat de agressieveling ergens door gefrustreerd is geraakt. De ervaren moeder of groepsleider heeft oog voor dit soort waarnemingen. Bepaalde tekens worden dan opgevat als een signaal. Dit signaleren - bijvoorbeeld van tekens die duiden op kindermishandeling - is een belangrijke taak voor sommige agogen en onderwijsgevenden.

SYMBOLISCHE TEKENS

Bij symbolische tekens[3] is de betekenis gebaseerd op de afspraak, regel of gewoonte van wat iets betekent. Een hartje staat voor liefde. Een cupido met een pijltje voor verliefd worden. Een koe in India staat voor vruchtbaarheid en goede voeding. Op de Amerikaanse vlag, symbool voor de Verenigde Staten, staan vijftig sterren, die de vijftig staten representeren.

Figuur 7.4 *Voorbeelden van symbolen (bron: Wikipedia.org).*

3 Ik gebruik hier het woord symbool in een engere betekenis dan in paragraaf 7.2.

Een symbool heeft op de eerste plaats een culturele betekenis. Sommige symbolen zijn dan ook specifiek voor bepaalde culturen.

7.9 Lichaamstaal

Als twee mensen een gesprek voeren, is er sprake van het voortdurend heen en weer gaan van informatiestromen: non-verbale informatie en verbale informatie. De verbale informatie gaat over wat iemand zegt, over de inhoud van de boodschap. Wat betekenen de woorden? De non-verbale informatie gaat over hoe iemand iets zegt. Dit kan betrekking hebben op paralinguïstische aspecten. Dit gaat dan over hoe iemand de woorden uitspreekt: snel, langzaam, met melodie of monotoon, verdrietig, energiek, enzovoort. Daarnaast bevatten ook andere non-verbale lichaamssignalen mogelijk belangrijke informatie: lichaamshouding, nabijheid, huidskleur, geur, uitstraling van de ogen en het al dan niet zoeken van oogcontact, de mimiek van het gezicht en het gebruiken of achterwege laten van ondersteunende gebaren. En dan is er nog het beeld dat iemand oproept door bijvoorbeeld kleding, verzorging, geur, lichaamsbouw of vorm van het gezicht.
Op het beeldaspect van de lichaamstaal zijn dezelfde kenmerken toe te passen als op beeldtaal. Ook aan lichaamstaal kan een iconische betekenis gegeven worden, bijvoorbeeld als iemand via lichamelijke uitbeelding iets probeert over te dragen. De symbolische betekenis staat centraal in de gebarentaal. Zo schudt men in India het hoofd als men ja bedoelt. Bepaalde gebaren kunnen een verwijzende functie krijgen: bijvoorbeeld als de ervaring leert dat als een bepaalde persoon zich achter het oor krabt, dit een teken is van innerlijke boosheid.
Lichaamstaal is echter veel dynamischer en rijker: alle zintuigen zijn erbij betrokken. Het lichaam is een rijk expressiemiddel, dat vele kanalen kent. Schattingen over het relatieve aandeel van de invloed van non-verbale en verbale communicatie binnen een face-to-face-interactie lopen uiteen van 60 tot 90 procent (Poecke, 2001, p. 14).
Waar veel zenders zich in hun aandacht vooral richten op de inhoud, gaat veel aandacht van de ontvanger uit naar het non-verbale aspect. Juist via het non-verbale aspect wordt bijvoorbeeld de betrouwbaarheid van de zender ingeschat. Daar waar sprake is van een discrepantie tussen wat iemand zegt en de manier waarop hij dit doet, spreekt men van *incongruentie*. De zender wordt ervaren als niet echt.

> **Geen gezag**
> Henk durft als groepsleider niet goed zijn macht te laten gelden. Als hij corrigeert, gebruikt hij dezelfde woorden als zijn collega: 'Ga maar naar de gang.' Hij doet dit echter op een zachte, wat weifelende toon en kijkt het kind er niet bij aan. Hij straalt niet uit dat hij door zal pakken als het kind zijn 'bevel' niet opvolgt. Kinderen blijven dan ook gewoon zitten tot een collega het initiatief van Henk ondersteunt.

Incongruentie leidt vaak tot het niet binnen laten komen van de verbale boodschap. De incongruentie maakt dat de ontvanger als het ware moet kiezen tussen de twee boodschappen. Over het algemeen kiezen ontvangers dan voor het serieus nemen van de non-verbale boodschap. Deze wordt gezien als het meest betrouwbaar.

INDELING SCHULZ VON THUN

Watzlawick maakte een klassiek geworden onderscheid tussen twee niveaus van communicatie, die overeenkomen met de verbale en non-verbale communicatie: het inhouds- en betrekkingsniveau. Schulz von Thun hanteert een vierdeling, waarin het eerste aspect overeenkomt met het inhoudsaspect van Watzlawick en de andere drie met het betrekkingsniveau.
- *Zakelijk aspect*. De inhoud van de boodschap.
- *Expressief aspect*. Hierin komt informatie over de spreker tot uitdrukking. (Hoe voelt hij zich? Wat wil hij overbrengen? Van welke komaf is hij?)
- *Relationeel aspect*. Hierin staat de relatie tussen spreker en ontvanger centraal. (Wat vindt de zender van de ontvanger?)
- *Appellerend aspect*. Hierin staat de invloed van de zender op de ontvanger centraal. (Wat wil de zender van de ontvanger?)

Dit model is geschikt om te kijken naar de vier aspecten van zowel zender als ontvanger. Het model wordt ook wel eens benoemd als: de vier monden en vier oren van de communicatie. De vier aspecten van communicatieve informatie zijn alle tegelijkertijd aanwezig, zowel bij de zender als bij de ontvanger. Wel kan het zijn dat iets bewust of onbewust op de voorgrond wordt gezet door de zender en/of de ontvanger. Het is de interpretatie van de ontvanger die uiteindelijk bepaalt welke betekenisvolle boodschap bij hem binnenkomt. Deze kan overeenkomen met de intentie van de zender, maar er ook van verschillen. Via metacommunicatie kunnen intentie en interpretatie op elkaar worden afgestemd.

> **Aspecten**
> Ferat is kwaad omdat de begeleidster geen belangstelling heeft getoond voor zijn tekening. Hij schreeuwt: 'Ik praat niet meer met jou!' Deze boodschap heeft vier aspecten: zakelijk ('Ik praat niet meer met je'), expressief ('Ik ben kwaad'), relationeel ('Ik ben kwaad op jou. Je hebt niet naar mijn tekening gekeken en dat wil ik graag') en appellerend ('Ga weg, ik wil niet meer met je praten'). De begeleidster is verbaasd en gaat niet weg. In plaats daarvan zegt ze vriendelijk: 'Ik zie dat je kwaad bent. Wat is er aan de hand?'

Het is heel goed denkbaar dat Ferat eerst en vooral wil uitzenden: 'Ga maar weg.' Dit is het appellerende aspect. In figuur 7.5 is dit te zien via de bovenste mond. De begeleidster luistert echter met haar expressieve oor en geeft aandacht aan de emoties van Ferat. Dit is in de figuur aangegeven met het derde oor.

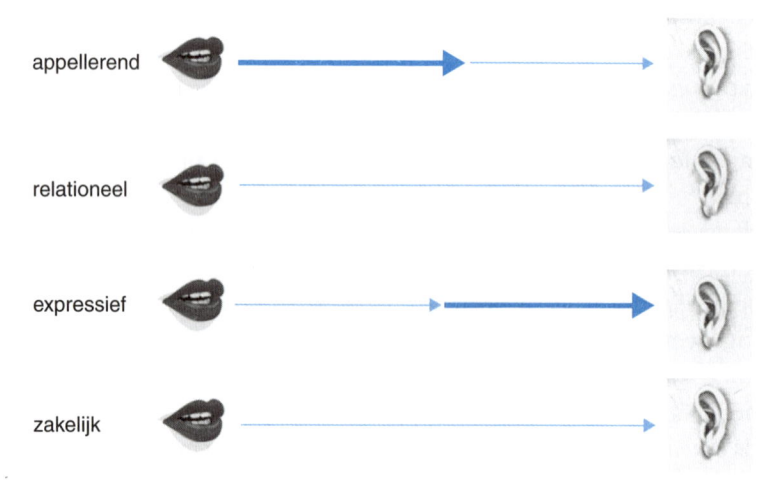

Figuur 7.5 *Vier monden en vier oren (Schulz von Thun).*

Het vervolg van het voorbeeld zou er als volgt uit kunnen zien.

> **Aspecten (vervolg)**
> Ferat reageert op het appellerende aspect van de boodschap van zijn begeleidster: 'Vertel iets over jezelf!' Hij onthult inderdaad iets over zijn kwaadheid, maar voegt er iets over de relatie aan toe: 'Ik ben kwaad op jou. Je hebt niet naar mijn tekening gekeken.'
> De begeleidster kan hier vervolgens weer het appel in horen om alsnog aandacht te geven aan de tekening. Enzovoort.

Kortom: bij communicatie kan men in principe op vier niveaus luisteren en reageren. Het vervolg zal mede afhangen van het luisterniveau en wat men vervolgens weer teruggeeft.

EXPRESSIEF NIVEAU
Een agoog zal oog moeten hebben voor wat non-verbaal gedrag mogelijk zegt over wat zich in de persoon afspeelt. Het benoemen van een non-verbale waarneming kan een krachtige interventie zijn om nader tot de ander te komen. Het is vaak ook juist het non-verbale gedrag dat aanleiding kan geven tot diagnostische informatie. Zo is bepaald gedrag een indicatie van autisme of ADHD. Als professional is het belangrijk om dit niveau van lichaamstaal te ontvangen en de signalen te onderzoeken of gebruiken.

RELATIONEEL NIVEAU
In de relatie agoog - cliënt is het relationele niveau van groot belang. In de meeste onderzoeken blijkt dit de meest doorslaggevende factor te zijn in het al dan niet slagen van hulpverlening. Een aantrekkelijk model om enkele non-verbale interactiepatronen te herkennen en mogelijk bewust te hanteren, is de Roos van Leary (Dijk, 2008). In dit model worden menselijk interacties getypeerd via twee dimensies (zie figuur 7.6).
Toelichting: dimensie 1 gaat over het uitdrukken van antipathie of sympathie tegenover de ander. Op deze dimensie zijn de uitersten: 'Ik ben tegen je' en 'Ik ben samen met je.' Dimensie 2 gaat over de vraag of iemand de leiding neemt, dan wel volgt. De uitersten hier zijn: 'Ik sta boven je en ik neem de leiding' en 'Ik sta onder je, ik volg je.' Positie A in figuur 7.6 betekent het uitzenden van een negatieve dominante lichaamstaal: 'Ik ben niet van je gediend en wil dat je mij volgt.' Op dimensie 1 neemt A de positie in van 'boven'. Op dimensie 2 die van 'tegen'.

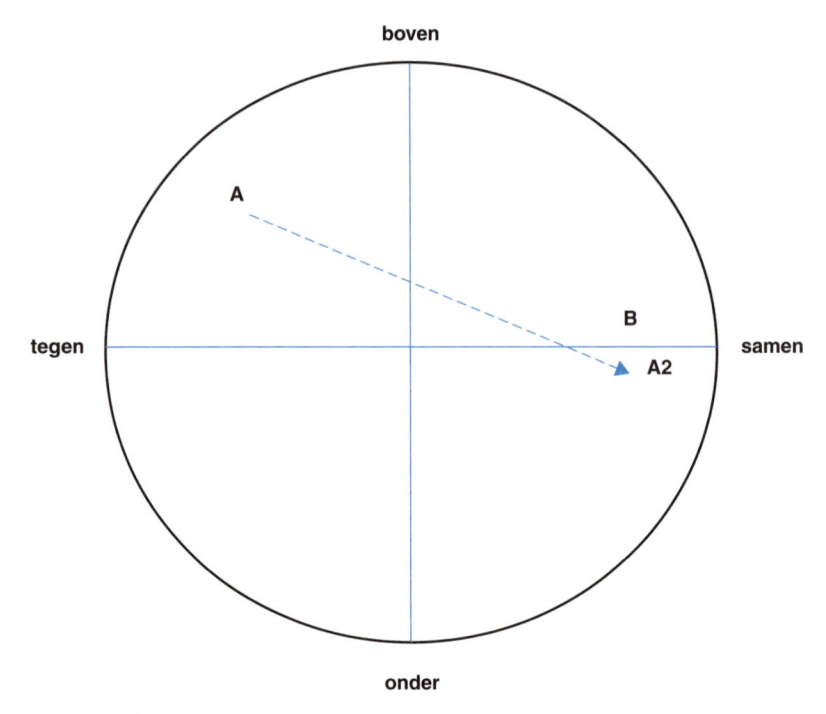

Figuur 7.6 Roos van Leary.

Dit komt overeen met de positie van Ferat in het voorbeeld. Hij is kwaad en stelt zich behoorlijk dominant op. Hij drukt ook in zijn lichaamstaal uit dat hij niet van de begeleidster gediend is. Dan reageert de begeleidster met een 'samen'-reactie: 'Ik zie dat je kwaad bent.' Haar lichaamstaal is vriendelijk en drukt sympathie uit. Zij gaat hiermee voorbij aan het appel dat uitgaat van positie A om ruzie te maken. Op dimensie 2 komt dit overeen met sympathie. Op dimensie 1 neemt ze een licht leidende positie in. Aldus zendt de begeleidster via haar lichaamstaal uit: 'Ik ben niet onderdanig, maar vind het prettig als je me volgt.' Dit komt in de figuur overeen met positie B.

Hierdoor zal A de neiging hebben tot een reactie van 'samen' en (licht) volgen (positie A^2). Dit wordt in figuur 7.6 aangegeven met een pijl van A naar A^2. Vanuit deze interactieposities kunnen beiden een goed gesprek hebben, waarin de relatie positief gekleurd is.

De algemene principes van interactiepatronen zijn:
– 'boven' roept 'onder' op, en 'onder' roept 'boven' op;
– 'samen' roept 'samen' op, en 'tegen' roept 'tegen' op.

Het is in het kader van dit boek niet mogelijk hier dieper op in te gaan. Ik beperk me dan ook tot het geven van een tweetal voorbeelden van hoe de Roos van Leary in de praktijk gebruikt kan worden.

> **Agressief**
> Ramos is weer agressief. Hij is verstandelijk gehandicapt en als hij deze bui heeft, zijn veel mensen bang voor hem. Vooral mannen die hem ook agressief bejegenen, werken vaak als olie op het vuur. Thera stapt kalm op Ramos af. Ze volgt heel rustig zijn bewegingen en glimlacht. In haar handen heeft zij de knuffel van Ramos: 'Kom maar, Ramos. Kom maar.' Ze spreidt haar armen en na tien minuten komt Ramos heel voorzichtig naar haar toe.

In het voorbeeld is Ramos agressief ('tegen') en zal menigeen de neiging hebben eveneens agressief ('tegen') te reageren. Door bewust positief en volgend te reageren, geeft Thera hem het idee dat hij de regie in handen heeft. Dit maakt hem rustiger. Vervolgens neemt ze op rustige wijze de leiding door haar armen te spreiden. Dit maakt dat Ramos rustig kan volgen.

> **Quasi-onnozel**
> Aya (3) is teruggetrokken en verlegen. Ze vraagt snel om hulp, ook als ze het zelf wel zou kunnen. Haar zelfvertrouwen is niet zo groot. Aya vraagt hulp aan Doret bij een legpuzzel, die ze normaal gesproken gemakkelijk zelf kan maken. Doret gaat op een klein krukje naast Aya zitten. Ze zorgt dat ze iets lager zit dan Aya. Dan zegt ze eerst dat Aya het zelf wel kan. Aya accepteert dit niet en blijft om hulp vragen. 'Oké', zegt Doret en pakt twee hoekstukjes. Deze legt ze in het midden, terwijl ze ze weifelend ronddraait. 'Even kijken ...', Doret legt haar vinger op haar onderlip. 'Nee!', zegt Aya resoluut, 'dat is niet goed. Dat is een hoekstukje en dat moet hier!' 'O ja', zegt Doret quasi-onnozel. Aya gaat enthousiast verder met het leggen van de puzzel, onderwijl naar Doret kijkend en zeggend: 'Zie, zie ...'.

In dit voorbeeld neemt Aya op dimensie 1 een 'onder'-positie in. Doret verlaagt haar status bewust: ze doet alsof ze 'het' niet kan, gaat lager zitten, raakt haar eigen gezicht aan. 'Onder' roept 'boven' op: Aya veert op en neemt de regie in handen. Een kleine maar positieve ervaring op weg naar meer zelfvertrouwen.

VERDIEPING

Deze paragraaf over lichaamstaal stopt hier. Hopelijk is er een beginnetje gemaakt met het verkennen van nieuwe mogelijkheden. Om er echt goed mee te kunnen gaan werken, zijn verdere verdieping en praktische oefening nodig. Dit kan een verrassend zicht geven op de bijzondere mogelijkheden van non-verbale communicatie. Binnen een vak als drama of dans en beweging kan men zich bijvoorbeeld bekwamen in de ins and outs van dit model van lichaamstaal. Zo komt het dramabegrip 'hoge status' overeen met wat hiervoor benoemd wordt als 'boven', en komt 'lage status' overeen met 'onder'. Uitgebreide oefenmogelijkheden in 'samen' vindt men onder andere ook via de methode van video-interactie. Basiscommunicatie komt voor een groot deel neer op het zodanig afstemmen op de ander, dat deze ervaart dat de ander hem positief gezind is. Dit is een belangrijke voorwaarde om zichzelf te kunnen zijn.

Verdere mogelijkheden om zich te verdiepen, zijn onder andere:
- *Beïnvloed de ander, begin bij jezelf* door Van Dijk (2008). Een eenvoudig boekje, waarin de basisprincipes zeer helder worden uitgewerkt. Bij dit boek horen een spel en een trainerstool.
- *Interactiewijzer* door Verstegen en Lodewijks (2009). Een standaardwerk waarin op gedegen wijze allerlei 'soorten' kinderen worden beschreven en hoe deze via non-verbale technieken optimaal kunnen worden begeleid. Bij dit boek hoort een computerprogramma.

Verder dient opnieuw benadrukt te worden dat hier slechts een klein facet van de gigantische wereld van lichaamstaal is besproken. Zo is lichaamstaal ook de taal die het lichaam spreekt via gewaarwordingen: interne communicatie.

7.10 Muziek

Muziek is een eigen taal, die in veel opzichten afwijkt van andere talen. Muziek is in wezen geluid dat gestructureerd is, bijvoorbeeld door ritme, snelheid, metrum, klankkleur en toonhoogte. Gevoel voor bijvoorbeeld metrum lijkt aangeboren. Mensen weten al vanaf anderhalf jaar ongetraind de eerste tel van een maat te vinden. Peuters dansen spontaan als ze muziek horen. Er is nauwelijks een feest denkbaar zonder muziek. Zelfs in de tijd van de stomme film werd voor live-pianomuziek gezorgd om de sfeer te versterken. Mensen komen in stadions bij elkaar om samen muziek te beleven. Veel subculturen zijn verbonden met een muziekstijl.

Muziek is eigenlijk iets geks en tevens iets onnoemelijks vertrouwds en belangrijks. Muziek laat zich met vrijwel elk medium combineren en heeft daarin over het algemeen een verdiepende rol. Muziek kan de kracht van de beelden bij films of foto's enorm ondersteunen. Juist bij het vertellen van verhalen kan zij een zeer belangrijke functie hebben. Er is enorm veel bekend over de werking van muziek en er zijn talloze wetenschappelijke boeken over geschreven, variërend van 'hoe kom ik van het deuntje in mijn hoofd af' tot pijnbestrijding via muziek. Op andere plaatsen in dit boek keren de agogische mogelijkheden van muziek regelmatig terug (zie o.a. paragraaf 5.5.).

7.11 Nieuwe registratiemogelijkheden

De mogelijkheden van audiovisuele apparatuur hebben een enorme vlucht genomen. Zowel het maken van opnamen als het bewerken en delen ervan hebben al tot een ware informatierevolutie geleid; zeker als daar ook het gebruik van social media bij wordt opgeteld. Voor wat betreft video zijn de mogelijkheden voor het agogisch werk gigantisch. Via opnamen kunnen beelden van gebeurtenissen worden herhaald, vertraagd worden afgespeeld, worden ingezoomd, enzovoort. Voor het analyseren van videobeelden zijn inmiddels talloze krachtige methoden ontwikkeld, zoals videofeedback. Dit is een benaming voor een meer algemene toepassing van video: men gebruikt de beelden als feedback, bijvoorbeeld om naar het eigen handelen te kijken. Ouders die zichzelf terugzien op video, zien soms meteen wat ze beter kunnen doen. Videofeedback kan ook gebruikt worden bij bijvoorbeeld teamtraining, om op één lijn te komen.

Verschillen
Karel is autistisch. 's Morgens is Karel de ene keer rustig, een andere keer juist heel onrustig. Omdat men wil weten hoe dat komt, worden video-opnamen gemaakt van eenzelfde gebeurtenis op verschillende dagen. Gekozen wordt voor het moment op de ochtend waarop, samen met Karel, de picto's van de dag met klittenband op het dagschema bevestigd worden. Bij het terugkijken zijn de groepsleiders verbaasd over de grote verschillen in begeleiden bij het opplakken van de picto's. De een doet dit rustig en gestructureerd, Karel er voortdurend bij betrekkend. Een ander doet het zo rommelig dat de picto's op een hoopje op bed liggen en Karel geen enkel overzicht heeft bij het maken van de keuzen. Met elkaar wordt vervolgens gekozen voor een bepaalde concrete procedure.

Een andere methode is video-interactiebegeleiding, waarbij vooral gekeken wordt naar de uitnodigende waarde van de lichaamstaal van opvoeders. Dit kan ook gebruikt worden om de wijze van contact maken met iemand te verfijnen. Video-interactiebegeleiding thuis wordt ook wel videohometraining genoemd.

> **Video**
> Emma kijkt samen met trainer Kees naar een video-opname van een dagelijkse situatie. Daarop is te zien hoe haar dochtertje steeds jengelend vraagt of moeder naar haar tekening wil kijken. Moeder zegt van achter het aanrecht vandaan: 'Je ziet toch dat ik bezig ben?' Haar dochtertje reageert teleurgesteld. Moeder ziet dit, loopt naar haar toe, zakt door de knieën en zegt: 'Loesje, ik snap dat je het niet leuk vindt, maar ik ben even bezig. Over vijf minuten wil ik graag naar je tekening kijken.' Hier zet Kees de band stil en zegt: 'Kijk, hier bevestig je aan Loesje dat je haar vraag hebt ontvangen. Loesje voelt zich niet langer afgewezen.'

In dit voorbeeld wordt de video gebruikt om een ervaring in het hier en nu te brengen. Het beeld vormt hier samen met de verstrekte informatie de mogelijkheid om te leren van een ervaring. Door het fragment te benoemen, wordt impliciete informatie expliciet gemaakt. Typerend voor videohometraining hierbij is het benoemen van een positieve contactervaring. Mensen blijken over het algemeen vooral te leren van positieve bekrachtiging van wat ze al goed doen; dit geeft zelfvertrouwen en plezier. Vanuit deze positieve houding kan moeder groeien in haar rol.

7.12 Esthetische illusie

Iconische symbolen kunnen zo echt lijken, dat ze echte gevoelens oproepen. In doen alsof-spel wordt de illusie opgeroepen van een andere wereld, die dan ook voor een deel echt zo ervaren kan worden. Dit fenomeen wordt door Kris de *esthetische illusie* genoemd (Kris, 1989). Deze esthetische illusie treedt bijvoorbeeld op bij het kijken naar een toneelstuk of foto.

Vuur

Begeleider Giel bladert samen met Twan (8), een verstandelijk gehandicapte autistische jongen, in een tijdschrift. Twan is vooral geïnteresseerd in de foto's. Giel gaat steeds in op de vragen van Twan en geeft ook af en toe aan wat hij ziet. Op een van de foto's staat een afbeelding van een kampvuur met mannen eromheen. Twan kijkt gebiologeerd naar de haarscherpe foto. 'Is niet heet, hè ...?', probeert Twan zijn angst te overwinnen. 'Nee, is niet heet, Twan. Voel maar.' Maar Twan kijkt wel uit en beweegt zijn armen naar achter zijn lichaam. Dan legt Giel zijn vingers op het 'vuur': 'Kijk maar, Twan. Het vuur is niet echt, het is maar een foto.' Pas dan durft Twan, zij het aarzelend, zijn vingers op de foto te leggen: 'Nee, het is niet heet. Het is geen echt vuur, het is maar een foto ...'.

Hierbij verwijst de term esthetisch naar haar oorspronkelijke betekenis: betrekking hebbend op de zintuigen. Illusie verwijst hier naar het 'bedrog' karakter: er is sprake van zinsbegoocheling. Hoewel iedereen weet dat hij zijn zintuigen bedriegt, kunnen de opgeroepen ervaringen en emoties wel echt zijn. Een film is niet echt, maar kan wel degelijk ontroeren. De door de beelden van de esthetische illusie opgeroepen innerlijke beelden zijn eveneens echt.

Via het niet-echte karakter van de via spel en kunstzinnige middelen vormgegeven esthetische illusie, kunnen semi-ervaringen (ofwel simulatie-ervaringen) worden uitgelokt, die voor een groot deel overeenkomen met echte ervaringen. De zintuigen worden bedrogen en het lichaam reageert alsof het een echte ervaring is. Tegelijkertijd is er steeds de vrijheid om de ervaring te ontmaskeren, als zijnde een illusie. Het voordeel van de esthetische illusie is dat de 'werkelijkheid', via spel en kunstzinnige middelen, op maat gesneden kan worden. Dit gegeven maakt de esthetische illusie hanteerbaar. Via spel en kunstzinnige middelen kunnen met behulp van de esthetische illusie bijzondere ervaringen worden gearrangeerd, waarbij zintuiglijke communicatie en het vrijplaatskarakter samengaan.

Op de website vind je aanvullend materiaal over de in dit hoofdstuk behandelde onderwerpen.

Samenvatting

» Communicatie is het proces waarbij door middel van tekens informatie wordt overgedragen. Via media wordt informatie gecodeerd, verzonden en vervolgens gedecodeerd. Coderen gebeurt in een taal. Een taal is een codesysteem ofwel een samenhangende reeks afspraken over de betekenis van bepaalde tekens. Behalve verbale talen bestaan er ook non-verbale talen ofwel zintuiglijke talen: beeldtaal, lichaamstaal en muziek. Via zintuiglijke talen en hun media worden zowel expliciete als impliciete boodschappen overgebracht.

» Bij het decoderen van de informatie is het referentiekader van de ontvanger van belang. Dit komt het meest tot uiting in het connotatieve aspect van een teken: de persoonlijke betekenis voor de ontvanger. Het denotatieve aspect van een teken is de feitelijke, vastliggende neutrale betekenis.

» Een belangrijke tweedeling in manieren van ordenen van de werkelijkheid vinden we in het onderscheid tussen de linker- en de rechtermodus. Deze komt ook overeen met de indeling in rationeel en ervarend systeem. Bij de eerste staat een logisch-mathematische ordening centraal. Deze is gericht op (analytisch) begrijpen en wordt ook wel een gnostische benadering genoemd. Bij de tweede staat een narratieve ordening centraal. Hierbij gaat het veel meer om de subjectief beleefde werkelijkheid. Deze ordening staat dicht bij directe zintuiglijke ervaring. Men spreekt van een pathische beleving bij het genieten van puur zintuiglijke indrukken.

» Elk mens beschikt over een innerlijk voorstellingsvermogen. Binnen deze verbeelding kunnen we drie soorten afbeeldingen maken: herinneringsbeelden, verbeeldingsbeelden en fantasiebeelden. Onze verbeelding maakt het mogelijk de onmiddellijke werkelijkheid te overstijgen en te sturen.

» Binnen de verbale taal kan men onderscheid maken tussen abstracte (ontbeelde) taal en beeldende taal. De eerste is de taal van de linkermodus, de tweede van de rechtermodus.

» Dit hoofdstuk onderscheidt drie zintuiglijke talen: beeldtaal, lichaamstaal en muziek. Binnen de beeldtaal kunnen drie soorten tekens worden onderscheiden: iconische tekens (de betekenis berust op overeenkomst met het gerepresenteerde), indexicale tekens (de betekenis berust op de ervaring dat het teken verwijst naar iets anders) en symbolische tekens (de betekenis berust op de afspraak wat men eronder verstaat).

» Schulz von Thun maakt onderscheid tussen drie aspecten van lichaamstaal: het expressieve, het relationele en het appellerende as-

pect. De Roos van Leary is een uitwerking van het relationele aspect van de lichaamstaal. Hierbij kan intermenselijke dynamiek op het niveau van lichaamstaal worden begrepen.
» Muziek onderscheidt zich van alle andere talen.
» De mogelijkheden van audiovisuele media en ook de sociale media hebben een grote vlucht genomen. Zij bieden zeer specifieke en krachtige agogische mogelijkheden.
» De esthetische illusie betreft de mogelijkheden om echte emoties op te roepen via niet-echte of net echte ervaringen. Dit geeft veel agogische hanteringsmogelijkheden.

Narratief werken   8

'Je bent nooit te oud om een gelukkige jeugd te hebben gehad'
(Bron: Aie Maris)

8.1 Inleiding

Hoofdstuk 6 belichtte ervaringsleren als een mogelijke ingang tot het uitlokken van creatieve processen. Dit hoofdstuk gaat in op de mogelijke rol van eerdere ervaringen bij betekenisvernieuwing via narratieve methoden. In paragraaf 8.2 worden kenmerken en functies van narratief werken onderscheiden. De bijzondere mogelijkheden van kunstzinnige media bij het narratief werken worden in paragraaf 8.3 belicht. Bijzondere aandacht is er voor de metafoor als agogisch instrument (paragraaf 8.4). In de laatste paragraaf wordt een analyse gemaakt van de narratieve dialoog: het komen tot herbeleving en bewustwording via het maken en bespreken van een 'kunstwerk'.

8.2 Narratief werken

Narratief werken staat volop in de belangsteling. 'Narrativiteit is de mogelijkheid jouw verhaal te vertellen op een creatieve metaforische manier die daadwerkelijk je zelf representeert', aldus Dianoia in Horstman e.a. (2006, p. 12). Narratio is Latijn voor verhaal. Narratief werken gaat dus over verhalen vertellen. Soms gaat dit over levensverhalen, wat voor sommige ouderen een zeer belangrijke zingevingsbron kan zijn. Het verhaal krijgt hier het karakter van reminiscentie: het in stilte of hardop herinneren van eerdere ervaringen. Een vertelling lokaliseert gebeurtenissen op een concrete manier in tijd en plaats. Waarbij een sociaal constructivist veel meer de nadruk zal leggen op het feit dat het levensverhaal meer een reconstructie is van het verleden dan een herhaling. Het verhaal uit het verleden verandert onder invloed van veranderde herinneringen. Maar het standpunt van waaruit het verhaal verteld wordt, verandert ook door recente ervaringen. Het perspectief en de inkleuring veranderen. Hier ligt mogelijk ook een rol voor de agoog.

Levensverhaal
Ferat wordt uitgenodigd door Aisha om zijn levensverhaal te vertellen. Ze liggen onder de sterrenhemel op de grond. Ferat komt van de ene sombere herinnering op de andere. Er zit weinig emotie bij. Na twintig minuten zegt Aisha: 'Goh, Ferat. Ik word er helemaal down van. Zou je je levensverhaal nog eens willen vertellen, maar dan alleen vanaf de positieve kant?' Ferat begint opnieuw en onder invloed van dit nieuwe filter komen er heel andere kanten van zijn leven naar boven. Dezelfde gebeurtenissen blijken ook een positief aspect te hebben, en er komen ook andere gebeurtenissen naar boven.

In de narratieve psychologie worden aan het vertellen van verhalen belangrijke functies gekoppeld. De narratieve benadering geeft je de kans om jezelf te laten zien zoals jij jezelf ziet in de verhalende reconstructie. Voor veel ouderen is het 'life-review' een belangrijke zingevingsbron: het is betekenisvol terug te mogen kijken naar het leven, vanuit het standpunt van nu. In het boek *Terug naar de toekomst* (Horstmann, Doorn, Waider, Müller & Hoek, 2006) wordt een vijftal samenhangende functies onderscheiden aan narratief werken:
- geven van inzicht;
- bewustwording van zichzelf;
- identiteitsvorming;
- stabilisering (en verwerking);
- bewustwording van het toekomstperspectief en hier sturing aan geven.

INZICHT GEVEN
Door het verhaal te vertellen vanuit het perspectief van nu, kan het zijn dat de verteller gebeurtenissen op een voor hem nieuwe en inzichtgevende manier beziet. Zo krijgt hij een nieuw perspectief op het belang of de kleur ervan (herbeleving). Met de kennis van nu kijkt men immers toch anders tegen gebeurtenissen aan dan met de kennis van toen.

BEWUSTWORDING VAN ZICHZELF

Door over zichzelf te vertellen, wordt de verteller zich ervan bewust hoe hij in het leven staat. De verteller luistert mee naar zijn eigen verhaal. Hij benoemt en hoort van zichzelf hoe gebeurtenissen in het leven hem gevormd hebben tot wie hij nu is. In het verhaal wordt de betekenis beseft die die gebeurtenissen voor hem hadden en nog steeds hebben. Door het vertellen worden impliciete betekenissen expliciet gemaakt.

IDENTITEITSVORMING

Door herhaaldelijk verhalen over zichzelf te vertellen, wordt het eigen bestaan bevestigd ('Ik besta en doe ertoe'). De vertelde betekenissen beklijven en de verteller krijgt via het vertellen meer en meer het idee: dit ben ik. In het vertellen van het persoonlijke levensverhaal draagt de verteller een bepaalde identiteit uit, over wie hij is en wie hij wil zijn. Een met inzet en openheid verteld verhaal is tevens een creatief product. Het is een eigenhandige reconstructie, die een element van zelfverwerkelijking in zich draagt ('This is me'). Een aandachtig publiek kan dit nog bevestigen.

Foto's

Lora (24) heeft een lange geschiedenis achter de rug, die wordt gekenmerkt door seksueel misbruik en heen en weer geslingerd worden tussen verschillende woon- en verblijfplaatsen. Een veilig thuis heeft zij nooit lange tijd gekend. Wanneer de vrouw over haar levensgeschiedenis begint te vertellen, valt op dat haar verhaal steeds algemeen blijft. Als ze al specifieke zaken over haar leven vertelt, dan blijkt vaak dat zij zich de leeftijd waarop zij bepaalde dingen meegemaakt zou hebben, niet exact meer herinnert of er maar een slag naar slaat. Ook de plekken waar ze dingen meegemaakt zou hebben, blijven vaag of kloppen feitelijk niet met andere verhalen. Kortom: haar levensgeschiedenis bestaat voor haar uit vage herinneringsbeelden, bij nadere beschouwing aangevuld met zelfbedachte fantasiebeelden. Met dit gegeven gaat een hulpverlener samen met haar een aantal belangrijke plekken uit haar verleden fotograferen. Zo kan de vrouw langzamerhand een meer reële levensgeschiedenis reconstrueren en bovendien haar verhaal illustreren met 'echte beelden': de foto's.

STABILISERING

'De gedachte en het gevoel te weten hoe je in het leven staat en wie je bent, is een basis waaruit zelfvertrouwen en een gevoel van houvast ontstaat. Het geeft de deelnemer als het ware meer vat op en controle over zijn leven. Door het vanuit een nieuw perspectief te bekijken en betekenis te geven aan belangrijke gebeurtenissen uit het leven, ontstaan verbindingen tussen gebeurtenissen en hun betekenis. Deze verbindingen zorgen voor een meer compleet beeld van de deelnemer over zijn persoon en zijn leven. Het is juist dit verbindende gegeven dat voor stabilisering zorgt', aldus Horstman e.a. (2006, p. 14). Door de verhalende herinnering kunnen ervaringen worden herbeleefd, samen met de destijds beleefde emoties. Soms wordt tijdens het vertellen ook een emotie beleefd die destijds onbewust is gebleven. Tijdens het vertellen van de gebeurtenis kan iemand overvallen worden door emoties (bijvoorbeeld: 'Goh, ik wist niet dat het me zo diep zat. Tja, als ik het zo vertel, word ik mij er toch van bewust dat …'). Het vertellen van 'het' verhaal kan gunstig zijn voor de verwerking van traumatische ervaringen.

Ook via de weg van verwerking door herhaling, herbeleving en reconstructie kan het vertellen van verhalen positief werken op de gezondheid. Uiteindelijk werkt dit *integrerend*: een moeilijke ervaring wordt opgenomen en gaat onderdeel uitmaken van de persoon, in plaats van een eigen leven te leiden. Het kan dan ook belangrijk voor mensen zijn het 'moeilijke verhaal' te vertellen, want dit kan leiden tot zich meer heel voelen. Ook bij rouwen kunnen verhalen een belangrijke rol spelen. Na het overlijden gaan mensen vaak verhalen over de overledene vertellen, die kunnen leiden tot nieuwe inzichten en emotionele herbeleving. In een onderzoek van Pennebaker wordt bevestigd dat zelfexpressie via het vertellen over traumatische gebeurtenissen samen met de daar opgeroepen emotie, erg gunstige effecten heeft op de welzijnsbeleving van mensen (Bohlmeijer, Mies & Westerhof, 2007, p. 37).

TOEKOMSTPERSPECTIEF

'Het terugkijken, ordenen en betekenis geven, met als resultaat het levensverhaal, doet bij de deelnemer de vraag ontstaan naar: wat wil ik met mijn leven? Door deze vraag wordt er bewust stilgestaan bij het nu en het vooruitkijken naar de toekomst wordt op gang gebracht', stellen Horstmann e.a. (2006, p. 15). Daarnaast kan het vertellen van succesverhalen uit het verleden kracht geven om moeilijkheden in het heden en de toekomst te overwinnen.

8.3 Kunst en narratieve reconstructies

Voor het vertellen van een verhaal lijkt het gebruik van taal vanzelfsprekend te zijn. Een verhaal kan echter ook op een andere manier 'verteld' worden, bijvoorbeeld via kunstzinnige media. Verhalen worden daarmee:
- uitgelokt;
- vormgegeven op eigen wijze;
- omgezet in ankers en daardoor getransfereerd en gegeneraliseerd.

VERHALEN UITLOKKEN

Wie kent het niet: een liedje plaatst je zomaar terug in de tijd, compleet met de geliefde van toen. Bij het zien van een voorwerp, komt je oma plotseling op in je herinnering. Iets triggert een herinnering, zonder dat je je daar actief voor inspant. Het blijkt dat de waarneming van slechts een paar onderdelen van een geheel, een innerlijke reconstructie van dit geheel kan uitlokken. Als iemand de eerste tonen van een voor ons bekende melodie fluit, zijn wij in staat de melodie af te maken. Als we een foto zien van een paar jaar geleden, kan deze foto een groot aantal herinneringsbeelden uitlokken. Dit principe wordt door Watzlawick (1978) *pars pro toto* genoemd: het geheel wordt uitgelokt door een onderdeel van dit geheel.

Maar via het mechanisme van pars pro toto wordt niet alleen een innerlijke reconstructie van het totale beeld uitgelokt. Samen met het beeld kunnen ook de hieraan gekoppelde gevoelens worden uitgelokt en herbeleefd. Ook geassocieerde gedachten kunnen plotseling worden herinnerd. Hoe komt dat? 'Herinneringen worden niet opgeslagen als losse data', aldus InfoNu.nl (2012). Emoties, beelden, geluiden, gedachten, enzovoort, worden vaak in samenhang met elkaar opgeslagen. Zo wordt een begrip herinnerd via gebeurtenissen, zintuiglijke indrukken, gedachten, enzovoort. Een koffer wordt herinnerd als een voorwerp waarin men spullen kan stoppen, met bijvoorbeeld een klep en een cijferslot. Maar hij wordt ook snel gekoppeld aan die ene vakantie waarin de cijfercode kwijt was, of aan een vakantie die geweldig was. Een belangrijke gebeurtenis wordt integraal opgeslagen als feiten, emoties, gedachten, zintuiglijke waarnemingen, enzovoort. Een eindexamenfeest is bijvoorbeeld een samenballing van eindelijk ontspannen, dansen, het te laat maken en je lekker voelen bij sommige mensen.

VERHALEN OMZETTEN IN ANKERS

Om een herinnering op te roepen, kan elk van de elementen die rondom de herinnering zijn voorgevallen, in principe ook functioneren als 'retrieval cue' ofwel activeringshint. Dat is een prikkel, in de vorm van een sleutelwoord en/of label, die herinneringen uit het langetermijngeheugen activeert (Vonk, 2011). Door anderen wordt in dit verband ook het woord anker gebruikt: een prikkel die een bepaalde ervaring of stemming oproept. Een anker kan spontaan zijn effect hebben, doordat het zich toevallig aandient, danwel bewust wordt ingezet. Het anker heeft dan de functie van transport in tijd en ruimte: iets van elders in tijd en ruimte wordt via het anker geactualiseerd ofwel in het hier en nu opgeroepen. Het sterkst lijken hierbij zintuiglijke prikkels te werken, zoals geur, smaak, muziek, voorwerpen, foto's en filmpjes.

De laatste vier zijn reproduceerbaar en staan ons dus altijd ter beschikking. Zij kunnen ten eerste gebruikt worden om terug te gaan naar een concreet moment in de tijd. Hierdoor kunnen specifieke gebeurtenissen en bijbehorende indrukken worden herbeleefd. Ten tweede kunnen ze een bepaalde periode in het leven karakteriseren, samen met het 'hele' gevoelsleven dat daarbij hoorde.

Ook zal een fysieke terugkeer naar de context waarin ervaringen zijn opgedaan, herinneringen spontaan laten opkomen. Bij het uitlokken van herinneringen ten behoeve van het vertellen van verhalen, kan hiervan gericht gebruik worden gemaakt. Mensen kan gevraagd worden persoonlijke muziek of foto's mee te brengen. Het erover vertellen zal een reconstructiestroom bij de verteller op gang brengen. Het verhaal van de ene persoon kan bovendien herinneringen en verhalen bij anderen oproepen.

Herkenning

Elke meid heeft een voor haar bijzonder nummer uitgekozen om aan elkaar te laten horen. Jenny laat een lied van Alanis Morissette horen aan de zes andere meiden van de groep. Het lied 'Perfect' gaat over haar moeite om te voldoen aan de hoge verwachtingen van haar ouders. Over haar strijd met het perfect willen zijn. En over haar strijd om te mogen ontspannen, er te mogen zijn. Sommige deelnemende meiden barsten in tranen uit; er is veel herkenning. Het ene verhaal roept het andere op.

Mensen kennen vaak zelf voor hen belangrijke ankers. In voorgaand voorbeeld komt tot uitdrukking dat bij veel mensen muziek is gekoppeld aan emotie. Daarnaast is hier de werking van de vrijplaats waarneembaar: iets wat niet in het hier en nu aanwezig is, wordt opnieuw opgeroepen (esthetische illusie). De spelregel dat elke meid een lied bespreekbaar maakt, zorgt daarbij voor onderlinge verbondenheid.

VORM GEVEN AAN VERHALEN

Het blijkt dat bij het vertellen van verhalen juist ook andere dan verbale talen en media een grote rol kunnen spelen. Zo kennen de audiovisuele media een explosieve expansie, mede door de grotere beschikbaarheid van opnameapparatuur en de vlotte deelbaarheid van de opnamen via de sociale media. Het 'spreken' via de taal van deze media is door de technologische ontwikkelingen binnen vrijwel ieders bereik gekomen.

Maar niet alleen 'moderne' media zijn geschikt om narratief mee te werken. In feite is elk medium waarmee iets kan worden uitgebeeld, hiervoor geschikt. Ook via drama en beeldende vorming kunnen onderdelen van het leven worden uitgebeeld. Via lichaamstaal en opstellingen narratief werken is ook populair. Het fenomeen familieopstelling heeft een grote vlucht genomen: mensen kiezen een scène uit hun leven en laten anderen de hoofdrollen spelen. Deze live-interactie heeft veel impact en wekt veel verwondering: 'Familieopstellingen is een methode die, zonder veel woorden, ons laat zien welke plek we in ons huidige gezin of onze familie van herkomst innemen. Opstellingen helpen om tot dan toe verborgen of half bewuste verbanden te zien, én wat mogelijke wegen zijn om ons, liefdevol, los te maken uit verstrikkingen' (Stam, 2011). Ook het toepassen van poppen kan sterk werken. Zeer krachtig en wat betreft invalshoek wat lijkend op de familieopstellingen, kan de werking zijn van 'narrative sandplay'. Via poppetjes worden opstellingen gemaakt, al dan niet om specifieke gebeurtenissen uit te beelden en te bewerken (Berkers, 2005). En wat te denken van de rap: muziek en dichten gecombineerd, met bewegingen die dicht bij dansen liggen.

Als men toch gebruik wil maken van woorden, is er ook nog de keuze van het vertellen of schrijven. Het laatste geeft misschien meer veiligheid, men wordt niet bekeken en dus niet veroordeeld, wat gunstig is voor de expressie. Maar bij het mondeling vertellen kunnen juist de aandacht en het gebruik van de stem, waardoor men 'de keel moet openen', bevorderend werken voor openheid. Maar hoe dan ook: het schrijven of vertellen van een verhaal kan tot flow leiden. Pennebaker zegt hierover: schrijven leidt tot een 'high level of mindfulness', de persoon is er met veel aandacht bij betrokken. Dit geldt zowel voor schrijven als voor vertellen.

De specifieke media doen een ander appel op de verteller en kunnen hem aanzetten tot het doorlopen van een creatief proces. In ieder geval kan het accepteren van een uitdagende opdracht om zichzelf uit te drukken via een verhaal, film, foto, enzovoort, vrij gemakkelijk tot flow leiden. Ook zal het proces op weg naar het eindproduct mogelijk momenten van contemplatie (bezinning) bevatten. Door bijvoorbeeld te gaan bladeren in een oud fotoalbum worden herinneringen getriggerd. Als deze foto's vervolgens in een volgorde worden gezet met muziek eronder en enkele toelichtende trefwoorden, gebeurt er iets met de verteller. De media kunnen dan een soort van 'autonome meeverteller' worden. Ze dwingen de verteller om uit zijn 'gewoonteverhaal' te stappen en hij wordt mogelijk aangezet te gaan spelen met de vormgeving van het eigen verhaal, daarmee ook komend tot een andere reconstructie ervan. Hierdoor kan hij mogelijk nieuwe ontdekkingen doen en tot een nieuwe betekenis komen.

Maar uiteindelijk is het product iets van de persoon zelf, dat hij in de wereld heeft gezet, waar hij trots op kan zijn en waar anderen naar kunnen kijken. En waar hijzelf ook naar kan kijken en luisteren. Zoals gezegd, een element van zelfverwerkelijking, waarbij het zelf tijdelijk via een product wordt uitgebreid, zodat men ook echt naar belangrijke facetten van zichzelf kan kijken. Het is als het leggen van een ei. Deze producten kunnen in het verdere leven ook gaan werken als een anker. Men kan er een jaar later nog naar kijken en er mogelijk weer geëmotioneerd door raken. Men kan ernaar teruggaan als naar iets waardevols dat men heeft gemaakt, of het gebruiken als referentie naar anderen. Ik laat het hierbij wat betreft de mogelijkheden, want er zijn er bijna onnoemelijk veel. Het is zeer de moeite waard om via internet te zoeken op 'narrative' of 'digital storytelling'. Zo kun je complete methoden, werkwijzen en voorbeelden vinden.

NABESPREKING

Kunstenaars laten het liefst het beeld of de muziek voor zichzelf spreken. Het is echter de vraag of dit voor agogische toepassingen ook optimaal is. Een argument om het nabespreken achterwege te laten, is dat niet bespreken 'het beeld' intact laat; de beeldtaal blijft zo de beeldtaal. Dat wat via het beeld verteld wordt, wordt misschien kapotgemaakt door het te bespreken. Bespreken is immers ook uit de vrijplaats 'stappen'.

> **Zwijgen**
> Roxi doet een indrukwekkende ervaring op bij een familieopstelling onder begeleiding van Jan Jacob Stam. Ze vraagt hem of het slim is hierover te spreken met mensen. Hij kijkt haar aan en zegt zoiets als: 'Erover spreken is de manier om het effect het snelst te laten verdampen.' Roxi spreekt er een week niet over en daardoor is het beeld haar nooit meer ontglipt. Na een week gaat ze er wel over praten en dat helpt haar ook weer verder.

Opvallend is de conclusie uit onderzoeken van Pennebaker dat dans en beweging, kunst en muziek erg geschikt zijn voor zelfexpressie. Maar dat het grootste effect op de gezondheid ontstaat als mensen 'hun emoties en beleving vervolgens omzetten in woorden en taal' (Pennebaker in Bohlmeijer, Mies & Westerhof, 2007, p. 37). Mijn conclusie: erover spreken is zonder meer goed, maar timing is daarbij belangrijk.

8.4 Metaforen

Een metafoor is een vergelijking van kenmerken van mensen of een situatie met iets anders wat deze kenmerken in grote mate heeft. Bijvoorbeeld: 'Je kamer is een zwijnenstal', waarmee wordt aangeduid dat de kamer vies en niet opgeruimd is. Of: 'De appel valt niet ver van de boom', wat duidt op een overeenkomst tussen kenmerken van iemand met diens vader of moeder. Metaforen verwijzen vaak naar beelden uit de werkelijkheid. Ze kunnen de vorm hebben van een voorwerp, van afbeeldingen in de vorm van een schilderij, foto of tekening, van een (anekdotisch) verhaal of van beeldspraak. In gedichten wordt van dat laatste bijvoorbeeld veel gebruikgemaakt.
Metaforen kunnen gebruikt worden om de eigen innerlijke belevingen uit te drukken en mogelijk te verhelderen. Iemand kan een steen oppakken van het strand en een parallel trekken tussen de scherpe randen van de steen en zijn pijn en liefdesverdriet. Iemand die een diepe put tekent, kan hiermee zijn eigen deprimerende toestand aanduiden. Een metafoor kan ook gebruikt worden om feedback te geven, bijvoorbeeld na een vrijplaatservaring.

> **Ruimte**
> Op de wekelijkse groepsbijeenkomst van een tbs-instelling wordt over het algemeen gepraat over het reilen en zeilen van de afde-

> ling. De laatste weken komt daar weinig meer uit. Henk, de begeleider, geeft de groep bewoners dit keer de opdracht om samen een tekening te maken. Zij mogen ieder twee kleuren uitzoeken. Na enige weerzin gaan ze aan de slag. Kees heeft geel en rood gekozen en beperkt zich tot een kleine ruimte. Hij tekent wat kleine poppetjes. Erik koos rood en blauw. Hij neemt veel ruimte in, maar laat hierbij de vormen van de anderen ongemoeid. Henk heeft zwart en groen als kleuren gekozen. Hij trekt zich weinig van de anderen aan en tekent overal dwars doorheen. Soms zet hij een grote zwarte streep, dwars door de tekening van een ander. In de nabespreking blijken velen zich gestoord te hebben aan het gedrag van Henk: 'Zo doe je dat wel vaker. Je laat mij geen ruimte om mezelf te zijn.' Een ingang tot een gesprek is gevonden.

Ook de agoog kan een metafoor gebruiken om de situatie van de cliënt te verhelderen: 'Het lijkt wel alsof je de kapitein bent op een zinkend schip. Je man is allang vertrokken, maar jij blijft nog trouw aanwezig. Is er geen reddingboot?' Metaforen berusten op een narratieve ordening. Ze kunnen soms op verrassende wijze verhelderend werken. Ook blijven ze vaak lang hangen. Een vrijplaatservaring kan tevens als metafoor dienen voor eerdere ervaringen. Zeker bij traumatische ervaringen kunnen zij dan gaan werken als een 'retrieval cue' (zie paragraaf 8.3).

> **Overgave**
> Bij een valoefening moet iemand zich met de ogen dicht voorover laten vallen. Hij weet dat hij opgevangen zal worden. Maar toch ... Barney betrapt zichzelf erop dat hij zich niet kan overgeven. Hij opent steeds even kort de ogen of houdt de armen zo naast zijn lijf, dat hij zich kan opvangen. Hij trekt zelf de parallel: 'Tja, zo heb ik me ook bij mijn moeder gevoeld. Ik had nooit het vertrouwen dat ze me zou opvangen.' Als hij het uitspreekt, begint hij te huilen.

8.5 Narratieve dialoog

Een agoog die de taal van het medium kent en oprecht geïnteresseerd is, ziet of hoort betekenisvolle boodschappen in een creatief product (zoals een schilderij, rap of dans), die een leek op het gebied van het medium ontgaan. Juist door te benoemen van wat hij aan specifieke kwaliteiten of ontwikkelingen ziet, kan de expert een bijzondere ingang vinden bij de betrokkene. In het gesprek over het product kan dan een spontane vrijplaats ontstaan. Even wordt de wereld van het schilderij, de rap of de dans centraal gezet vanuit de rollen van kunstenaar en toeschouwer.

> **Vertrouwen**
>
> Jeanette schildert in vrij sombere kleuren. Begeleider Albert zegt dat hem dit opvalt: 'Het lijkt wel of de dood steeds aanwezig is in je schilderijen.' Jeanette lijkt even te schrikken, maar al snel wint de kracht van de belangstelling van Albert het van haar schaamte. 'Ja, dat klopt wel. Ik ben behoorlijk suïcidaal. Ik heb afgelopen drie jaar viermaal een poging gedaan mijn polsen door te snijden.' Albert gaat hierop door en zegt uiteindelijk: 'Nu ben ik toch wel benieuwd geworden. Wil je mij je polsen laten zien?' In korte tijd is, via het kunstwerk, blijkbaar een soort vertrouwen gegroeid, waardoor Jeanette geen enkele moeite heeft aan het verzoek van Albert te voldoen.

In voorgaand voorbeeld vormen Jeanette en Albert samen een vrijplaats, waarin het schilderij van Jeanette centraal staat. Agoog en betrokkene zijn op dat moment samen verbonden in de bijzondere werkelijkheid van het kunstwerk. Interesse in het kunstwerk is als interesse in de kunstenaar. Doordat het gezien wordt, wordt de kunstenaar gezien. Gezien worden door iemand met oprechte interesse, is een betekenisbron op zichzelf. Maar er is meer: door over het product in gesprek te gaan, kan men mogelijk doordringen tot andere lagen. Juist doordat de taal van de kunst ook veel impliciete informatie kan bevatten over de kunstenaar zelf, liggen hier mogelijkheden tot ontdekking. Door dingen te benoemen die opvallen of vragen oproepen, kan het gebeuren dat iemand zich bewust wordt van een bepaalde betekenis die hij onbewust in het kunstwerk heeft gelegd. Dit is een van de belangrijke agogische mogelijkheden van het hanteren en verstaan van de bijzondere talen van muziek, beeld en lichaam.

> **Rust**
>
> Kees componeert graag liedjes, die hij vervolgens op de computer opneemt. Begeleider Henk luistert er graag naar. Op een bepaald moment valt de begeleider op dat Kees zo weinig rust neemt in zijn liedjes. Alle maten worden vol tekst gestopt. Zó vol, dat het inhoudelijk nog nauwelijks te volgen is. Kees kijkt Henk aan, knikt en zegt dan: 'Ja, nu je het zegt ... Ik geloof dat ik het gevoel heb dat rust nemen verloren tijd is.' Dan hebben de twee het even over de voordelen om juist minder woorden te gebruiken. Door na een belangrijk woord rust te houden, komt het meer binnen. Zo krijgt de muziek ook meer gelegenheid om het woord in te kleuren. Dan komt Kees opeens tot een belangrijk inzicht: 'Volgens mij doe ik dat in het dagelijks leven ook zo! Dan prop ik ook alles vol. Als ik wat meer rust zou nemen ...'.

Door in gesprek te gaan over het creatieve product, vindt een poging tot vertaling plaats van de ene taal in de andere. Hierdoor kunnen impliciete betekenissen expliciet gemaakt worden. Zoals in het voorbeeld van Kees en Henk het volproppen van het lied met tekst. In gesprek tussen kunstenaar en betrokken agoog kan het kunstwerk beide partijen belangrijke informatie opleveren over de situatie van de cliënt. In het voorbeeld ligt de metaforische waarde voor de hand en deze wordt ook als zodanig benoemd. Als Kees het niet had benoemd, had hij er uiteraard ook naar kunnen vragen, bijvoorbeeld: 'Hoe doe je dat in het dagelijks leven?' In het luisteren naar de muziek en het gesprek erover wordt een vrijplaats gecreëerd waarin de werkelijkheid van het lied centraal staat en er een bijzondere verbondenheid tussen de deelnemers ontstaat. In figuur 8.1 wordt het gebruik van beelden als metafoor in beeld gebracht.
Toelichting bij figuur 8.1: pijl 1 is het creëren van een creatief product (zoals een liedje, schilderij of dans), al dan niet bewust als metafoor. In dit product is een aantal expliciete elementen aanwezig, die de kunstenaar er bewust in legt. Deze expliciete elementen zijn aangegeven met een X. Daarnaast bevat elk creatief product dat met inzet gemaakt is, tevens impliciete elementen die typerend zijn voor de kunstenaar, zonder dat hij zich hiervan bewust is. Deze eigenschappen kunnen voor een goed verstaander specifieke vermoedens en vragen oproepen over de kunstenaar. De impliciete elementen worden in figuur 8.1 aangegeven met een O.

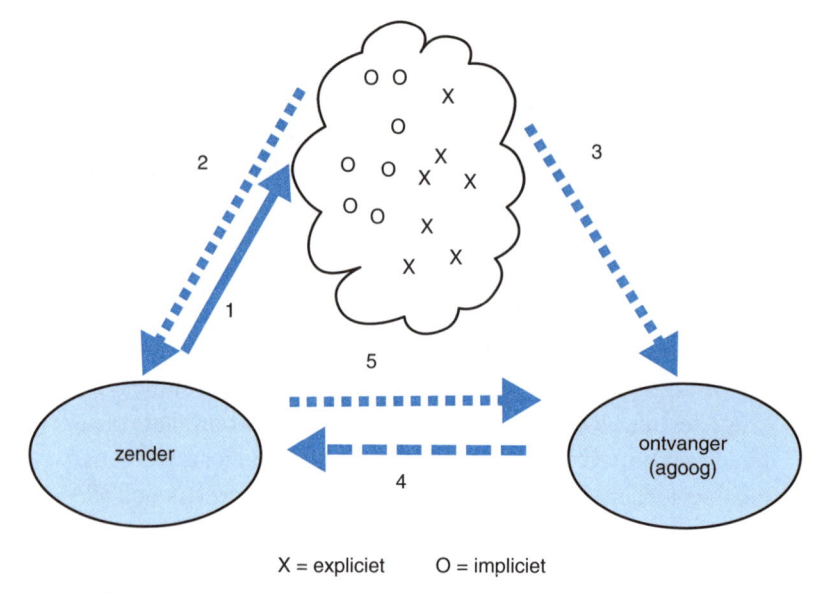

Figuur 8.1 *Gebruik van beelden als metafoor.*

Pijl 2 gaat over de waarneming door de kunstenaar van het product: feedback. Alleen al waarneming van het resultaat van de expressie kan ervoor zorgen dat iemand zich bewust wordt van bepaalde aspecten van zichzelf (O wordt X). Dit zal over het algemeen nog sterker zijn als er een gesprekspartner aanwezig is. Al pratend kan de kunstenaar dan ontdekkingen doen over wat hij zelf in het kunstwerk heeft gelegd (pijl 2 en 5).

Pijl 3 gaat over de waarneming door de agoog (of andere gesprekspartner). Deze zal voor een deel andere expliciete waarnemingen doen dan de zender. Door deze waarnemingen in gesprek te brengen (pijl 4) kan er een dialoog ontstaan. Ook in deze dialoog doet de zender mogelijk nieuwe ontdekkingen over zichzelf en/of voelt hij zich uitgenodigd iets over zichzelf te vertellen (pijl 4, 2 en 5).

Goed verstaander

Linde werkt met jongeren met een hechtingsstoornis en is niet veel ouder dan de meeste bewoners. Dave is een wat stoere, moeilijk benaderbare jongen. Als Linde op een dag bij Dave aanklopt, is hij bezig op de computer. 'Wat ben je aan het doen?' 'O, ik heb net een beat gemaakt.' 'Mag ik hem horen?' 'Oké.' Na de eerste beat wordt Linde uitgenodigd ook andere beats te luisteren. Dan gaat Linde benoemen: 'Wauw, hier had je veel energie ... Was je verliefd of zo?' 'Hoe weet jij dat nou weer ...?' 'Nou, dat denk ik te kunnen horen. En ik koppel zelf ook altijd mijn gevoel aan muziek.' Zonder dat Dave het wist, stopte hij zijn emoties in de beat. En doordat Linde de taal van de muziek verstaat, kan ze deze als ingang gebruiken. Er is contact gelegd met de anders zo moeilijk bereikbare Dave - en dan nog wel over een heel precair onderwerp.

Op de website vind je aanvullend materiaal over de in dit hoofdstuk behandelde onderwerpen.

Samenvatting
» Dit hoofdstuk gaat in op de mogelijke rol van eerdere ervaringen bij betekenisvernieuwing via narratieve methoden. Narratief werken betreft het reconstrueren van betekenissen via het vertellen van verhalen. Dit hoofdstuk onderscheidt een vijftal functies: geven van inzicht, bewustwording van zichzelf, identiteitsvorming, stabilisering (en verwerking) en bewustwording van het toekomstperspectief en hier sturing aan geven.
» Door verhalen uit te lokken en vorm te geven via kunstzinnige media, worden mensen uit hun gebruikelijke (re)constructie van het eigen verhaal gehaald. Andere dan gewoonlijke aspecten worden belicht en (her)beleefd. In deze (re)constructie ontstaan ook (waarneembare, tastbare) ankers, waardoor betekenissen kunnen worden getransfereerd en gegeneraliseerd.
» De metafoor is een bijzondere vorm van narratieve (re)constructie. Een metafoor is een vergelijking van kenmerken van mensen of een situatie met iets anders wat deze kenmerken in grote mate heeft. Zij geeft bijzondere mogelijkheden tot expressie en feedback.
» Een bijzondere vorm van narratief werken betreft de narratieve dialoog via een 'kunstwerk'. Expressie via een kunstzinnig medium maakt zowel expliciete als impliciete betekenissen van iemand waarneembaar. Zowel het proces van expressie als het proces van resultaatwaarneming brengt de innerlijke dialoog in beweging. Dit kan nog versterkt worden via dialoog met een buitenstaander, zoals een agoog. Ook via een dergelijke dialoog kunnen impliciete betekenissen expliciet gemaakt en herbeleefd worden. Hierbij is de agoog die de taal van het medium spreekt, vaak in het voordeel.

Toepassen van non-verbale talen en de vrijplaats in groepswerk

9

'Samen lachen is de kortste afstand tussen mensen'
(John F. Kennedy)

9.1 Inleiding

Dit hoofdstuk benoemt een aantal niet-therapeutische toepassingsmogelijkheden van de non-verbale talen en media binnen en buiten de context van de vrijplaats. Hierbij gaat het niet over een bijzondere methode of methodiek. Centraal staan hier de mogelijkheden van de bijzondere talen en de vrijplaats als instrumenten binnen welk methodisch uitgangspunt dan ook. Hierbij worden soms specifieke media benoemd, zoals video, drama, tekenen en dans.

Dit hoofdstuk zet de context van het (groeps)werk centraal. Het is aan de lezer om een transfer te maken naar eventuele andere contexten. De agogische betekenis van het kunnen hanteren en verstaan van de bijzondere talen en media wordt besproken voor achtereenvolgens:
- de alledaagse inrichting;
- alledaagse activiteiten;
- alledaagse situaties;
- gearrangeerde vrijplaatsactiviteiten;
- spontaan gecreëerde vrijplaatsen: animatie.

Na een korte algemene inleiding over groepswerk benoem ik voor elk van de vijf genoemde facetten van het groepwerk de volgende agogische functies:
- informatie verzamelen;
- hanteren van de relatie (inclusief contact maken);
- hanteren van sfeer en klimaat;
- hanteren van situaties (structureren en animeren);
- dit alles in dienst van persoonlijke groei.

9.2 Groepswerk

Groepswerk is een vorm van agogische begeleiding die van toepassing is binnen allerlei sectoren en bij SPH in het bijzonder. Overal is groepswerk nog een belangrijke context van werken, zoals binnen de jeugdzorg, psychiatrie, ouderenzorg, gehandicaptenzorg en bij terbeschikkinggestelden; residentieel dan wel semi-residentieel (bijvoorbeeld in de vorm van dagbesteding).

INFORMATIE VERZAMELEN

Voor de agoog is informatie belangrijk om in dialoog met de cliënt en eventuele collega's een uitgangspunt en perspectief te kunnen bepalen. Wat is er met deze persoon aan de hand? Wat heeft hij nodig? Wat kan bereikt worden? Op welke wijze kan dat het beste gebeuren? Een eventuele diagnose kan bevestigd, genuanceerd en/of ondergraven worden met nieuwe informatie. Hoe kan deze informatie verzameld worden? Informatie over de groepsleider kan overigens ook voor de cliënt van belang zijn, bijvoorbeeld om te beoordelen of de ander te vertrouwen is. Dit is belangrijk als basis voor het goed vorm geven aan de agogische relatie.

HOOFDASPECTEN VAN GROEPSWERK

Kok (2009) onderscheidt drie hoofdaspecten aan het groepswerk:
- hanteren van relaties;
- hanteren van het klimaat;
- hanteren van situaties.

In het dagelijks werken met groepen mensen komt het pedagogisch handelen via deze drie aspecten tot stand. Afhankelijk van de hulp- of begeleidingsvragen van cliënten worden op een specifieke manier relaties, klimaat en situaties gehanteerd. Het hanteren van de drie elementen is steeds gericht op het scheppen van kansen voor persoonlijke groei.

RELATIES HANTEREN

Contact maken is een belangrijke agogische functie en het is de eerste stap in een communicatieproces. De manier waarop dit gebeurt, bepaalt vaak in grote mate hoe de rest van de communicatie verloopt. In paragraaf 7.9 kwam de Roos van Leary aan bod. In feite is hiermee een belangrijke kern aangegeven van het hanteren van relaties. Afhankelijk van situatie en hulpvraag zal een andere relatie relevant zijn. Zo wordt bij dementerende ouderen vaak vriendelijk gereageerd, ook op de 'verdwaalde' gedachten van de cliënt. Waar nodig zal leidinggegeven worden aan het gedrag van de cliënt; in de Roos van Leary is dat segment 1 (zie figuur 7.6). Aldus wordt onder meer getracht de rust te bewaren en onnodige conflicten te voorkomen.

KLIMAAT HANTEREN

De nagestreefde sfeer bij dementerende ouderen zal vooral huiselijk, rustig en overzichtelijk van aard zijn. Wellicht dat van tijd tot tijd een huiselijke sfeer gemaakt kan worden, compleet met de geur van koffie en versgebakken brood en muziek van vroeger op de achtergrond.

SITUATIES HANTEREN

De hele dag door doen zich situaties voor waarin mensen al dan niet ondersteund of begeleid moeten worden. Alledaagse situaties zijn bijvoorbeeld opstaan, wassen en aankleden, eten, klaarmaken voor de dagactiviteit, een dagactiviteit of een pauzeactiviteit. Onder het hanteren van situaties vallen een aantal handelingen van de groepsbegeleiding, zoals grenzen stellen, structureren, programmeren en animeren. Structureren is het ondersteunen van een deelnemer bij het begrijpen en hanteren van een situatie of activiteit (zie ook paragraaf 5.7). Een mogelijkheid hiertoe is bijvoorbeeld het op non-verbale en verbale wijze benadrukken van structuurelementen. Ook meedoen aan een activiteit en vanuit de rol van medespeler aanwijzingen geven, kan helpen bij het structureren, evenals het geven van feedback, uitleg en instructies. Herhaling is ook een belangrijke factor voor het leren zien van de eenheidsbrengende ordening in een situatie. Paragraaf 9.8 voegt een bijzondere vorm van situatiehantering toe: animatie.

SAMENVATTEND

De drie elementen van het groepswerk staan voortdurend met elkaar in verband. In een positief en prettig klimaat zal minder gecorrigeerd hoeven worden, wat de hantering van bepaalde situaties weer gemakkelijker maakt. Daardoor komt een positieve relatie minder onder druk te staan. In een andere setting zal het belangrijk zijn een strakke gezagsverhouding te hanteren. Dit heeft gevolgen voor het hanteren van situaties en klimaat.

9.3   Alledaagse inrichting

De fysieke omgeving is een belangrijke basis voor de mogelijkheden van groepswerk. Bij nieuwe gebouwen voor zorg- en welzijnsinstellingen is vaak al vanuit moderne visies op het welzijnswerk gedacht. De ligging ten opzichte van tuin of sportveld bepaalt voor een deel of

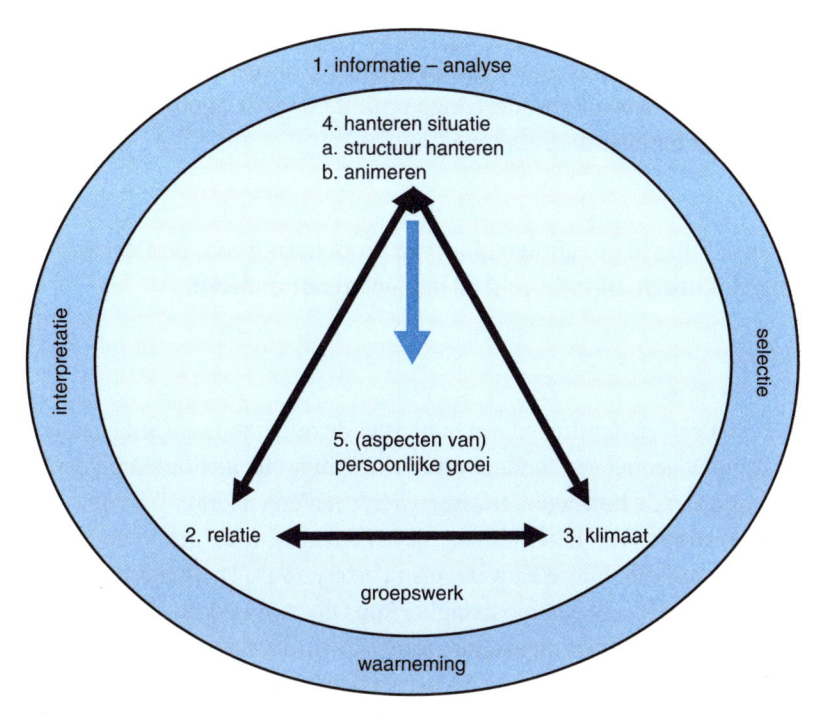

Figuur 9.1 *Aspecten van groepswerk.*

Diagram: Cirkel met buitenring waarop staat: interpretatie, selectie, groepswerk, waarneming. Binnenin een driehoek met hoekpunten: 1. informatie – analyse (boven), 2. relatie (linksonder), 3. klimaat (rechtsonder). In het midden: 4. hanteren situatie, a. structuur hanteren, b. animeren; 5. (aspecten van) persoonlijke groei.

mensen snel naar buiten gaan. Of een leefgroep op een instellingsterrein woont of in een wijk, maakt heel veel uit voor de mogelijkheid tot 'normaal' contact.

> **Veilig**
> In moderne gebouwen voor bepaalde SPH-doelgroepen is architectonisch expliciet vorm gegeven aan de combinatie van zelfstandig wonen en voldoende contactmogelijkheden. Vaak kleinschalig, met overdekte gangen waaraan de voordeuren van de bewoners grenzen. Het overdekte in combinatie met het kleinschalige voelt veilig. De groepsleiding heeft beneden een kantoor. De bewoner bepaalt in principe wie hij al dan niet binnenlaat. De gemeenschappelijke ruimte is gezellig ingericht. De kleuren zijn zorgvuldig gekozen, gericht op rust. De rustige muziek staat er zacht. Er hangt de geur van vers gezette koffie (uit een spuitbus, dat wel). Er is een open kast met een paar gezelschapsspelletjes. Op de muur hangt een klein overzichtelijk magneetbord. Hierop wordt via picto's uitgelegd welke activiteiten er deze week in de huiskamer zijn en welke groepsleiders er wanneer zijn.

RELATIE

Voor de relatie tussen agoog en cliënt is het zeer relevant of de cliënt bijvoorbeeld beschikt over een eigen ruimte waar de agoog niet zonder meer naar binnen mag.

KLIMAAT

De inrichting in de ruimten blijkt van groot belang voor de sfeer en mogelijkheden, bijvoorbeeld bij dementerende ouderen.

> **Afgestemd**
> Een ideale inrichting voor dementerende ouderen is volgens het BreinCollectief een 'ouderwetse' inrichting, met attributen uit de jeugd van de bewoners. Iedereen heeft een eigen fauteuil en de loopruimte is zo ingericht, dat de aandacht wordt afgeleid door aansprekende taferelen waar iets te beleven valt. Denk hierbij bijvoorbeeld aan een bioscoophoekje. Ook zijn er geen glazen deuren en wanden tot aan de grond. Er wordt rekening gehouden met de manier waarop het brein met dementie op de omgeving reageert (Van der Plas & Zarzycki, 2012).

Behalve aan privacy hebben veel mensen ook behoefte aan contact. De ruimtelijke architectuur en de inrichting van een ruimte hebben veel invloed op dat gevoel van privacy, de mogelijkheid tot interactie tussen mensen, en in samenhang daarmee op hun gevoel van veiligheid. Geuren en muziek kunnen gebruikt worden om de juiste sfeer te creëren.

> **Eetkamer**
> In twee onderzoeken is gekeken naar het effect van een gezellige eetkamer. De mensen aten aan tafel in kleinere kamers. Wat bleek? De bewoners gingen meer communiceren en aten ook beter. Ook werd onderzocht wat het effect is van kleinere eetkamers op de afdeling, in plaats van eten in een centrale ruimte. Het bleek dat er dan minder agressie was. Daarnaast gaf het personeel aan dat de bewoners minder angstig waren en dat zij meer tijd hadden om mensen te helpen bij het eten (Veldhuis & Duijf, 2011).

INRICHTING EN STRUCTUUR

Voor sommige SPH-doelgroepen is een heldere ordening van levensbelang: dit hoort bij dit, dat bij dat. Bijvoorbeeld: een slaapkamer is om te slapen en niet om muziek te maken. Bewust gebruikmaken van beeldtaal kan daarbij erg helpen. Een krachtig hulpmiddel bij ordening van de ruimte is het gebruik van picto's: *iconische afbeeldingen* die weinig cognitieve vaardigheid kosten om te gebruiken. Aanduiding van programma, wegwijzers, enzovoort, kunnen erg helpend zijn om letterlijk of figuurlijk de weg te vinden. Bijvoorbeeld om je eraan te herinneren dat je je handen moet wassen na gebruik van het toilet.

Figuur 9.2 Picto voor handenwassen na toiletgebruik (bron: www.sclera.be).

INRICHTING EN GEVOEL VAN EIGENWAARDE

'Elk mens, volwassenen en kinderen, heeft de basale behoefte aan een eigen plek, een zelfgekozen, zelfingerichte plek met zelfgekozen anderen. Aan zo'n plek ontlenen mensen een gevoel van eigenwaarde en identiteit', aldus Keizer (in Kloppenburg, 1999, p. 60). Het zelf kunnen inrichten van de privéruimte is van wezenlijk belang. Foto's ophangen, belangrijke voorwerpen etaleren, eigen muziek kunnen afspelen: het is allemaal van fundamenteel belang voor het gevoel van eigenwaarde.

Huiselijk

Een huiselijke omgeving heeft over het algemeen een positief effect op gedrag en humeur, zoals blijkt uit diverse onderzoeken. Met huiselijkheid wordt bedoeld: eigen kamers naar de smaak van de bewoner, huiselijk meubilair en het gebruik van natuurlijke elementen (zoals planten en bloemen). Daardoor verbetert het intellectueel en emotioneel welzijn, is er meer sociaal contact en

> minder agitatie (onrust). Bovendien zie je in een huiselijke omgeving minder bewoners dwalen en naar de uitgang zoeken, verbetert het algemeen functioneren én de bewoners lijken meer plezier te hebben. Onderzoeken die instellingen met een traditionele en institutionele omgeving vergeleken met een instelling met een huiselijke sfeer, laten zien dat er minder agressie en angst is, minder gebruik van medicatie en een beter motorisch functioneren in de instellingen met een huiselijke sfeer (Veldhuis & Duijf, 2011).

9.4 Alledaagse activiteiten

INFORMATIE EN CONTACT

Alledaagse activiteiten kunnen worden aangegrepen voor momenten van contact. Zo kan het samen ongedwongen naar een winkel gaan en even over iets 'kletsen', soms meer opleveren dan 'gedwongen' op een kantoor zitten. Zo zijn stiltes tijdens het doen van een activiteit veel gewoner dan tijdens een expliciete gesprekssituatie. Mensen krijgen meer ruimte om na te denken, bij zichzelf te zijn. De druk is vaak lager bij gesprekjes tijdens een activiteit. Door als groepsleider samen met iemand een activiteit te doen, kan veel informatie verkregen worden. Hoe pakt iemand het bijvoorbeeld aan om in de tuin te werken? Volgt hij de groepsleider? Neemt hij initiatief? Maakt hij klussen af? Kan hij geboeid raken door iets wat zich in de tuin voordoet?

ZORGEN VOOR SFEER EN INTERACTIE

Het zijn vaak ook de gewone alledaagse dingen die een prettige sfeer geven. Samen afwassen, koken of schoonmaken: het zijn gewone, alledaagse activiteiten, waar mensen echt naar kunnen verlangen. Zeker als ze, in het geval van een vervangende leefomgeving, uit het dagelijks leven verdwenen zijn.

> ### Hondje
> Peer werkt met cluster-vier-kinderen. Hij neemt regelmatig Zmokkie, zijn hond, mee naar de instelling. Dit heeft veel effect. De kinderen aaien de hond maar al te graag, ook de wat stoerdere jongens. Ook wordt Zmokkie in de buurt uitgelaten, waardoor er gemakkelijker contact gemaakt kan worden met kinderen uit de buurt.

STRUCTUREREN
Alledaagse activiteiten zijn activiteiten die mensen verrichten om het dagelijks leven mogelijk te maken. Zij zijn noodzakelijk omdat mensen nu eenmaal moeten eten, zichzelf moeten verzorgen, boodschappen moeten doen, enzovoort. Alledaagse activiteiten hebben ook een functie, omdat ze zorgen voor ritme, structuur en samenhang in het leven. Terugkerende bezigheden zorgen ervoor dat mensen niet steeds hoeven te bedenken wat hen te doen staat. Het geeft mensen oriëntatie in tijd, plaats en handeling, en zorgt ervoor dat ze greep en zicht houden op het leven. Alledaagse activiteiten zorgen voor een bepaalde sfeer en geven mensen zekerheid over wat is en wat komen gaat. Ze bieden mensen ondersteuning en zorgen voor het in stand houden van functies als zelfverzorging, sociaal contact en verstandelijke vermogens. De manier waarop de alledaagse activiteiten zijn georganiseerd, is hierbij bepalend.

> **Taakje**
> Als de kinderen van school komen, gaan ze altijd eerst hun kamer opruimen. Dan verrichten ze een taak voor 'de groep', zoals afwassen of stofzuigen. Dit geeft rust en duidelijkheid voor iedereen.

PERSOONLIJKE GROEI
Alledaagse activiteiten zijn belangrijke mogelijkheden om te leren, bijvoorbeeld in het kader van het vergroten van de zelfzorg en onafhankelijkheid. Het leren om dagelijkse activiteiten als koken, afwassen en schoonmaken goed uit te voeren, kan uiteindelijk leiden tot een grotere zelfstandigheid en een beter gevoel van eigenwaarde. Juist ook de alledaagse ervaringen kunnen benut worden voor ervaringsleren. Een

belangrijke functie van de groepsleider hierbij kan dan zijn: het benoemen wat hij gezien heeft en helpen bij reflectie op de ervaring.

> **Bot**
>
> Lea werkt met pubermeisjes. Tima (15) is vrij nieuw op de leefgroep. Zij gaat vandaag koken. Lea biedt haar hulp aan, maar Tima weigert botweg. Lea vermoedt dat er stoerheid in het spel is, maar wacht af. Ze observeert Tima nauwgezet, maar niet nadrukkelijk. Na een tijdje gaat Tima boodschappen doen. Ook hierbij slaat ze het hulpaanbod van Lea af. Als ze vervolgens met de ingrediënten op tafel zou moeten beginnen, barst ze in een schreeuwbui uit en smijt alles op de grond. De volgende ochtend komt Lea met Tima terug op deze gebeurtenis. Ze geeft haar observaties terug en benoemt concreet wat er voor Tima allemaal moeilijk was. Wat ze niet wist en niet kon weten ook, omdat ze hier zo nieuw is. Tima baalt er erg van, heeft voor haar gevoel gezichtsverlies geleden. Maar als Lea voorstelt het opnieuw te proberen, pakt Tima de kans met beide handen aan.

9.5 Agogische mogelijkheden van zintuiglijke communicatie

INFORMATIE VERGAREN

Lichaamstaal van cliënten is voor de ervaren en waarnemende groepsleider een zeer belangrijke verwijzer. De kleur van het gelaat, de stand van de ogen - het zegt veel over de psychische en fysieke staat van zijn. Voor specifieke doelgroepen zijn soms zeer specifieke lichaamssignalen van belang, soms voor zelfbescherming (zie het voorbeeld hierna). Lichaamssignalen zijn belangrijk om iemand te leren kennen. Bij sommige groepen, zoals ernstig verstandelijk gehandicapten, komt het leren kennen van iemand neer op het met elkaar interpreteren van lichaamstaal. Video kan hierbij een belangrijke rol spelen. Bij Jacques Heijkoop wordt de video bijvoorbeeld gebruikt om de oorsprong van een agressieve bui op te sporen. Maar ook bij andere vormen van diagnostiek kan video van groot belang zijn. Overigens biedt het gebruik van video juist ook mogelijkheden om te leren kijken (Heijkoop, 1995; zie ook paragraaf 7.11).

Tbs

Steijn, een half jaar geleden: 'De patiënten gebruikten allemaal bestek, een van hen vroeg mij zelfs om een broodmes. Ik dacht met bonzend hart: hier zit ik tussen de zware misdadigers en ze hebben allemaal een mes in hun hand.'
Inmiddels weet Steijn welk gevaar er werkelijk dreigt in de tbs-instelling waarin zij werkt: 'De patiënten hier zijn echt niet continu gevaarlijk. Er gaan vaak veel dingen vooraf aan risicovol gedrag, en dat soort signalen leer je te herkennen. Ik voel me nu juist erg veilig, ik ben eigenlijk nooit meer bang hier' (Linneman, 2012).

RELATIE EN ZINTUIGLIJKHEID

De lichaamstaal van de groepsleider is misschien wel zijn belangrijkste instrument. Wat hij zegt, is belangrijk, maar waarden kunnen niet eenzijdig verbaal worden aangebracht. Een idee is immers nog geen waarde. Waarden worden 'ingedronken' en wortelen eerst en vooral in het gevoel. Zij dienen dan ook te worden voorgeleefd. Beeldinformatie over de consequentheid waarmee een bepaalde waarde wordt voorgeleefd in de opvoeding, is van doorslaggevend belang voor een cliënt om zich bepaalde waarden al dan niet eigen te maken. Het non-verbale gedrag van de identificatiefiguur is vaak van groter belang dan dat wat hij met zijn mond belijdt. Pas via doorleefde en herhaalde kennismaking kunnen waarden worden tot innerlijke drijfveren, in plaats van uiterlijk aangebrachte ideeën.

Meer algemeen kan worden gesteld dat beeldinformatie directe invloed heeft op gevoelens en denkbeelden. Een mens is zijn lichaam. Iemands handdruk geeft vaak indringendere informatie over die persoon dan wat hij zegt. Hetzelfde geldt voor de lichaamsgeur, die vaak directer invloed op sympathie en antipathie heeft. Het lichamelijk weten is direct en heeft grote invloed.

Zintuiglijk appel

De stemming onder de vier dementerende vrouwen is passief en landerig. Groepsleidster Didi heeft bedacht om deze ochtend koekjes te gaan bakken. Ze heeft het deeg al gemaakt en de oven staat al aan. Omdat Didi al een klein stukje deeg in de oven heeft gelegd, komt de geur van versgebakken koek de kamer in. De vrouwen komen overeind als Didi met het deeg en de figuurtjes binnenkomt. En als er dan een nummer van de Zangeres Zonder

> Naam wordt opgezet, ontstaat er al snel een prettige en geanimeerde sfeer.

Om contact te krijgen met cognitief moeilijke groepen, kan het goed werken om de lichaamstaal te spiegelen. Het aannemen van eenzelfde houding en eenzelfde bewegingstempo is een fysieke afstemming die onmiddellijk tot contact kan leiden. Ook kan lichaamstaal in de vorm van kleding en kapsel leiden tot contact, bijvoorbeeld vanuit identificatie.

> ### Schipperspet
> Henk is een stoere puber die moeilijk benaderbaar is. Alleen Antoine lijkt hem te kunnen bereiken: na enige tijd ontstaat er een band tussen de twee. Na drie weken bekent Henk: 'Weet je waarom ik jou meteen mocht? Omdat je als ik binnenkwam steeds die maffe schipperspet scheef op je hoofd zette. Deed je dat bewust?' Antoine lacht en zegt: 'Ja, eigenlijk wel.'

RELATIE: LEARY

Een belangrijke manier om het gedrag van een ander positief te beïnvloeden, is het bewust innemen van een positie in de Roos van Leary (zie paragraaf 7.9). Lea neemt in het volgende voorbeeld bewust een lage positie in, waardoor Chamilla verleid wordt een hoge positie in te nemen. Iets wat zij normaal gesproken niet doet.

> ### Spelen met Leary
> Lea werkt met moeilijk opvoedbare meiden. Een van de meiden is Chamilla. Ze heeft een zeer negatief zelfbeeld en vertoont vaak passief en onverschillig gedrag. Lea zoekt naar een manier om dit te doorbreken. Die middag zijn er een paar nieuwe Ikea-meubels aangekomen. Lea ziet haar kans schoon. Ze loopt met de tekeningen naar Chamilla en vraagt haar even mee te komen. Bij de meubels aangekomen, zegt Lea de gebruiksaanwijzing niet te begrijpen en dat ze inschat dat Chamilla hier handig in is. Ze neemt hierbij bewust een ietwat lage status aan. Chamilla begint te lachen en zegt: 'Maar dat is toch niet moeilijk?' Ze neemt het heft in

handen en binnen een half uur zitten de meubels in elkaar. Trots gaat Chamilla weer aan tafel zitten, met een blos op de wangen.

KLIMAAT EN MUZIEK

Muziek kan aanzetten tot werken met plezier en energie; het is een 'energizer'. Het programma *Arbeidsvitaminen* is het langstlopende landelijke radioprogramma ter wereld. Tijdens hardloopevenementen en wandeltochten staat er op strategische punten een muziekband, omdat men weet dat dit mensen een zeer prettige energiestoot geeft. Dus: juist bij het verrichten van alledaagse activiteiten, zoals koken, afwassen en schoonmaken, kan muziek een belangrijke animerende werking hebben. Maar muziek kan juist ook kalmte brengen. Als mensen lekker rustig zitten, kan de juiste muziek precies die extra ontspanning brengen die prettig is. Kortom: muziek heeft veel invloed op sfeer en klimaat.

STRUCTUREREN

Een ervaren groepswerker kiest zijn positie aan tafel strategisch. Hij zorgt ervoor overzicht te hebben. Hij kiest zijn positie zo dat hij zijn lichaamstaal in kan zetten voor rustig afgrenzen en structureren. Het drukke jongetje kan via een hand op de knie even tot rust worden gebracht. Een knipoog of opgestoken duim kan maken dat iemand zich gezien voelt. Praten met een laag volume kan rust creëren.

NON-VERBALE VERWIJZERS

Een afgesproken teken kan zorgen voor houvast ('O ja'). Dit wordt ook wel coderen genoemd. Coderen is een vorm van persoonlijke ondersteuning die berust op verwijzing (zie paragraaf 7.8, bij indexicale tekens). De begeleider maakt een afspraak met een cliënt om hem, door middel van een bepaald signaal, te herinneren aan gewoontegedrag. Veel gewoontegedrag is onbewust en automatisch gedrag. Het zich zo nu en dan bewust zijn van dit gedrag en de eventuele negatieve consequenties ervan, is nog onvoldoende voorwaarde voor een daadwerkelijke verandering. Via gecodeerde signalen kan iemand bewust gemaakt worden van het feit dat hij 'het weer doet'. Aldus krijgt iemand de kans om nieuwe referenties te laten inslijten.

> **Assertiviteit**
> Dora heeft de neiging om zichzelf weg te cijferen. Ze geeft vaak automatisch toe aan de wensen van een ander, zonder stil te staan bij de consequenties voor haarzelf. Vaak krijgt zij hier achteraf spijt van, maar herstellen is dan lastig. Met groepsleider Karel spreekt Dora af dat deze met een hand door zijn haren zal strijken als Dora weer eens subassertief is. 'Ga je mee naar de film?', vraagt een groepsgenote aan Dora. Dora heeft al bijna ja gezegd, als zij ziet hoe Karel door zijn haren strijkt. 'Leuk idee', zegt Dora, 'maar ik wil er even over nadenken.' 'Hè, doe nou niet zo moeilijk ...', dringt de ander aan. Dit is lastig, maar als ze Karel opnieuw door de haren ziet strijken, zegt ze: 'Toch wil ik er nog even over nadenken. Ik had namelijk gepland om vanavond mijn moeder te bellen. Is het goed als ik het over een half uur weet?' 'Oké', zegt de ander.

Muziek is een krachtige manier om orde te scheppen. Een veelvuldig gebruikte functie van muziek is die van verwijzer (zie ook paragraaf 7.8 over indexicale tekens). Het principe is eenvoudig: altijd als iemand gaat douchen, klinkt er een bepaald muziekje. Via het principe van klassieke conditionering (Pavlov; zie Rigter, 2007) zal dit muziekje na een bepaalde tijd de voorspeller worden van het douchen. Muziek is vrijwel overal aan te koppelen: aan een ruimte, een bepaalde gebeurtenis, enzovoort. De functie van verwijzer kan zeker ook gebruikt worden om bijvoorbeeld structuur aan te brengen in het dagritme. Muziek als verwijzer is zeer krachtig; er valt bijna niet aan te ontkomen.

> **Liedje**
> Peter (10) is een ernstig verstandelijk gehandicapte jongen. Door zijn handicap is het voor hem moeilijk om de wereld om hem heen te begrijpen. Inmiddels weet Peter dat als hij het liedje 'It's a small world' hoort, hij zo meteen in bad mag. Bij het horen van het liedje begint Peter vaak al te lachen. Baden is zijn lievelingsbezigheid.

Geuren kunnen eveneens gebruikt worden als verwijzer. Zo helpt de geur van koffie om te beseffen dat men in de woonkamer is. Voor uitgebreide mogelijkheden op dit gebied, zie bijvoorbeeld Oskam en Scheres (2005).

GESTALTWETTEN

Bij het aanbrengen van visuele ordening kan prima gebruikgemaakt worden van de gestaltwetten. Sterk voorgestructureerde materialen, zoals een puzzel, kleurplaat, tol of muziekmolentje, bieden ondersteuning bij ordening. Andere materialen, zoals klei, een gitaar of een videocamera, appelleren meer aan het zelfstructurerend vermogen van de deelnemer. Voor het visueel maken van tijd kan een zandloper of een ander hulpmiddel dat iets abstracts concreet waarneembaar maakt, ondersteunend werken. Via picto's op een keuzebord kan de dagstructuur worden verhelderd. Tegenwoordig bestaan er ook digitale programmaatjes (apps) voor de smartphone, waarin de dagstructuur kan worden ingevoerd en de deelnemer signalen krijgt om te stoppen met de ene activiteit en te beginnen met een andere.

PERSOONLIJKE GROEI

Beeldcommunicatie overstijgt de verbale talen. Binnen sommige contexten is het cruciaal dat hiervan gebruikgemaakt kan worden.

> **Taalles**
>
> Klazien werkt op het asielzoekerscentrum. Zij is hier regelmatig in contact met een groep vrouwen uit Afghanistan. Inmiddels is de Nederlandse taal een vaak terugkerend onderwerp van hun contact. Klazien probeert steeds duidelijk te maken wat een bepaald Nederlands woord betekent. Bij het woord koffiepot pakt ze een koffiepot of ze tekent er een. Als het abstractere begrip 'onbeleefdheid' moeilijkheden oplevert, moet Klazien even nadenken. Dan weet ze hoe ze dit kan aanpakken: ze speelt in twee korte toneelstukjes achtereenvolgens beleefd en onbeleefd. De vrouwen lachen en begrijpen nu wat onbeleefd betekent.

9.6 Gearrangeerde vrijplaatsactiviteiten

Geplande vrijplaatsactiviteiten bieden vergelijkbare mogelijkheden als alledaagse activiteiten, maar daarnaast ook andere mogelijkheden. Voor we overgaan naar een inhoudelijke bespreking, eerst de vraag: waar en wanneer zijn gearrangeerde vrijplaatsactiviteiten aan de orde in het groepswerk? Deze paragraaf biedt een kleine schets.

PLAATS IN PROGRAMMA

Vrijplaatsactiviteiten kunnen bijvoorbeeld via een hobby hun plek hebben in het leven van mensen. Ook kunnen bepaalde activiteiten geplande groepsactiviteiten zijn.

> ### Geduld
> Elke maandag tussen 16.30 en 17.30 uur wordt er een activiteit gedaan uit de 'groene map'. Het betreft hier spelactiviteiten waarbij de kinderen moeten samenwerken. Vaak staat er een beloning tegenover als een bepaald speldoel bereikt is. Voor veel kinderen is het al een prestatie als ze op hun beurt kunnen wachten. Maar door de druk van de medespelers, de duidelijke regels en de in het vooruitzicht gestelde beloning lukt dit de meeste kinderen steeds beter.

PROJECTEN

Bijzonder zijn projecten waarin mensen de gelegenheid krijgen hun talenten te laten zien, bijvoorbeeld op het gebied van muziek of dans. Dit soort projecten zijn voor sommige mensen heel belangrijk. Zo kunnen ze een andere kant van zichzelf laten zien.

> ### Rapmiddag
> Tijdens een activiteitenmiddag wordt een rapmiddag georganiseerd. In de voorbereidingen gaan de kinderen zich inleven in hun modellen, zoals Ali B en Lange Frans. Ze 'pakken' een aantal stereotypen met groot gemak en hebben er veel plezier in. Tijdens de voorstelling corrigeren de toeschouwende kinderen soms hun keuvelende ouders. Die vinden het prachtig en spannend en hebben respect voor de prestaties op het toneel. Even voelen de kinderen zich het middelpunt en geven op constructieve wijze vorm aan iets leuks.

ANDERE CONTEXTEN

Workshops kunnen de basis zijn voor zelf gecreëerde workshops: band - sportteam enzovoort. Bijzondere vrijplaatscontexten vormen bewonersvakanties en speciale werkkampen. Opvallend is hoe probleemgedrag soms verdwijnt in vakanties.

9.7 Functies van gearrangeerde vrijplaatsactiviteiten

INFORMATIE EN RELATIE

Vrijplaatsen vormen een alternatief om dat wat in het alledaagse leven onderdrukt wordt, uit te lokken. 'Geef een mens een masker en hij speelt zichzelf', zegt de schrijver Oscar Wilde erover. Dat wat in de realiteit van het bestaan niet duidelijk wordt of zich slechts als een vaag gevoel van onlust openbaart, floept er soms in de vrijplaats zomaar uit. Zo kan het spelen van een rol de vereiste veiligheid bieden. Het is immers niet de cliënt zelf die zich uit, maar een 'ander'. Zo kan tot kinderen die teruggetrokken zijn, soms via poppen toegang gekregen worden. Met de pop heeft het kind de neiging dingen over zichzelf te vertellen die het anders nooit prijs zou willen geven (zie ook het voorbeeld van Willem in paragraaf 2.3).

'Een handpop is een laagdrempelig en veilig medium voor kinderen. Hulpverleners zijn in het begin verbaasd over de uitwerking die een pop op een kind kan hebben. Een kind laat zich makkelijker door een pop uitdagen, omdat er van die pop geen enkele dreiging uitgaat en ze naar die pop toe ook niets hoeven te bewijzen of presteren. En juist het wegvallen van die dreiging of verwachting maakt dat er een spontane communicatie op gang kan komen. Het kind ervaart de pop als een onvoorwaardelijk vriendje, een gelijke, en niet als hulpverlener', aldus Meurs (2010). Via een goed arrangement kan specifiek gedrag worden uitgelokt en aldus observeerbaar worden gemaakt. Dit kan leiden tot extra en specifieke informatie.

Het vrij zijn van de druk van het alledaagse gedurende een vrijplaatsactiviteit kan ook leiden tot ander gedrag. Zo kan in de vrijplaatsactiviteit een stuk authenticiteit op de voorgrond treden, die in de alledaagse situatie op de achtergrond blijft. Dit kan een andere visie op het geheel geven.

Bewegingsobservatie

In de leefgroep wordt Pascal (7) vaak bestraft, omdat hij dingen omverloopt en valt. Debbie wil graag bijdragen aan een diagnose van Pascal. Op de opleiding heeft ze zich bekwaamd in het vak dans en beweging. Hierdoor is zij goed in staat om situaties te ontwerpen en te hanteren voor systematische bewegingsobservatie. Voor haar bewegingsobservaties doet Debbie een aantal bewegingsspelletjes waarvan ze weet dat Pascal die leuk vindt. Gedurende de observaties blijkt duidelijk dat Pascal weinig lichaamscontrole heeft. Dit zou een verklaring voor het gedrag

> op de afdeling kunnen zijn. Consequentie van de observatie zou
> kunnen zijn dat het gedrag van Pascal voortaan niet meer bestraft
> wordt.

KLIMAAT (ERBIJ HOREN)

Binnen een voorkeursactiviteit krijgt de eigenheid van de persoon vaak de kans om ongeremd naar buiten te komen. De activiteit biedt dan voldoende veiligheid om van zich te laten horen en zodoende de belangrijke behoeften aan 'erbij horen' en 'respect' in vervulling te laten gaan. Via het organiseren van activiteiten waar cliënten goed in zijn, kunnen zij aan zelfvertrouwen en respect winnen. Via het organiseren van activiteiten waarbij resultaten van geen enkel belang zijn, kan een ander dan prestatiegericht gedrag worden uitgelokt. De verbondenheid van de spelgemeenschap kan de cliënten het veilige gevoel geven van erbij te horen.

Podium

Thea (42) is verstandelijk gehandicapt en woont in een gezinsvervangend tehuis (GVT). Na de dood van haar vader is zij zich steeds meer gaan terugtrekken. Dan is er een groot verjaardagsfeest van een bewoner die veertig is geworden. Thea heeft van haar vader geleerd dat het belangrijk is om op een feest iets actiefs bij te dragen. Groepsleidster Christien weet dit en spreekt Thea hierop aan. Thea kan er voor haar gevoel dus eigenlijk niet onderuit om iets te doen op het feest van Kees. De voorbereiding gaat niet vanzelf. Er wordt die dag menige traan van spanning gelaten en vooral veel geoefend. 's Avonds is het zover. Thea gaat op het podium staan. En wat blijkt: er staat een heel andere vrouw! Haar ogen stralen. Ze maakt grappige beweginkjes met haar fluit. Ze staat daar frontaal voor 25 mensen een lied te spelen. Even is ze het middelpunt en iedereen luistert naar haar. Hoewel dit ontzettend spannend is, is de fluit blijkbaar een veilige manier om zich te uiten. Thea krijgt waardering en respect: applaus! Thea kan dit applaus maar moeilijk verdragen, want meteen na afloop is ze weer de teruggetrokken en verlegen vrouw. Maar ze is wel duidelijk onderdeel van de feestgemeenschap. Thea hoort erbij en mag er zijn; ze heeft van zich laten horen.

STRUCTURERENDE WERKING

Vrijplaatsactiviteiten kunnen wat betreft appels en structuur steeds afgestemd worden op de voorkeuren en eventuele beperkte structureringsmogelijkheden van de cliënt (zie paragraaf 5.6). Er staat dan voor de cliënt iets op de voorgrond wat prettig voor hem is en er zijn duidelijke verwachtingen en regels. Mensen kunnen zich er fijn en veilig door voelen.

> ### Afleiden
> Kees is verstandelijk gehandicapt en functioneert op een laag associatief niveau. Kees sluit zich snel af voor zijn omgeving. Hij slaat dan zijn armen om zich heen en houdt de ogen stijf dicht. Anneke verleidt hem zijn aandacht naar buiten te leggen door het slaan van een trom, onderwijl een lievelingslied van Kees zingend. Ze doet dit telkens korte tijd, wacht even en begint dan weer muziek te maken. In de tweede pauze ziet ze Kees nieuwsgierig kijken of het lied niet toch weer begint. 'Dag Kees', zeg Anneke, en ze begint weer met het lied. Na enige tijd toont Kees openlijk belangstelling. Voorzichtig kijkt Anneke of ze verder kan gaan en legt de stok van de trom binnen handbereik van Kees. Na een tijdje probeert Kees het slaan op de trom te imiteren. Anneke heeft de aandacht van Kees naar buiten gelokt. Hierbij heeft ze gebruikgemaakt van een voor Kees prettig liedje en een ritmisch patroon van zingen en stoppen. Zo wordt voor Kees voorspelbaar wat er gaat gebeuren en is de impact van buiten niet te groot.

PERSOONLIJKE GROEI VIA VERSTERKEN VAN ZELFSTRUCTURERING

In een vrijplaats zijn de spelregels en de feedback duidelijk, en de situatie is in principe eindeloos; ideaal voor het eigen maken van nieuwe structuren. Zo kan een kind met ADHD door het herhaaldelijk spelen van eenvoudige gereguleerde bordspelen leren op de beurt te wachten. Een kind met PDD-NOS kan leren te versoepelen in zijn reacties. Het is dan nog wel de kunst dergelijke ervaringen te transfereren naar het alledaagse. Coderen en gericht uitlokken van ervaringen kunnen hierbij helpen.

Flexibiliteit

Kinderen met een 'pervasive development disorder' zijn star en reageren weinig flexibel op nieuwe situaties. Dit maakt bijvoorbeeld ook dat zij zich moeilijk kunnen afstemmen op anderen. Vaak zijn hun sociale vaardigheden dan ook beperkt (zie Verhaegh, 1996). Jacqueline Verhaegh ontwikkelde een bordspel ten behoeve van deze kinderen: een soort Party & Co, maar dan met aangepaste opdrachten. De structuur van het spel is na enkele herhalingen vaak al aangeleerd. In het begin zijn de opdrachten ook eenvoudig en gestructureerd. Als de structuur van het spel is eigen gemaakt, kan de begeleider de spelregels geleidelijk versoepelen. Ook de opdrachten kunnen mogelijk opener worden.
Een aantal opdrachten betreft kleine rollenspelen, die in de loop van de tijd met steeds minder begeleiding worden uitgevoerd. Aldus worden zowel sociale vaardigheden als het loslaten van een vaste structuur geoefend. Ook kunnen in het spel anticipatieopdrachten worden ingevoerd. Dit vergroot de mogelijkheid van transfer. Jacqueline: 'Ik weet dat Walter de volgende dag tosti's gaat bakken met Annemarie. In het spel heb ik daarom de volgende opdracht gestopt: je bent met een groepsleidster tosti's aan het bakken en iemand anders pikt bij jou de kaas weg. Wat doe je?' Dan vervolgt Jacqueline met een beschrijving waarin Walter eerst kwaad reageert, maar door aanwijzingen van de begeleiders tot het inzicht komt dat rustig reageren zo zijn voordelen heeft. 'De volgende dag met het tosti's bakken pik ik op een overdreven manier kaas weg bij Walter. Hij schreeuwt onmiddellijk dat ik dat niet mag doen. Maar als ik het voorbeeld van de vorige dag erbij haal, wordt hij snel weer rustiger.'

PERSOONLIJKE GROEI VIA NARRATIEF WERKEN

Narratief werken kan op veel verschillende manieren worden gebruikt, bijvoorbeeld voor een andere (re)constructie van de eigen werkelijkheid.

Tekenen

Annet (30) is verstandelijk gehandicapt. Haar stemming in het hier en nu wordt regelmatig bepaald door haar voorkeur om zich negatieve, impactvolle gebeurtenissen te herinneren. Het lijkt alsof plezierige ervaringen geen onderdeel uitmaken van de wijze waarop zij haar herinneringen ordent. Begeleidster Bonny weet dat Annet niet kan schrijven, maar dat ze wel veel plezier heeft in tekenen. Bonny stelt Annet voor een dagboek van tekeningen te maken. Annet gaat gretig in op dit idee. Aan het eind van de dag wordt dit dagboek regelmatig met Annet doorgenomen. Dit leidt tot herbeleving van zowel positieve als negatieve gebeurtenissen van de dag. Ook is er een effect op lange termijn: Annet is in staat om aan de hand van de tekeningen ook positieve herinneringen in het hier en nu te brengen. De ordening van haar ervaringen wordt daardoor een stuk completer. Dit heeft een zeer positief effect op haar zelfbeeld en humeur.

9.8 Spontane vrijplaatsen

Animatie is uitlokkend pedagogisch handelen, waarbij een agoog de cliënt verleidt tot een inzicht, gedrag, stemming of houding waar deze vanuit zichzelf niet snel toe zou komen. Animatie zet aan tot het overwinnen van een drempel, om te komen tot een creatief proces of een element daarvan. Bij elke vorm van animatie wordt de cliënt uitgenodigd tot het afstand nemen van de onmiddellijke werkelijkheid als gegeven. Animatie kan leiden tot bewustwording van een gewoonte of patroon, bijvoorbeeld door het plotseling ervaren van een alternatief van het eigen gewoontegedrag. Animatie kan ook gebruikt worden als afleiding, om iemand aan te zetten even wat anders te gaan doen dan steeds hetzelfde. Ook iemand verleiden om bepaald gedrag spontaan te oefenen, behoort tot animatie.
Animatie is een pedagogische competentie die berust op motiveren, ondersteunen, stimuleren of begeesteren. Met andere woorden, animatie is gericht op het uitlokken van intrinsiek gemotiveerd gedrag. De cliënt wordt op eigen benen gezet. Zij is een alternatief voor sturing via opdrachten en macht, die vaak leiden tot extrinsiek gemotiveerd gedrag. Animatie is dus iets anders dan manipulatie, hoewel ze daar soms dicht bij in de buurt komt. Echter, bij animatie speelt de cliënt mee, hij is actief en bewust betrokken. Vrijwel alle animatie heeft een positieve invloed op de sfeer. Dit is al een heel belangrijk gegeven, omdat dit indirect ook meehelpt aan het creëren van groeimogelijkheden. Ook is er tijdens het 'spelen' even een andere relatie. Daar waar de rol van hulpverlener spontaan handelen van de cliënt in de weg staat, kan deze rol heel even terzijde worden gezet.
Authenticiteit is de belangrijkste voorwaarde om te kunnen animeren, volgens Giesecke (1990). Zonder de persoonlijke geloofwaardigheid

wordt animatie moeilijk. Iemand die zelf geen zin heeft in een activiteit, zal dit moeilijk kunnen verbergen. Via animatie wordt iets van de energie die de agoog zelf beweegt, overgebracht op de cliënt. Het is deze energie die de cliënt tot vernieuwend gedrag aanzet. Hierbij heeft elke persoon zijn eigen animatiekwaliteiten. Zo zal de een eerder en gemakkelijker uitlokken tot speels en actief gedrag, en een ander tot rust en aandacht. Het is in dit kader goed voor een agoog om zijn eigen verleidingskwaliteiten te kennen.

Animatie kan gemakkelijk worden opgevat als enthousiasmeren. Hoewel enthousiasmeren een vorm is van animatie, is het echter niet hetzelfde. Via animatie kunnen ook andere stemmingen en sferen worden overgebracht. Een agoog die elke ochtend uit overtuiging enkele momenten van rust neemt voor zichzelf, kan mogelijk verleidend werken op tumultueuze cliënten. Een agoog die geraakt is door een lied, kan mogelijk de cliënt verleiden om dit lied intensief te beluisteren. Arrangeren en animeren horen bij elkaar, zeker als het gaat over het geïmproviseerd hanteren van vrijplaatsactiviteiten. 'Terwijl arrangeren zich richt op het tot stand brengen van leersituaties, is animeren de poging om anderen ertoe te bewegen in een gegeven situatie mogelijke kansen om te leren ook te benutten', aldus Giesecke (1990, p. 87).

SPELEN IN EN MET DE WERKELIJKHEID

De genoemde mogelijkheden kunnen grotendeels worden samengevat als spelen in en met de werkelijkheid. Een kind creëert in zijn spontane spel regelmatig vrijplaatsen. Hij arrangeert zijn eigen uitdagingen en zet hierbij de alledaagse werkelijkheid even op de achtergrond. Veel toepassingsmogelijkheden van spel en kunstzinnige middelen in de dagelijkse situatie kunnen daarmee vergeleken worden. Door de cliënt spontaan te verleiden tot spel, wordt even afstand genomen van de alledaagse werkelijkheid. Er wordt een uitstapje gemaakt. De vragen die we ons hierbij kunnen stellen, zijn: op welke wijze kunnen dergelijke uitstapjes worden gerealiseerd? En wat is binnen het kader van de leefsituatie het nut van dergelijke uitstapjes?

Een grote gemene deler van animatie is het uitlokken tot deelname aan een spontaan tot stand gekomen vrijplaatsactiviteit. Hierbij zijn dramatechnieken zeer geschikt. Maar ook het gebruik van materialen en muziek kan aanzetten tot spontaan spel, ook bij volwassenen. Bij animeren wordt vaak geappelleerd aan interesse (door thematisch appels), zintuiglijkheid en beweging.

9.9 Animatietechnieken

Animatie is het tot stand brengen van een spontane vrijplaatssituatie. Hoe doe je dat? Je kunt uitnodigen tot een spontane vrijplaatssituatie door:
- *mee te gaan in het initiatief van deelnemers;*
- *materiaal te laten zien of in handen te geven (zoals een bal);*
- *een spelsignaal te geven door aanstekelijk gedrag (het gewoon gaan doen);*
- *een activiteit voor te stellen ('Zullen we een spelletje doen?');*
- *een spelsignaal te geven door uit te dagen.*

Deze paragraaf geeft voorbeelden van genoemde animatietechnieken. In paragraaf 9.10 worden nog enkele specifieke dramatechnieken besproken.

INFORMATIE VERGAREN

De kern van een groot aantal mogelijkheden en problemen van cliënten is vaak al te benoemen na een spontaan potje voetbal van een half uur. Bijvoorbeeld omgang met regels, al dan niet tegen je verlies kunnen of elkaar jennen, maar ook sportiviteit kunnen opbrengen. De manier waarop ze in dit spel naar voren komen, blijkt later in allerlei andere situaties terug te komen. Ook bieden observaties in spelcontexten vaak mogelijkheden om kinderen op een andere en daarmee verrassende manier te leren kennen dan in het 'alledaagse' functioneren. Daarnaast biedt spel vaak mogelijkheden om gericht te observeren. In het volgende voorbeeld wordt gebruikgemaakt van de techniek: *meegaan in het initiatief van de deelnemers.*

Draakje

Tijdens een teamvergadering legt de orthopedagoog een vraag over de nieuwste 'aanwinst' Nico (7) in het midden: hoe leert hij en in hoeverre kan hij verbanden leggen? Pas over twee maanden is er een mogelijkheid om dit te testen. Groepsleider William wacht op een goede gelegenheid ter observatie; die komt er meteen na terugkomst van de kinderen van school. Wilco geeft aan dat hij Nico wel wil helpen om 'draakje' uit te leggen op de spelcomputer en William kan dan meekijken. William valt dan het volgende op: Wilco legt geduldig aan Nico uit hoe 'draakje' gespeeld moet worden. Nico luistert en volgt de instructies. Na een half uur heeft hij de beginselen van dit, voor William onbegrijpe-

> lijke, spel onder de knie. Hij kan bij navraag ook vertellen wat het doel van het spel is.

INFORMATIE EN ZELFSTURING

Iedereen maakt zijn eigen selectie uit een ordening van de werkelijkheid. Soms is het moeilijk om elkaars ordening te begrijpen. Fotografie en/of andere manieren van afbeelden kunnen dan een krachtig middel zijn om de ordening duidelijk te maken en te gebruiken. In het volgende voorbeeld wordt gebruikgemaakt van de techniek: *materiaal in handen geven* (camera).

> **Klik**
>
> Anke werkt met autisten en Kees en Harrie zijn twee van haar pupillen. Een van de doelstellingen voor Kees en Harrie is om te zorgen dat ze zelfstandig de twee kilometer naar het trainingscentrum in de stad kunnen lopen. Een van de problemen die Kees en Harrie hierbij ondervinden, is het vinden van de weg naar het centrum. Anke heeft audiovisuele vorming als hoofdvak en zoekt naar ingangen. Ze besluit om belangrijke punten te fotograferen en die in een 'wegvindboek' te plakken. Samen met Kees en Harrie worden de geselecteerde beelden besproken. Maar helaas: het werkt niet. Kees en Harrie raken zelfs in paniek! Dan is er een klik bij Anke. Ze geeft Kees en Harrie een fototoestel en loopt samen met hen de weg naar het centrum. Harrie en Kees zijn voortdurend aan het fotograferen. Als Anke de foto's later bekijkt, is ze hogelijk verbaasd. Er staan details op die zij nog nooit heeft waargenomen, zoals een vogelkastje op een boom, een oranje deurbel en een stoeptegel met een gat erin. En wat blijkt? Kees en Harrie kunnen op basis van hun zelfgemaakte wegvindboek de weg naar het centrum met gemak vinden.

CONTACT MAKEN

Iets waar iemand aan hecht, kan gebruikt worden om een bepaalde opening voor contact tot stand te brengen, zoals in het volgende voorbeeld. Hierbij wordt gebruikgemaakt van de animatietechniek: het geven van een spelsignaal, door aanstekelijk gedrag (het gewoon gaan doen). Hierbij wordt duidelijk *ingespeeld op de interesse van de cliënt*.

> **Meezingen**
> Céline verblijft op een observatiecentrum en munt uit in onhanteerbaar gedrag. Op een bepaald moment tracht de groepsleidster haar over te halen om aan tafel te komen eten. Céline weigert echter halsstarrig. Aan tafel sleuren is een alternatief, maar bepaald niet bevorderlijk voor relatie en sfeer. Bovendien, zo is de ervaring, zal Céline dan geen hap eten. Dan gooit de groepsleidster het over een andere boeg: 'Hé Céline, zullen we een liedje zingen? Van kabouter Basje? Kabouter Basje, liep in een …' Céline kan de verleiding om het liedje mee te zingen niet weerstaan en zegt na enkele aarzelingen: 'Plasje.' Als de groepsleidster verdergaat, ontspant Céline zichtbaar en speelt het spelletje mee. Céline is even niet meer het onwillige koppige meisje, er is even een impasse doorbroken.

RELATIEHANTERING

Daar waar mensen gecorrigeerd moeten worden, kan dit soms leiden tot vervelende taferelen. Het is dan zoeken naar ingangen. Het volgende voorbeeld gaat over *animatie via aanstekelijk gedrag*.

> **Slaperig**
> Michelle is begeleidster van Adam, die 's morgens maar moeilijk zijn bed uitkomt. Na een paar pogingen pakt ze haar smartphone, zet een Marokkaans liedje op en begint te dansen. Adam kijkt en lacht. Hij maakt in bed een kleine dansbeweging. Hij heeft zin in de dag.

KLIMAAT: SPANNINGSREGULERING

Via animatie kan een negatief klimaat worden omgebogen naar een meer positieve sfeer. In het volgende voorbeeld gebeurt dit door *een spelactiviteit voor te stellen*.

> **Omslag**
> Stefanie werkt op een crisisopvangcentrum voor jongeren. Vandaag zijn er acht jongeren aanwezig: zes jongens en twee meisjes. De spanning is om te snijden en de ene ruzie volgt na de andere. Dan neemt Stefanie het initiatief. Ze pakt een leren bal uit de kast

> en roept: 'Hé, wie gaat ermee voetballen?' Ze gooit de bal naar Henk, omdat ze zeker weet dat die er zin in heeft. 'Ja,' roept Kees, 'want dat gedoe hier, daar word ik ook niet goed van.' Het kostte nog even moeite om Janet over te halen, maar Stefanie benoemt: 'Lekker stoer, joh. Dan ben jij bij mij!' Tijdens het spel zorgt Stefanie ervoor dat de meisjes voldoende aan bod komen. Zelf is ze behoorlijk fel in het spel; een uitdaging voor de tegenstanders, die vooral uit jongens bestaan. Na afloop is de sfeer helemaal omgeslagen. De negatieve energie is omgezet in positieve daden. Het lichaam is opgewarmd en de opgekropte frustraties hebben even lucht gekregen.

Er kan ook gewoon een positieve sfeer worden neergezet. In het volgende voorbeeld lukt dat door *mee te gaan in een spelinitiatief van deelnemers*.

> ### Restaurant
> Thea (9) stelt voor om samen te koken. Dat betekent in dit geval: samen een salade maken. We bespreken hoe we dit zullen aanpakken. De kinderen willen een salade maken die er leuk uitziet. De kleuren groen, rood en geel worden op mooie wijze op een grote schaal afgewogen. Het is verbazend hoe kritisch met name Henkie is. Hij wil per se niet dat het groen naast het rood komt. Dan wordt Thea enthousiast over haar eigen idee om 'restaurantje te spelen'. Samen met Henkie wordt de tafel op sfeervolle wijze gedekt, met enkele servetten en een mooie kaars in het midden. De kinderen zijn geconcentreerd bezig met de activiteit en hebben er duidelijk plezier in. De begeleider speelt het spel mee en 'komt niet kijken' terwijl zij bezig zijn met deze 'verrassing'.

STRUCTUREREN

In een vrijplaatsactiviteit is een duidelijke voorgrond en achtergrond en de regels zijn duidelijk. Dit is voor sommige mensen de optimale structuur. In het volgende voorbeeld wordt gebruikgemaakt van de animatietechniek: *spelsignaal geven door uit te dagen*.

> **Afwas**
> Janne is met twee kinderen in een onprettige sfeer aan het afwassen. Dan daagt ze de kinderen uit: 'Jullie kunnen mij nooit bijhouden met afdrogen!' De uitdaging wordt opgepakt. Hierbij spreken ze duidelijke regels af: elk vlekje op de afwas betekent dat het voorwerp opnieuw in de wasbak belandt. Elke druppel betekent dat het voorwerp opnieuw moet worden afgedroogd. De winnaar krijgt een tekening van de verliezer. Dirk is een jongen met ADHD, maar blijkt nu in staat tot heldere concentratie. Als Janne een paar maal heeft gewezen op een schuimvlekje op de borden, ontpopt hij zich als een strenge scheidsrechter. Hij heeft duidelijk plezier in het ontdekken van kleine vlekjes op de borden. Klaas, die normaal gesproken erg traag is, is snel en zorgvuldig aan het afdrogen. De sfeer is plezierig. De volgende dag geven ze elkaar tekeningen; de wedstrijd was immers onbeslist geëindigd.

9.10 Dramatechnieken

Elke vorm van spel kent eigen mogelijkheden. Voor het bewust spelen met relatie en interactie zijn dramatechnieken belangrijke ingangen voor animatie. De basis van veel dramatechnieken in het alledaagse leven is het geven van een spelsignaal via het spelen van een bepaalde rol. Op deze manier wordt het initiatief genomen tot een doen alsofactiviteit. Enkele voorbeelden van dramatechnieken zijn:
- rollenspel statustechnieken, het spelen van een gelijkwaardige, superieure of onderdanige rol;
- spiegelen, spiegelen en daarna oefenen, spiegelend vergroten, spiegelend omkeren van de rol;
- hanteren van een paradox, het voorschrijven van het symptoom;
- poppenspel, bijvoorbeeld via dubbelen, het uitspreken van het gevoel van iemand via een pop.

ROLLENSPEL
Een belangrijke mogelijkheid van drama is het oefenen van sociale situaties via een rollenspel. Door in de vrijplaats te oefenen, wordt de drempel tot bepaald gedrag verlaagd en de vaardigheid om een doel te bereiken vergroot. Net als bij andere vrijplaatsactiviteiten kunnen rollenspelen ook gewoon worden *voorgesteld om te gaan spelen*.

Ruilen

Marieke (18) is een wat verlegen vrouw. In het gezinsvervangend tehuis waar zij nog woont, wordt toegewerkt naar zelfstandig wonen. Marieke vertelt aan groepsleidster Pien dat ze een broek heeft gekocht, die ze bij nader inzien niet zo mooi vindt. Ze zou hem eigenlijk willen ruilen, maar durft niet. Ze is bang dat ze niet weet wat ze tegen de verkoopster moet zeggen. Hierbij gaat ze ervan uit dat deze onvriendelijk zal reageren. Ze wil dat Pien meegaat om het woord te doen. In plaats van aan haar verzoek te voldoen, stelt Pien voor om te gaan oefenen. In een rollenspel wordt het ruilen geoefend. Er wordt een paar keer doorgespeeld hoe ze het kan aanpakken. Hierbij speelt Pien een aantal verschillende reacties van de verkoopster. Na elke oefenronde wordt de rol van Marieke nabesproken. Uiteindelijk gaan ze getweeën naar de winkel. Marieke doet het woord en slaagt erin om de broek probleemloos te ruilen.

STATUSTECHNIEKEN

Een tweede reeks technieken hangt sterk samen met statusspel. Het bewust innemen van een gelijkwaardige, hoge of lage status kan verrassende effecten hebben. Het innemen van een hoge of lage status komt overeen met het innemen van een boven-, midden- of onderpositie in de Roos van Leary (zie ook figuur 7.6).

Gelijkwaardig

Lies werkt in een tbs-instelling waar een streng regime heerst. Stella (40) heeft duidelijk geen zin in de taak van deze ochtend: het schoonmaken van de gemeenschappelijke ruimte. Zij heeft over het algemeen geen zin in dergelijke klussen en is het gewoon om werk te weigeren. Dit leidt tot een dag in de separeer en een extra taak erna. Kortom, Stella zit in een negatieve spiraal. Lies besluit om de confrontatie eens op een andere manier aan te gaan. Ze loopt naar de werkkast, knoopt een doek om haar hoofd, trekt een werkschort aan en loopt met de benodigde schoonmaakspullen terug naar de schoon te maken ruimte. Dan roept ze enthousiast, met gebruikmaking van het voor de vrouw herkenbare Limburgse dialect: 'Hé collega, ga je mee poetsen?' Stella pakt in haar verbazing de spullen aan en begint samen met Lies te poetsen. Na afloop legt Lies aan Stella uit hoe en waarom ze zo gehandeld heeft. Deze wordt zich meer bewust van een alternatief voor het negatieve patroon waarin ze normaal gesproken zit, door de opeenvolging van weigering, straf, sterkere neiging tot weigeren, enzovoort.

In dit voorbeeld wordt *het signaal 'Dit is spel'* gebruikt om de vrouw uit haar gewoontegedrag te lokken. Doorslaggevend hierbij is de aanstekelijke manier waarop Lies haar rol invult. Het geven van het spelsignaal kan op verschillende wijze gebeuren. Lies geeft het signaal hier onder meer door de vrouw aan te spreken als 'collega' en een Limburgs accent te gebruiken. Andere voorbeelden van het geven van spelsignalen zijn een knipoog om aan te geven dat er gespeeld wordt, een handeling extreem overdrijven en uitdagend lachen.
Het volgende voorbeeld gaat over een positie met hoge status.

Scène
Karin komt chagrijnig binnen. Begeleidster Irene roept alsof ze regisseuse is: 'Karin: cut, cut, cut. Dit is niet wat ik bedoel. Deze scène is positief bedoeld. Dus: smile! Smile …!' Karin lacht en komt dan inderdaad positief binnen.

En het volgende voorbeeld gaat over een positie met lage status.

Onderdanig
Heleen werkt in een huis waar zeven jongeren begeleid op een kamer wonen. Op het moment waarop haar dienst aanvangt, zitten de zeven bewoners in de gemeenschappelijke huiskamer te niksen. Er heerst een ongezellige en drukkende sfeer. Heleen vraagt wie er een kopje thee lust. Iedereen wil wel. Dan ontdekt Heleen dat er geen enkel kopje meer schoon is. Ze wast een kopje voor zichzelf af en schenkt thee voor zichzelf in. De bewoners zitten passief toe te kijken. Vervolgens speelt Heleen dat ze hiervan schrikt en zegt: 'O ja! Sorry … Ik had het niet in de gaten. Jullie gaan ook zo op in jullie bezigheden dat je natuurlijk helemaal geen tijd hebt om kopjes af te wassen. Ik zal het wel even voor jullie doen, dan kunnen jullie verdergaan met waar je mee bezig was.' Ogenblikkelijk beginnen een paar bewoners te lachen. Drie

> van hen stappen naar de keuken en beginnen met het afwassen van de kopjes. Een vierde begint met het opruimen van de rommel in de huiskamer. Een basis voor even gezellig samenzijn is gelegd. (Vrij naar Brouwer, 1992, p. 40.)

SPIEGELEN

Spiegelen is het imiteren van het gedrag van de ander. In het doen alsof-spel is dit het innemen van de rol van de ander. Spiegelen kan een bewustmakend effect hebben, maar kan ook gebruikt worden om contact te leggen. Bij het spiegelen kan worden gevarieerd: gedrag kan worden vergroot, verkleind, vertraagd of versneld.

> **Smijten**
> Diana is hyperactief, gespannen en zenuwachtig. Ze is negatief over zichzelf en stelt steeds zeer hoge eisen. Bij mislukking reageert ze dit af door met spullen te gooien. Als ze dit keer met allerlei kleren begint te gooien, reageert de groepsleidster door met haar mee te smijten. Plotseling houdt Diana op, staart de groepsleidster met grote ogen aan en begint hard te lachen.

In dit voorbeeld wordt een spel gecreëerd door met gedrag zodanig te spiegelen dat er een spelsfeer ontstaat. Het effect is hier: bewustwording van bepaald negatief gewoontegedrag.

> **Nadoen**
> Karin komt chagrijnig binnen. Begeleidster Irene staat op en overdrijft de negatieve houding van Karin. Karin zegt wat klagend: 'Nou ...' Irene reageert met: 'Ja, zo komt dat dus over. Misschien kun je nog even opnieuw binnenkomen.' Karin lacht en komt dan positief binnen.

PARADOX HANTEREN

De essentie van het hanteren van een paradox is iemand de opdracht geven tot gedrag dat hij al vertoont. Dit wordt ook wel genoemd: het voorschrijven van het symptoom.

Zooitje

Tjits en Tjats zijn gewend hun jas ergens in de kamer op de grond te gooien, in plaats van hem op te hangen aan de kapstok. Als mama de twee ziet aankomen, loopt ze hen tegemoet en zegt vriendelijk maar beslist: 'Tjits en Tjats, denken jullie er wel aan om je jas in de kamer op de grond te gooien? Anders wordt het zo'n zooitje op de kapstok, met al die jassen.' De twee snappen de hint en hangen hun jas demonstratief op: 'Nou, dan maar een zooitje.' (Vrij naar Van der Velde, 2002.)

POPPENSPEL

Een pop kan soms prima functioneren als een bijzondere intermediair. Zeker bij kinderen kan een pop erg drempelverlagend werken. Ze vertellen hun verhaal wel tegen de pop, waar het rechtstreeks vertellen tegen begeleiders te lastig is (zie ook paragraaf 8.7).

Buikpijn

Pi zit stil in een hoekje. De begeleidster heeft al van alles geprobeerd, maar er zit geen beweging in haar vandaag. Dan pakt de begeleidster een Teletubbies-pop met de naam Po. 'Dag Pi. Ik ben

> Po. Onze namen lijken op elkaar.' Pi glimlacht naar de pop. 'Ben je verdrietig Pi? Je bent zo stil.' 'Ik heb pijn in mijn buikje, Po.'

> Op de website vind je aanvullend materiaal over de in dit hoofdstuk behandelde onderwerpen.

Samenvatting

» Groepswerk laat zich samenvatten als het hanteren van relaties, klimaat en situaties. Dit hoofdstuk bespreekt een aantal mogelijkheden binnen dit kader van het groepswerk van: alledaagse inrichting en activiteiten, zintuiglijke communicatie en vrijplaatsactiviteiten (gearrangeerd en spontaan).

» De alledaagse inrichting is zeer bepalend voor gevoelens van veiligheid, overzicht en sfeer, en mogelijkheden tot contact en zelfstandigheid. Dit geldt ook voor alledaagse activiteiten. Alledaagse activiteiten kunnen sfeer, structuur en gevoelens van eigenwaarde oproepen. Ook bieden zij soms de mogelijkheid tot (ongedwongen) contact en persoonlijke groei.

» Lichaamstaal van cliënten, en in het bijzonder het gebruik van video als ondersteunend medium daarbij, zijn belangrijke informatiebronnen, die belangrijker worden naarmate cliënten niet over verbale taal beschikken. De lichaamstaal van de agoog geeft vaak de doorslag bij de kwaliteit van de relatie met cliënten. Tevens biedt deze bijzondere alternatieven voor verbale interventie (bijvoorbeeld bij het 'spelen met Leary'). Door gebruik te maken van de iconische en/of indexicale kwaliteiten van beeld- en lichaamstaal komen speciale mogelijkheden tot structurering in zicht.

» Andere aspecten van zintuiglijke communicatie zijn muziek en sensopathische middelen. Zij zijn belangrijk als vormgever van sfeer. Ook bieden zij bijzondere vormen tot genieten, in het bijzonder bij cognitief zwakke groepen.

» Via projecten, workshops, vaste programmaonderdelen, enzovoort, kunnen doelgericht vrijplaatsen worden gearrangeerd. Dergelijke vrijplaatsen kunnen een positieve invloed hebben op zowel sfeer als structuurbeleving. Door het bijzondere karakter kunnen gearrangeerde vrijplaatsactiviteiten benut worden voor het verwerven van specifieke informatie. Ook geven zij bijzondere mogelijkheden tot het oproepen en benutten van relevante ervaringen, die zowel kun-

nen leiden tot persoonlijke groei als tot positieve invloed op groepsdynamische processen.
» Animatie is uitlokkend pedagogisch handelen, waarbij een agoog de cliënt verleidt tot een inzicht, gedrag, stemming of houding waar deze vanuit zichzelf niet snel toe zou komen. Een belangrijke mogelijkheid daartoe is het spelen in en met de werkelijkheid. Hierbij wordt de ander spontaan uitgenodigd samen te 'spelen'. De agoog bedient zich hierbij van dezelfde 'technieken' als een kind: door mee te gaan in het initiatief van deelnemers, materiaal te laten zien of in handen te geven (zoals een bal), een spelsignaal te geven door aanstekelijk gedrag (het gewoon gaan doen), een activiteit voor te stellen ('Zullen we een spelletje doen?') of een spelsignaal te geven door uit te dagen.
» Naast dergelijke algemene ingangen onderscheidt dit hoofdstuk speciale dramatechnieken, zoals statustechnieken, spiegelen (in diverse variaties), hanteren van een paradox, het voorschrijven van het symptoom en poppenspel.
» Animatie kan positief werken op sfeer en relatie, omdat het voor de cliënt veelal een prettige manier van situatiehantering is. Het belangrijkste effect is: over een drempel heen helpen.

Literatuur

Bandura, A. (1969). *Principles of behavior modification.* New York: Holt, Rinehart & Winston.
Behrend, D. (2008). *Muzisch agogische methodiek: een handleiding.* Bussum: Coutinho.
Berg, C. van den (2008). *Dialoog aan de basis van zelfsturing.* Baarn: Boom/Lemma.
Berg, C. van den (2011). *Werken in dialoog.* Baarn: Boom/Lemma.
Berkers, P. (2005). Narrative sandplay. Internet: www.narrativesandplay.com (3 januari 2012).
Beyondmedicine.nl (2012). Lavendelolie in wetenschappelijk perspectief. Internet: www.beyondmedicine.nl/artikelen/tabid/2137/entryid/190/lavendelolie-in-wetenschappelijk-perspectief.aspx (3 januari 2012).
Bohlmeijer, E., Mies, L., & Westerhof, G. (2007). *De betekenis van levensverhalen. Theoretische beschouwingen en toepassingen in onderzoek en praktijk.* Houten: Bohn Stafleu van Loghum.
Bok S., van der Heijden S., Hogendoorn S. & Terbeek R. (2010). *Raak!! – Interne publicatie HAN – minor creativiteitsontwikkeling.*
Bolhuis S. (2009). *Leren en veranderen.* Bussum: Coutinho.
Bos, R., & Rippen, J. (2008). *Events en beleven. Het 5 Wheel Drive-concept.* Amsterdam: Boom.
Boswijk A., Peelen E. & Olthof S. (2011). *Economie van experiences.* Amsterdam, Pearson – derde editie.
Broek, J. van den, Koetsenruijter, W., Jong, J. de, & Smit, L. (2010). *Beeldtaal. Perspectieven voor makers en gebruikers.* Leiden: Boom.
Brouwer, M. (1992). *Positieve benadering gezocht voor negatief zelfbeeld* (afstudeerwerkstuk). Nijmegen: SPH-HAN.
Buytendijk, F. (1932). *Het spel van mensch en dier als openbaring van levensdriften.* Amsterdam: Cosmos.
Csikszentmihalyi, M. (2007). *Flow, psychologie van de optimale ervaring.* Amsterdam: Boom.
Dijk, B. van (2008). *Beïnvloed anderen, begin bij jezelf. Over gedrag en de Roos van Leary.* Zaltbommel: Thema.
Dijksterhuis A. (2011). *Het slimme onbewuste (denken met gevoel).* Amsterdam, Bert Bakker.
Donkers, G. (2008). *Veranderkundige modellen* (12e dr.). Soest: Nelissen.
Edwards, B. (1981). *Leer tekenen - ontwikkel de creatieve talenten die verborgen liggen in uw rechter hersenhelft.* Baarn: Bigot & Van Rossum.
Edwards, B. (1987). *Leer creatief te zijn – Een gids voor vernieuwend en inventief denken, verbeeldingskracht en creativiteit.* Baarn: Bigot & Van Rossum
Elias, N. (1987). *Het civilisatieproces. Sociogenetische en psychogenetische onderzoekingen.* Utrecht: Het Spectrum.

Erkamp, A. (1986). *Ervaringsleren praktijkinformatie voor vorming en onderwijs* (3e dr.). Schoten: Westland.

Gardner, H. (2008). *Soorten intelligentie. Meervoudige intelligentie voor de twintigste eeuw.* Amsterdam: Nieuwerzijds.

Geenen, M.-J. (2010). *Reflecteren. Leren van je ervaringen als sociale professional.* Bussum: Coutinho.

Giesecke, H. (1990). *Pedagogiek als beroep. Grondvormen van pedagogisch handelen.* Voorburg: De Meerval.

Haaster, K.J.M. van (2006). *Kleine verhalen. Narrativiteit met multimedia in sociale beroepen.* Bussum: Coutinho.

Hamels, I. (2007). *Investeren in talent.* Den Bosch: Avans Hogeschool.

Heijkoop, J. (1995). *Vastgelopen.* Baarn: Boom/Nelissen.

Hermans H.J.M. (2006). *Dialoog en misverstand; leven met de toenemende bevolking van onze innerlijke ruimte.* Soest: Nelissen.

Horneman S. & Nijhof W. (2011). *Methodiek sociaal-pedagogische hulpverlening* – 2^e volledig herziene versie. Houten: Bohn Stafleu van Loghum.

Horstmann, O., Doorn, K., Waider, M., Müller, J., & Hoek, S. van (2006). *Terug in de toekomst.* Nijmegen: HAN.

Hottinga A, (2005). *Drama-interventies in agogische situaties.* Amsterdam: Boom.

Huizinga, J. (1938). *Homo ludens. Proeve eener bepaling van het spel-element der cultuur.* Haarlem: Tjeenk Willink.

InfoNu.nl (2012). *Het geheugen; werking, ligging en functie binnen de hersenen.* Internet: wetenschap.infonu.nl (3 januari 2012).

Kloppenburg R. & Hemelaar M. (red.) (1999). *Methodiek sociaal pedagogische hulpverlening.* Houten/Diegem: Bohn Stafleu van Loghum.

Kok, J. (2009). *Opvoeden als beroep.* Baarn: Boom Lemma.

Kooijmans, M. (2007). *Jumping krumping en jongeren; de opstap naar succes bij risicojongeren* (MO Samenlevingsopbouw 214).

Kooijmans, M. (2011). *Battle zonder knokken. Talentcoaching van risicojongeren.* Amsterdam: SWP.

Korthagen, F. & Evelein, F. *Presence in onderwijs; Tijdschrift voor lerarenopvoeders* (30) 1 2009.

Kris, E. (1989). *De esthetische illusie.* Amsterdam/Meppel: Boom.

Lankester, W. (2011). *Zicht op het creatief profiel van SPH Nijmegen* – onderzoek naar de visie van SPH op hulpverlenen en opleiden. Nijmegen: HAN (interne publicatie).

Lengkeek, J. (1996). *Vakantie van het leven: over het belang van recreatie en toerisme.* Amsterdam: Boom.

Linneman, E. (2012). *Een werkdag tussen zware misdadigers.* Internet: www.volkskrant.nl (3 januari 2012).

Loeffen, T., & Tigchelaar, H. (2009). *Retourtje inzicht. Creatief met diversiteit voor sociale professies.* Bussum: Coutinho.

Maslow, A. (1972). *Motivatie en persoonlijkheid.* Rotterdam: Lemniscaat.

Meurs, H. (2010). *Werken met een handpop binnen de hulpverlening aan kinderen.* Internet: www.wonderbaarlijkespiegels.nl (9 juni 2011).

Nijs D. & Peters F. (2009). *Imagineering (het creëren van belevingswerelden).* Amsterdam: Boom.

Oskam, E., & Scheres, W. (2005). *Totale communicatie.* Maarssen: Elsevier Gezondheidszorg.

Piaget, J. (1962). *Play, dreams and imitation in childhood.* New York/Londen: Norton.

Plas, A. van, & Zarzycki, M. (2012). *Fijne leefomgeving.* Internet: www.innovatiekringdementie.nl (3 januari 2012).

Poecke, L. van (2001). *Non-verbale communicatie.* Leuven/Apeldoorn: Garant.

Ravelli, A., Doorn, L. van, & Wilken, J.P. (2009). *Werken met betekenis. Dialooggestuurde hulp- en dienstverlening.* Bussum: Coutinho.

Reynaerts, A., & Rost, H. (1987). Spel of geen spel: de vraag naar de kwaliteit van het menselijk bestaan. *Spel en Speelgoed (Spelcompendium)* 1055. Alphen aan den Rijn: Samsom H.D. Tjeenk Willink.

Rigter, J. (2008). *Het palet van de psychologie* (4e dr.). Bussum: Coutinho.

Rijndam.nl (2011). Niet-aangeboren hersenletsel. Internet: www.rijndam.nl/hersenletsel (12 december 2011).

Rosmalen, J. van (1999). *Het woord aan de verbeelding. Spel en kunstzinnige middelen in het sociaal agogisch werk.* Houten/Diegem: Bohn Stafleu van Loghum.

Rubin, K.H., Fein, G.G., & Vandenberg, B. (1983). Play. In P.H. Mussen & E.M. Hetherington (Eds.), *Handbook of child psychology* (4th ed., vol. 4) New York: Wiley.

Ruikes, T.J.M. (1994). *Ervaren en leren. Theorie en praktijk van ervaringsleren voor jeugdhulpverlening, jeugdbescherming en jeugdwerk.* Utrecht: SWP.

Setten, H. van (1987). *In de schoot van het gezin. Opvoeding in Nederlandse gezinnen in de twintigste eeuw.* Nijmegen: Sun.

Schulz von Thun, F. (2010.) *'Hoe bedoelt U' -Een psychologische analyse van menselijke communicatie.* Groningen: Noordhoff uitgevers.

Singer, D.G., & Singer, J.L. (1990). *The house of make-believe. Children's play and the developing imagination.* Londen: Harvard University Press.

Stam, J.J. (2011). Bert Hellinger Instituut Nederland. Internet: www.hellingerinstituut.nl (3 januari 2012).

Timmers-Huigens, D. (2005). *Ervaringsordening* (5e dr.). Amsterdam: Elsevier.

Tjaden, B. (2011). *En nu u.* Amsterdam: SWP.

Vane, S. (2007). *Werken met drama-activiteiten voor agogische beroepen.* Baarn: Boom/Lemma.

Veenman, R. (2009). *Grondslagen van communicatie.* Groningen/Houten: Noordhoff.

Veghel, D. van (1997). *Groepsleiding kijk eens naar beweging.* Nijmegen: HAN/SPH.

Velden, J.W. van de (2007). *Muzisch agogisch begeleiden in de hulpverlening* (2e dr.). Baarn: Nelissen.

Veldhuis, M. ten, & Duijf, E. (2011). Een prettige leefomgeving voor mensen met dementie. Internet: www.innovatiekringdementie.nl (3 januari 2012).

Verhaegh, J. (1996). Structuur als sleutelbegrip. Spelontwikkeling van kinderen met pdd. *Tijdschrift voor SPH, 13.*

Verstegen, R., & Lodewijks, H. (2009). *Interactiewijzer. Analyse en aanpak van interactieproblemen in professionele opvoedingssituaties.* Assen: Van Gorcum.

Vonk, J. (2011). Retrieval cues. Internet: www.coachjezelf.nl (3 januari 2012).

Warchild (2011). Het verhaal van Mariama. Internet: www.warchild.nl (8 december 2011).

Watzlawick, P. (1978). *Wie weet is het ook anders. Over de techniek van de therapeutische communicatie.* Deventer: Van Loghum Slaterus.

Watzlawick, P., Helmick Beavin, J., & Jackson, D.D. (1970). *De pragmatische aspecten van de menselijke communicatie.* Deventer: Van Loghum Slaterus.

Westerhof, G., & Bohlmeijer, E. (2010). *Psychologie van de levenskunst.* Amsterdam: Boom.

Wikipedia (2011). Motivatie. Internet: nl.wikipedia.org (13 oktober 2011).

Wils, L. (1979). *Bij wijze van spelen. Creatieve processen bij vorming en hulpverlening.*

Over de auteur

Jan van Rosmalen (1956) studeerde sociale pedagogiek en andragogiek aan de Katholieke Universiteit Nijmegen (tegenwoordig Radboud Universiteit). Als fanatiek beoefenaar van dans, sport, theater en muziek ging zijn interesse al snel uit naar de combi van agogiek, spel en kunst. Hij is sinds 1988 verbonden aan De Kopse Hof, die later is opgegaan in de Hogeschool van Arnhem en Nijmegen; een opleiding die zich juist met de combinatie van agogiek met spel en kunst wilde en wil profileren. Hij is daar sinds 2008 vooral ook werkzaam als docent, inspirator en coördinator van de minor creativiteitsontwikkeling. In deze minor staan de mogelijkheden van spel en kunst in zowel de agogische als de didactische sector centraal. Behalve de agogische en didactische hantering van spel en kunst, wordt deze minor ook vooral gebruikt om studenten houding en vaardigheden bij te brengen als lef, zelfvertrouwen, presentatievaardigheid, spontaniteit, experimentatiedrang en intuïtie. Sinds de verschijning van de eerste druk van *Het woord aan de verbeelding* heeft Van Rosmalen in de jeugdhulpverlening ervaring opgedaan en zich ontwikkeld als supervisor. Ook werd hij vader van twee kinderen, die hem aan de Tjits en Tjats in dit boek doen denken en hem inspireerden tot nieuwe voorbeelden voor de tweede druk.

Register

accommodatie 35
activatie 46
activatietheorie 45
activiteit
  –, autotelische 17
  –, kunstzinnig 30, 69
  –, ludiek 29
adaptatie 34
adaptatietheorie 33
afweermechanisme 42
agôn 69
alea 69
animatie 193
  –, technieken 195
anker 165, 167
appel 91
  –, activiteit 92
  –, cognitief 95
  –, indeling 92
  –, materiaal 92
  –, persoonlijk 92
  –, sociaal 98
  –, thematisch 95
  –, zintuiglijk of lichaamsgebonden 93
appelwaarde 92
arousal 46, 78
  –, optimaal 46
assimilatie 35
  –, ludisch 38
autotelisch karakter 17

beeldinformatie 183
beeldtaal 145
behoeftenhiërarchie 105
betekenisverlening 121

coderen 137
cognitieve prothese 105
communicatie 136
  –, miscommunicatie 136
–, non-verbale 145, 146
–, verbale 145
–, zintuiglijke 145
communitas 60, 65
concentratie
  –, spontaan 19
  –, wilsgestuurd 19
connotatie 139
constructiespel 27
creatief proces 116
  –, convergentie 118, 125
  –, divergentie 117, 124
  –, frustratie 117
  –, incubatie 117
  –, motivatie 124
  –, realisatie 119, 125
creativiteit
  –, probleemoplossende 119
  –, scheppende 119

denken 37
  –, abstract 34
denotatie 139
digital storytelling 167
discipline 112
discrepantie
  –, hypothese 47
disequilibrium 36
drama
  –, technieken 199

ego 41
  –, superego 41
entropie 74
equilibratie 35
equilibrium 36
ervarend systeem 140
ervaringsleren 127
esthetische illusie 156

Register

exploratie 18, 22, 37
  –, functie 48

fantasiebeeld 143
feedback 112
feest 68
flow 73, 76
  –, functie 82
  –, gevaren 85
  –, voorwaarden 78

game 30
gedrag
  –, impulsief 22
  –, instrumenteel 17
gestalt 187
gnostisch 140
groepswerk 175
  –, activiteiten 180
  –, inrichting 176
  –, klimaat 176
  –, relaties 175
  –, structuur 176

habituatie 49
herinneringsbeeld 142
hersenen 139

iconisch teken 146
identiteit 97
ilinx 69
illusie
  –, esthetisch 156
illusionisme 21
imitatie 38
incongruentie 148
indexicaal teken 147
informatieoverdracht 38
innerlijke drijfveren 89
innerlijke representatie 142
interne locus of control 18
intrinsieke motivatie 16
iwe emand 141

kunst
  –, expressief 70
  –, mimetisch 70
kunstzinnige media
  –, communicatie 136

Leary
  –, roos van 151, 184

levensverhaal 160
lichaamstaal 71, 145, 148, 182
linkermodus 140
logisch-mathematische ordening 140
ludieke activiteit 12
lustprincipe 41

Maslow
  –, behoeftenhiërarchie 105
  –, piramide 106
medium 137
metafoor 168
mimicry 70
motivatie 110
muziek 96, 145, 154, 185

narratief werken 160
  –, dialoog 169
  –, functies 161
  –, ordening 140
  –, psychologie 161

observatie 41
oefenspel 24

pars pro toto 164
Piaget
  –, adaptatietheorie 33
positief gevoel 19
presteren 22
prikkel 46
producerende vormgeving 27
psychoanalyse 41
psychologische structuur 34

rationeel systeem 140
realiteit 19
realiteitsprincipe 42
rechtermodus 140
referentiekader 119, 138
  –, expliciet 120
regelspel 28
retrieval cue 165, 169
ritueel 68
roos van Leary 151, 184

schema's 34
social media 155
spanning
  –, verhoging 49
  –, verlaging 49
speelse intentie 16

speelsheid 15
speelwereld 20
spel 14
   –, functie 42
   –, grensverleggende functie 50
   –, herkennen 22
   –, netwerk 66
   –, psychologische verklaring 56
   –, receptief 24
   –, sensopathisch 23
   –, sociaal-culturele verklaring 56
   –, soorten 69
   –, symbolisch 25, 39
   –, thermostaatfunctie 49
   –, werkelijkheid 20
split-brain-theorie 139
spontaniteit 16
sport en spel 69
structureren 176
structuur
   –, cognitief 100
   –, handeling 102
   –, hanteren 103
   –, normatief 103
   –, sociaal 102
   –, waarneming 100

taal
   –, abstract 144
   –, beeldend 145
   –, non-verbaal 145
   –, ontbeeld 144
   –, verbaal 144

teken
   –, symbolisch 147
tekensysteem 56
theoretisch leren 127
transfer 130
trauma 42, 44

vaardigheden 112
verbeelding
   –, beeld 143
   –, vermogen 143
verhaal 164
verwijzer 147
video 155
viering 68
vrijplaats 59, 187
   –, afbakening 63
   –, arrangeren 89
   –, creëren 88
   –, gemeenschap 65
   –, sociaal-cultureel 61
   –, spanningsverloop 64
   –, spontaan 59

wensvervulling 43
werkelijkheid
   –, meervoudig 58
woorden 71

zelfverlies 77